JN411789

성령님이 보여주신

꿈과 환상해석

개정증보판

임은진 지음

예찬사

성령님이 보여주신 꿈과 환상 해석

할렐루야! 주님의 이름으로 축복하고 사랑합니다.

"성령님이 보여주신 꿈과 환상 해석"을 발간하게 하신 하나님을 찬양합니다. 이 책은 기존 발간되어졌던 "기독교인의 꿈과 환상 해석" 개정증보판입니다. 학생들이 사전을 통하여 낱말을 찾아보듯 꿈과 환상에 대한 사전과 같은 책입니다.

2004년 7월 9일!

저는 성령의 기름부음을 받았습니다. 예수님께서 찾아와 주셔서 저의 부족한 모습을 회개케 하셨고, 성령의 기름을 부어주셨습니다. 심히 연약한 저에게 성령의 불로 제 눈을 뜨겁게 태우신 후 환상의 은사를 부으셨습니다. 이 환상의 은사가 부어지기까지의 내용은 "내가 예언과 환상과 꿈을 주리라"(예찬사 간) 책을 통하여 밝힌 바 있습니다.

그때부터 하나님이 주신 은사로 현재에 이르기까지 국내·외로 부흥집회를 다니게 되었습니다. 매주 목요일에는 기적의 목요일이라는 타이틀을 걸고 성령집회를 인도하고 있습니다. 또

한 매주 토요일에는 전국에서 갖가지 문제, 질병을 가지고 상담하러 저를 찾아오십니다. 평균적으로 40-50명은 만나는 것 같습니다.

"너희는 주께 받은 바 기름 부음이 너희 안에 거하나니 아무도 너희를 가르칠 필요가 없고 오직 그의 기름 부음이 모든 것을 너희에게 가르치며 또 참되고 거짓이 없으니 너희를 가르치신 그대로 주 안에 거하라" (요일 2:27).

성령의 기름부음은 정말로 참되고 거짓이 없습니다. 지금까지 약 8년 동안 저를 찾아오신 분들에게 성령님은 환상으로 그 사람의 영적 상황과 어려운 문제들을 보여주셨습니다. 그리고 방언통변과 함께 예언의 기름부음으로 문제를 해석케 하십니다. 사람마다 모두 다르지만 진리의 성령님께서 보여주시고 일러주신 내용을 들려주면 대부분 성령께서 주시는 하늘의 신비를 믿음으로 받습니다.

"기록된 바 하나님이 자기를 사랑하는 자들을 위하여 예비하신 모든 것은 눈으로 보지 못하고 귀로 듣지 못하고 사람의 마음으로 생각하지도 못하였다 함과 같으니라"(고전 2:9).

그렇습니다. 하나님은 사람의 수준에서 역사하시는 분이 아닙니다. 그분의 계획은 현상 세계의 수준이 아닌 천상세계에서부터 시작되어집니다. 요셉이나 다니엘이 하나님의 신비를 받을 때 이것을 애굽이나 바벨론의 모든 지혜자, 박사, 종교지도

자들이 해석을 못한 이유가 여기에 있습니다.

"사람의 일을 사람의 속에 있는 영 외에 누가 알리요 이와 같이 하나님의 일도 하나님의 영 외에는 아무도 알지 못하느니라"(고전 2:11).

우리가 현재 쓰는 개역개정판은 "사람의 일"로 번역해 놓았습니다. 그런데 예전의 개역한글판에는 "사람의 사정"으로 번역되어 있었습니다. 저는 이 번역이 더 이해하기 좋다고 여겨집니다. 정말로 사람의 사정은 모두가 천차만별입니다. 상황이 각각 다르다 보니 그것을 정확히 예측하시고 해결해 나갈 수 있는 분은 진리의 성령님뿐입니다. 사람마다 똑같은 환상을 보았어도 해석이 달라집니다.

이 책을 읽다보면 똑같은 환상이지만 해석이 여러 가지인 것은 그런 이유 때문입니다. 그러나 그 사람에게는 그 계시가 정답이었습니다. 어쨌든 성령의 기름부음은 참되고 거짓이 없습니다.

오시는 분들에게 보여주는 영적실상은 각각입니다. 왜냐하면 그 사람이 처한 상황과 여건, 그리고 문제의 크기와 해결 방법이 다양한 상황으로 전개되어지기 때문입니다. 오직 성령에 의해서만 꿈과 환상에 대한 하나님의 신비를 바르게 해석할 수 있습니다. 어쨌든 저는 환상으로 보여주신 것을 방언통변하면서 기도할 때 그 문제에 대한 예언의 기름이 부어집니다.

여기에 기록된 모든 내용은 각 개인 개인에게 부어졌던 환상들을 모아놓은 실제적인 내용입니다. 8년 가까이 찾아온 분들에 대한 내용들을 모두 기록해 놓았다가 정리해 놓은 책입니다. 겹치는 내용은 모두 제외 시켰습니다.

성경에 나오는 선지자들이 본 이상은 대부분 국가적인 환상이나 백성의 죄와 회개를 촉구하는 환상과 꿈입니다. 영적으로 일괄적이고 통일성을 갖습니다. 그러나 제가 본 환상은 각 개인들에 대한 내용이다 보니 일관성이 없습니다. 앞에서도 밝혔듯이 찾아오시는 성도님들의 영적상황과 문제의 다양성은 천차만별이라 오직 성령님만이 그 해결책을 온전히 제시해 줄 수 있습니다.

독자들은 자기가 꿈을 꾼 것이나 환상으로 본 것의 내용의 이해를 얻기 위해서 이 책을 구입하셨습니다. 꿈은 한마디로 말해서 내 겉사람이 잠들었을 때 내 속사람이 활동하는 것이고, 환상은 겉사람이 깨어 있을 때 나타나는 영적 실상입니다. 그러므로 꿈이나 환상을 굳이 구분해서 해석할 필요는 없습니다. 꿈이든 환상이든 같이 이해하는 것이 좋습니다. 영적인 사람은 신령한 꿈과 환상을 보게 될 것이고, 반면에 육적인 사람은 거의 세상적인 꿈이나 이상을 보게 됩니다. 그러므로 저는 여러분이 늘 깨어있는 삶을 살기를 원합니다. 저는 매일 밤 9시부터 새벽2시까지 기도시간을 갖습니다. 기도가 부족하면 찾아오신 분에 대한 환상이 희미해질 뿐만 아니라 예언과 통변이 힘이 듭니다. 내 스스로 그것을 늘상 감지하고 있다 보니 주님과의 영적교제를 꾸준히 지켜나가려고 애를 씁니다.

가급적이면 이 책을 통하여 목회자와 성도들이 영적인 도움을 얻기를 바라는 마음뿐 입니다.

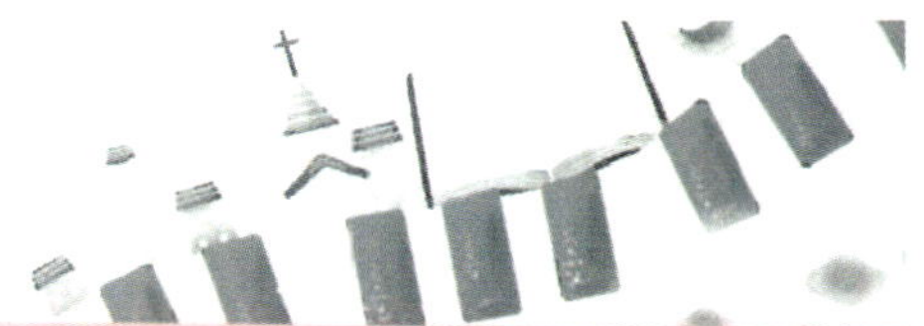

차 례

1. 꿈과 환상에 대한 해석 방법
2. 꿈과 환상에 대한 해석의 실제

1. 꿈과 환상에 대한 해석 방법

믿음이 없는 세상 사람들도 꿈을 꿉니다. 그들의 꿈은 대체적으로 생활과 삶 속의 여러 가지 의식들을 마음속 의식의 세계에 담고 있다가 잠을 잘 때 무의식적으로 발로되는 것입니다.

꿈을 통하여 인생이 거울처럼 투영됩니다. 평상시 자신에게 눌림을 주는 자가 꿈에 악의 존재로 나타나기도 하고, 반대로 악을 물리치는 승리자의 모습으로 등장할 수도 있습니다. 가족, 친구, 원수 등이 등장하면서 감정, 욕구, 후회, 안타까움 등이 표출됩니다. 꿈속에서 깨어나 보면 마치 꿈이 실제 상황인 것처럼 온몸이 땀에 젖어 있기도 합니다.

우리가 깨어 있는 동안은 겉으로 떠오르는 의식의 일부분만 드러내 놓지만 잠을 잘 때에는 꿈을 통하여 인간 내부에 감추어진 다양한 부분까지도 전부 들출 수 있습니다. 심령 속에 있는 감추어진 부분들이 드러나게 되면 그동안 알지 못했던 정신적인 문제, 객관적인 상황, 여러 가지 사건 등이 표출됩니다.

특별히 꿈의 특징 중의 하나가 상징성입니다. 상징은 우주적인 언어입니다. 꿈과 환상을 통하여 보여지는 다양한 영상의 세계에서 이상을 초월하는 풍요로움이 표출됩니다. 예수님도 자신을 양, 영생수, 포도나무, 목자 등으로 다양하게 표현하셨습니다. 꿈은 이 상징의 세계 속에서 다양하고 풍성한 시공간을 여행하게 합니다.

애니메이션 영화나 프로그램 제작자, 만화가들의 사고는 논리적인 사고에서 벗어나 이 같은 상징적인 사고를 가지고 있습니다. 그러다 보니 모든 사물을 다양한 언어와 상징적인 표현으로 나타내어 이상의 세계를 펼쳐 보입니다. 근래의 '해리포터' 영화나 '반지의 제왕'과 같은 영화 모두가 현실 세계라기보다는 상징적 이상의 세계를 표출한 모습이지요.

영적으로 상징적인 표현이 많은 성경이 요한계시록입니다. 요한계시록은 논리적 사고로는 이해하기 힘든 다양한 상징적 표현이 많기 때문에 상당히 난해할 수밖에 없습니다. 상징적인 언어를 깨닫기 원한다면 더욱 기도에 힘쓰는 가운데 깊은 영적 상태 속에서 상징의 의미에 대해 성령의 조명을 받고 영감을 얻어야 할 것입니다. 대표적으로 예수님조차도 다양하게 표현되는데, 한 가지로 표현되더라도 또한 상황에 따라서 달라집니다. 예수님을 어린양으로 묘사했다면 이사야는 예수님을 죽임을 당한 어린양의 모습으로 나타내고 있습니다.

"그가 곤욕을 당하여 괴로울 때에도 그의 입을 열지 아니하였음이여 마치 도수장으로 끌려 가는 어린 양과 털 깎는 자 앞에서 잠잠한 양 같이 그의 입을 열지 아니하였도다"(사 53:7).

반면에 사도 요한은 예수님을 경배와 찬양을 받으시는 양으로 묘사하고 있습니다.

"큰 음성으로 이르되 죽임을 당하신 어린 양은 능력과 부와 지혜와 힘과 존귀와 영광과 찬송을 받으시기에 합당하도다 하더라"(계 5:12).

뱀은 대체적으로 사탄을 묘사하고 있지만 예수님은 우리 보

고 뱀처럼 지혜로우라고 표현하셨습니다. 반면에 모세 시대에 높이 올린 놋뱀은 치유의 상징으로 달라집니다. 예수님 자신도 그 놋뱀처럼 높이 들리리라 말씀하셨습니다.

꿈과 환상에 나타나는 다양한 동물, 환경, 물질 세계도 상징적인 표현으로 구사되어 있습니다.

"하늘에 큰 이적이 보이니 해를 옷 입은 한 여자가 있는데 그 발 아래에는 달이 있고 그 머리에는 열두 별의 관을 썼더라 이 여자가 아이를 배어 해산하게 되매 아파서 애를 쓰며 부르짖더라 하늘에 또 다른 이적이 보이니 보라 한 큰 붉은 용이 있어 머리가 일곱이요 뿔이 열이라 그 여러 머리에 일곱 왕관이 있는데 그 꼬리가 하늘의 별 삼분의 일을 끌어다가 땅에 던지더라 용이 해산하려는 여자 앞에서 그가 해산하면 그 아이를 삼키고자 하더니 여자가 아들을 낳으니 이는 장차 철장으로 만국을 다스릴 남자라 그 아이를 하나님 앞과 그 보좌 앞으로 올려가더라 그 여자가 광야로 도망하매 거기서 천이백육십 일 동안 그를 양육하기 위하여 하나님께서 예비하신 곳이 있더라 하늘에 전쟁이 있으니 미가엘과 그의 사자들이 용과 더불어 싸울새 용과 그의 사자들도 싸우나 이기지 못하여 다시 하늘에서 그들이 있을 곳을 얻지 못한지라 큰 용이 내쫓기니 옛 뱀 곧 마귀라고도 하고 사탄이라고도 하며 온 천하를 꾀는 자라 그가 땅으로 내쫓기니 그의 사자들도 그와 함께 내쫓기니라"(계 12:1-9).

구약의 선지자들도 역시 상징적 표현을 많이 썼습니다.

"바벨론 벨사살 왕 원년에 다니엘이 그의 침상에서 꿈을 꾸며 머리 속으로 환상을 받고 그 꿈을 기록하며 그 일의 대략을 진술하니라 다니엘이 진술하여 이르되 내가 밤에 환상을 보았는데 하늘의 네 바람이 큰 바다로 몰려 불더니 큰 짐승 넷이 바다에서 나왔는데 그 모양이 각각 다르더라 첫째는 사자와 같은데 독수리의 날개가 있더니 내가 보는 중에 그 날개가 뽑혔고 또 땅에서 들려서 사람처럼 두 발로 서게 함을 받았으며 또 사람의 마음을 받았더라 또 보니 다른 짐승 곧 둘째는 곰과 같은데 그것이 몸 한쪽을 들었고 그 입의 잇사이에는 세 갈빗대가 물렸는데 그것에게 말하는 자들이 있어 이르기를 일어나서 많은 고기를 먹으라 하였더라 그 후에 내가 또 본즉 다른 짐승 곧 표범과 같은 것이 있는데 그 등에는 새의 날개 넷이 있고 그 짐승에게 또 머리 넷이 있으며 권세를 받았더라 내가 밤 환상 가운데에 그 다음에 본 넷째 짐승은 무섭고 놀라우며 또 매우 강하며 또 쇠로 된 큰 이가 있어서 먹고 부서뜨리고 그 나머지를 발로 밟았으며 이 짐승은 전의 모든 짐승과 다르고 또 열 뿔이 있더라 내가 그 뿔을 유심히 보는 중에 다른 작은 뿔이 그 사이에서 나더니 첫 번째 뿔 중의 셋이 그 앞에서 뿌리까지 뽑혔으며 이 작은 뿔에는 사람의 눈 같은 눈들이 있고 또 입이 있어 큰 말을 하였더라" (단 7:1-8).

그러면 다음에서 꿈과 환상에 대한 이해를 돕기 위하여 몇 가지 예를 가지고 풀어 보겠습니다.

뱀이나 징그러운 벌레들을 보여 주심은 음란의 영이 역사한다는 뜻입니다. 뱀이 그 사람의 몸을 감고 있는 모습이나, 구더기 같은 벌레들이 온몸을 뜯어먹는 모습이 보입니다. 사람들은 자기의 눈에 보이지 않는 영혼의 안타까운 실상을 보지 못하고 악한 영의 사슬에 묶여서 살아가고 있습니다.

저에게 상담을 받으러 오시는 분들 중에 남편의 외도 때문에 근심하여 찾아오시는 분들이 많습니다. 불신자들뿐만 아니라 교회에서 직분을 가진 분들조차도 음란의 영에 사로잡혀서 벗어나지 못하는 모습을 봅니다.

호텔에서 근무하는 한 자매님이 이런 이야기를 들려주었습니다. 수많은 사람들이 낮이나 밤이나 아내 아닌 다른 여자, 남편 아닌 다른 남자들과 함께 호텔로 찾아오는 경우가 많은데 자신은 그들의 모습을 볼 때마다 결혼하고 싶은 생각이 사라진다고 합니다. 하루에도 몇 번씩 호텔에서 부부가 간음 문제로 싸우는 모습을 보기 때문이라고 고백합니다.

기도생활을 한다고 하는 직분자들도, 초신자에게 성경공부를 가르치신다는 분들도 이 간음죄를 이기지 못해서 괴로워합니다. 이런 분들에게는 하나님께 죄를 이길 수 있는 성결의 영(롬 1:4)을 달라는 안타까움이 있어야 합니다.

쥐와 박쥐는 더러운 영이 역사하는 모습인데 중·고 청소년들을 위해서 기도할 때에 컴퓨터 중독, 음란사이트나 게임 중독, 술, 담배 등을 끊지 못하고 방황하는 영혼들에게 보입니다. 사탄은 학생들의 마음을 어둡게 하고 혼돈케 하여 하나님의 말씀의 빛을 보지 못하도록 역사하고 있습니다.

요즘에 많은 아이들이 학교에 가기 싫어하고 휴학하는 모습을 봅니다. 그들은 아예 컴퓨터에 중독되어 방문을 걸어 잠그고 하루 종일 컴퓨터 앞에서 음란 사이트나 폭력적 프로그램, 혹은 인터넷도박과 같은 게임을 하면서 생활합니다. 술과 담배에 중독된 사람보다 더 심할 정도로 안타까운 삶을 살아갑니다.

"예수께서 돌이켜 그들을 향하여 이르시되 예루살렘의 딸들아 나를 위하여 울지 말고 너희와 너희 자녀를 위하여 울라" (눅 23:28).

부모가 자녀들을 위해서 늘 깨어 기도하여 하나님 앞에 바로 세우는 은혜를 덧입어야 하겠습니다.

개구리는 삶에 시끄러운 재앙이 있음을 뜻합니다. 자기는 편안하게 살고 싶지만 시댁이나 친정식구들과 같은 주변 환경으로 인해서 시끄럽게 어지럽히는 악한 영들이 역사하는 모습이 있습니다.

남편의 사업이 부도가 나서 빚쟁이들에게 많은 고초와 시달림을 당하는 모습을 보았습니다. 형제나 친구들에게 보증을 서 주었다가 실패를 보고 참담한 일을 겪는 가정들도 의외로 많습니다. 한사람의 잘못된 결정으로 온 가족이 고통을 겪습니다.

때로는 가족 중의 한 사람이 아파서 그 가정의 모든 생활리듬이 깨져 버리는 경우가 있습니다. 병원에 심방을 가 보면 한 사람의 아픔을 통해서 온 가족이 잠도 자지 못하고 식욕을 잃고 괴로움을 겪는 모습들을 봅니다. 또한 노부모를 모시지 않

으려고 형제간에 서로 싸우고, 때로는 형제들이 유산 문제로 법적 소송까지 해 가며 남보다 더 못하게 의가 상할 대로 상하는 일도 종종 대하는 장면입니다. 결혼을 한 부부가 친정이나 시댁에서 들려오는 문제를 통해서 참된 행복을 갖지 못하고 고통을 받기도 합니다. 하나님께 "나의 삶속에 개구리와 같은 시끄러운 재앙들은 예수의 이름으로 떠나갈 지어다."라고 기도해야겠습니다.

어느 성도님은 대기업에 성실히 다니면서 잘 살고 있었는데 누나가 사업을 한다고 보증을 서 달라고 해서 할 수 없이 해 주었습니다. 그런데 1년 만에 사업이 망하게 되고 망한 누나의 빚 4억 천만 원을 하루아침에 짊어지는 모습을 보았습니다. 월급이 압류 당하고 경매로 집에서도 쫓겨나게 되면서 아내와 그 자녀들이 많은 고통을 겪게 되었고 좋은 회사를 그만둘 수밖에 없어서 퇴직한 후 혼자 다른 일을 해야 하는 모습을 보았습니다.

"너는 사람과 더불어 손을 잡지 말며 남의 빚에 보증을 서지 말라 만일 갚을 것이 네게 없으면 네 누운 침상도 빼앗길 것이라 네가 어찌 그리하겠느냐"(잠 22:26-27).

잠자리가 여기저기 날아다니는 모습은 그 사람의 마음속에 방황하는 영이 있다는 것을 뜻하는데 그런 영혼들은 교회를 정하지 못하고 여기저기 옮겨 다닙니다.

요즘에 많은 성도들이 주님의 몸된 교회를 온전히 섬기지 못하고 여러 가지 이유로 인해 교회를 옮겨 다니는 모습을 봅니다. 목사님의 설교가 은혜가 안 된다고, 한 성도가 나를 괴롭힌다고, 교회가 사랑이 없다고, 자기에게 관심이 없다고, 큰 교회에 좋은 프로그램이 있다고 해서 잠자리처럼 이리저리 가볍게 옮겨 다닙니다. 어떤 성도는 온전한 교회를 찾으려고 여기저기 기웃거립니다.

그런데 솔직히 말해서 온전한 교회는 없습니다. 모두 내면을 들여다보면 흠과 허물이 보입니다. 그러므로 내가 온전한 지체가 될 수 있도록 힘을 합치는 것이 중요하지 무조건 완벽한 교회만 찾으려는 생각은 잘못된 것입니다. 혹시라도 온전한 교회를 찾았다면 당신은 그 교회에 가면 안 됩니다. 당신 때문에 그 온전한 모습이 깨질 수 있으니까요.

파리는 영적으로나, 육적으로 더럽다는 뜻인데 사업이 잘 안 될 때도 많이 보여 주셨습니다. 환상과 꿈에 파리가 보이면 영적으로 회개하며 거룩함을 가져야 하고, 육적으로는 "파리와 같은 더러운 영은 떠나갈 지어다!" 하며 물리쳐야만 본인이 하는 모든 일들이 잘 풀릴 수 있습니다.

10억 원 정도의 재산을 갖고 계신 분이 다단계 사업을 하다가 3억 원을 잃었습니다. 다시 채우려는 마음으로 건물을 샀는데 오히려 사기를 당해서 지금은 빚만 3억 원이나 되어 버렸습니다. '어떻게 해야 그 돈을 다시 찾을 수 있을까?' 해서 저를 찾아왔습니다. 저는 10억 원이 있어도 만족함이 없어서 더 벌고자 하다가 넘어진 그분의 모습을 보면서 현재 내게 주신 은혜에 감사하며 사는 것이 정말 행복하다고 생각했습니다.

"그러나 자족하는 마음이 있으면 경건은 큰 이익이 되느니라 우리가 세상에 아무 것도 가지고 온 것이 없으매 또한 아무 것도 가지고 가지 못하리니 우리가 먹을 것과 입을 것이 있은즉 족한 줄로 알 것이니라 부하려 하는 자들은 시험과 올무와 여러 가지 어리석고 해로운 욕심에 떨어지나니 곧 사람으로 파멸과 멸망에 빠지게 하는 것이라 돈을 사랑함이 일만 악의 뿌리가 되나니 이것을 탐내는 자들은 미혹을 받아 믿음에서 떠나 많은 근심으로써 자기를 찔렀도다"(딤전 6:6-10).

기린은 성품이 악하지는 않지만 목이 곧고 교만함을 뜻합니다.

"무릇 마음이 교만한 자를 여호와께서 미워하시나니 피차 손을 잡을지라도 벌을 면하지 못하리라"(잠 16:5).

"교만은 패망의 선봉이요 거만한 마음은 넘어짐의 앞잡이니라"(잠 16:18).

하나님께서는 교회에 나오지 않는 남편들을 놓고 기도할 때에 기린을 많이 보여 주십니다. 그들을 보고 세상적으로는 인품이 좋고 예의가 바르다는 말들을 많이 하지만 자기의 교만 때문에 하나님 앞에 나오지 못하는 것입니다. 그들이 하나님 앞에서 겸손해지기를 바랍니다.

우리에게 순간순간 교만의 영이 역사하면 내가 잘나서 하나님의 일을 한다고 착각합니다. 건강을 주신 것도, 물질을 주신 것도, 구원을 주신 것도 주님이시라는 것을 잊지 말아야겠습니다.

119 소방관들을 보여 주심은 영적으로, 육적으로 어렵고 힘

든 성도들에게 달려가서 그들을 구원해 주라는 말씀이신데 교회 안에 이러한 성도들이 많을수록 교회가 부흥합니다.

이사를 하려고 하지만 물질이 없어서 이사 비용이 없고 도배, 장판도 하지 못하는 성도들을 찾아가서 섬기고 도우면 그들에게 많은 힘이 될 수 있습니다. 저도 주의 일을 하면서 교회 봉고차로 목사님과 함께 이사를 해 주었던 일들이 여러 번 있었는데, 교회 성도들과 함께 도배와 장판을 해 주고 길에 내놓은 깨끗한 가구나 가전제품들을 성도들 집에 옮겨다 주면서 행복해했습니다. 작은 일이지만 선을 행할 때에 주시는 하나님의 기쁨은 놀랍습니다.

교회가 부흥되면서 제가 해야 될 일들이 너무나 많다 보니 이제는 병들어서 누워 계시는 성도님 집에 자주 심방을 가지 못해 안타깝습니다. 어려운 성도들과 함께 고통을 나눌 수 있는 성도들이 많아진다면 얼마나 좋을까요.

가면은 이중인격의 모습을 뜻합니다. 우리는 신앙생활을 함에 있어서 겉과 속이 다르게 말하고 행동할 때가 참 많습니다. 저는 영안이 열려서 예수님을 만나고 난 후로는 마음에도 없으면서 지나치게 아부했던 제 모습을 발견하고 고치게 되었습니다. 아부하는 모습보다는 내 속사람에 예수님의 마음을 담아서 한마디의 말이라도 진심으로 하려는 자세가 필요합니다.

또한 교회에 성도로 가장해서 등록하고 시간이 지나면 돈 거래를 통해서 교회와 성도들을 이용하고 훼방하려는 일들이 있습니다. 지난 주에도 한 성도님이 토요일 저녁에 교회로 찾아와서 자기의 속사정을 이야기하는데 모 세무서에서 수십 년을

근무하다가 퇴임을 했다고 합니다. 그분은 남양주에 사놓은 9천 평의 땅이 지금 60억 원으로 올라갔다는 이야기를 하면서, 도박 중독에 빠진 자기 부인의 도박 중독을 고쳐 주기만 하면 자기 재산의 3분의 1을 주겠다는 것이었습니다. 아들은 캐나다에서 의사 공부를 하고 있다면서 자신의 가족 이야기를 길게 말하는데 우리 성도들이 그 말을 듣고 안타까워 했습니다.

그분은 그날로 교회에 등록하셨고, 다음날 주일 아침에 교회에 나오셨습니다. 저는 오후에 청주에 있는 교회로 부흥회를 갔다가 새벽 3시에 도착했는데 수요일이 되어서야 우리 교회 전도사님이 그분한테 3만 원을 빌려 준 것을 알게 되었습니다. 그분은 그 후로 연락이 끊겼습니다. 이중인격을 하고 교회에 나타나는 사기꾼 같은 늑대들을 늘 조심해야겠습니다.

금으로 만든 큰 검은 정금 같은 믿음으로 악한 영을 대적하라는 뜻입니다.

제가 환상이 처음 열렸을 때였습니다. 목사님께서 자기에 대해서 환상을 보라고 하셨습니다. 무릎을 꿇고 "하나님, 우리 목사님에 대해서 환상을 보여 주세요." 기도했더니 목사님이 정금으로 된 큰 검을 들고 서 있었습니다. 하늘에는 수천 마리의 까마귀가 새까맣게 몰려왔습니다. 그런데 신기한 것은 검도하는 선수들처럼 자세만 취한 상태로 검을 휘두르지 않고 들고만 서 있는데도 그 까마귀떼들이 스스로 날아와 그 칼에 맞고 머리와 몸통이 두 조각으로 나누어지면서 땅바닥에 피를 쏟으며 떨어지는 것이었습니다. 땅바닥은 온통 피바다가 되었습니다. 저는 그 환상을 보고 하나님이 말씀의 권세를 주셔서 목사님에게 악한 어둠의 영들을 물리치는 능력이 임한 것을 깨달았습니다.

두 번째로 보여 주신 환상은 목사님이 큰 나무들 앞에 하늘을 보고 서 있었는데 입김을 불듯이 '화' 하고 입을 열었더니 입속에서 불이 하늘을 향해 활활 날아가는 것이었습니다. 마치 제가 어렸을 때에 TV에서 봤던 마술사의 입에서 불을 뿜는 것과 같은 모습이었습니다.

목사님의 입술에서 나오는 말씀이 성령의 불과 같은 은혜가 있을 것을 보여 주신 것입니다. 실제로 많은 목회자와 성도들이 부흥회나 목요집회에서 우리 목사님의 설교를 듣고 성령의 뜨거운 불의 체험도 하고 몸의 진동도 느끼며 성령의 전류를 느끼는, 성령의 나타남을 고백합니다. 대개 목사님들의 환상을 보면 말씀의 검이 임한 분에게 이 같은 환상이 보입니다.

신랑과 신부가 예식하는 모습은 우리가 늘 예수님의 신부가 되어 준비하는 삶을 살라는 뜻입니다.

지방에 있는 작은 개척 교회에 집회를 갔었는데 예배를 시작하기 전에 하나님께 환상을 보여 달라고 기도했습니다. 그러자 그 교회가 아름다운 예식장이 되어서 예수님과 결혼식을 올리는 모습을 보여 주셨습니다. 사람의 눈으로 볼 때는 작고 부족한 교회의 모습이겠지만 주님께서 보실 때는 아름다운 교회로 바라보고 계셨습니다. 그 교회 목사님과 사모님이 몇 명의 성도들과 함께 기쁨으로 주의 길을 가는 모습이 어찌나 아름답던지 그 모습을 잊을 수가 없습니다. 우리 모두 주님의 거룩한 신부로 늘 신부 단장하는 삶을 준비합시다.

얼마 전에 청주에 있는 교회에 갔을 때 본 환상입니다. 예수님이 큰 버스를 운전하시고 성도들은 의자에 앉아서 어디론가 가는 것이었습니다. 이것은 교회가 구원의 방주이듯 예수님이 교회의 주인이 되어서 우리들을 인도해 가신다는 뜻입니다.

우리가 버스를 탈 때 버스가 사고 날 것이라는 것을 미리 걱정하고서 타지는 않습니다. 나를 목적지에 안전하게 데려다 줄 것을 믿고 타는 것처럼 주님의 교회도 주님께 맡기고 달려가야겠습니다.

큰 성경책을 보여 주심은 그 사람에게 말씀의 은사가 강하게 부어졌음을 의미합니다. 주의 종의 사명이 있는 분들에게 이 환상을 자주 보여 주십니다.

저는 지금까지 많은 분들을 만나서 상담을 했는데 그중의 많은 사람들이 자기에게 목회적 사명이 있는지 궁금하다며 확인하러 오셨습니다. 한국 교계의 큰 문제를 하나 꼬집으라면 많은 목회자들이 평신도들에게 이렇게 말하는 것입니다. “당신은 사명이 있어.” “왜 일찍 주의 길을 가지 않았어?” “더 늦기 전에 빨리 가서 하나님께 혼나지 말어.”

사업이 안 된다고, 자식이 아프다고, 어떤 질병에 걸렸다고 해서 그 모든 문제가 주의 종이 되지 않아서 그렇게 되었다고 해석하는 것은 바람직하지 못합니다. 평신도들이 이런 목회자의 조언을 받고 정말로 신학을 하지 않으면 하나님께 징계를 받을까 봐 두려워합니다. 그리고 그것 때문에 얼마나 많이 고민하고 방황하는지 아십니까? 평신도들이 소명의식도 없이 신학교에 들어가서 시간을 보내느라 하나님 앞에 헌신하지 못하는 모습을 보면 마음이 무척 안타깝습니다. 그들이 목회자가 된다고 해서 얼마나 많이 문제가 해결되고 풀릴 거라고 생각하십니까?

우리는 모든 문제의 해답을 그런 식으로 해결해서는 안 됩니다. 평신도 중에서 하나님께서 소명을 주신 분들은 스스로가 분명한 소명의식을 갖고 있습니다. 그런데 고단한 삶을 살다가 예전에 조언받았던 말을 떠올려서 뒤늦게 신학을 하는 분들은 대개가 자기 생각입니다. 대체로 50세가 넘어서 이런 상담을 해 오시는 분들은 거의가 그렇습니다. 생각해 보십시오. 하나님께서 주의 종으로 부르셨다면 일찍부터 하나님의 일을 할 수 있도록 지성, 영성, 감성, 인성을 개발하시고 준비시키지 않으시겠습니까?

그런데 전혀 준비되지 않은 상황 속에서 뒤늦게 주의 길을 간다고 하면 그것이 과연 하나님의 계획하신 일이겠습니까? 세상일을 하는 분들도 어떤 분야에서 전문지식을 갖고 이름이 알려지기까지는 수십 년간의 경험과 인내가 있었기에 명인이라는 칭호도 받고 전문인이라는 소리도 듣습니다. 하물며 주의 종은 영혼을 살리는 가장 귀한 전문인입니다. 제발 평신도들이 뒤늦게 자기의 감정으로 신학을 하지 마시기 바랍니다. 저에게 상담 받으러 오시는 주의 종들 중에서 늦게 신학을 한 후 목회를 시작하신 분들은 대부분 이도 저도 아닌 어정쩡한 상태로 머물러 있습니다. 목사안수를 받았어도 영력이 없다 보니 교회를 개척해도 찾아오는 사람도 없고 전도도 안 됩니다.

얼마 전에 69세 되신 장로님이 찾아오셔서 어떤 목사님에게 기도를 받았는데 신학을 해서 목회자가 되라는 기도를 받았다

고 합니다. 그것이 너무 고민이 되어서 저를 찾아오신 것입니다. 그렇다면 75세쯤에 신학을 마치고 그때부터 목회를 시작해야 하는데 그것이 가능하다고 보십니까? 저는 끝까지 장로님으로 그 교회에 충성하라고 말씀드렸습니다.

가짜 성탄 트리를 보여 주시면서 예수님을 믿는 자 같지만 그 안에 예수의 생명이 없는 것을 알게 하셨습니다. 많은 성도들이 주일이 되면 성경책을 들고 교회로 예배드리러 가지만 그 중에는 구원받지 못한 영혼들도 많습니다. 교회 밖의 불신자들에게도 전도해야겠지만 교회 안에서 구원받지 못한 영혼들을 위해 복음을 전해서 그들이 예수를 영접하고 구원을 얻을 수 있도록 안내해 주어야겠습니다.

검은 안경을 보여 주심은 말씀이 없이 살면 소경이 길을 가는 것과 같다는 의미입니다. 믿음 생활을 하기는 하지만 영적인 눈이 어두워서 믿음의 실상을 보지 못하고 세상의 허영을 따라서 사는 성도들이 많습니다. 육신의 정욕, 안목의 정욕, 이생의 자랑 때문에 자기의 영혼을 돌보지 못하고 영적으로 어두운 삶을 살고 있는 모습입니다. 예배를 드릴 때는 성도인 것 같은데 교회 밖을 나가면 말씀과 생활이 분리되는 것을 봅니다. 하나님의 말씀을 내 심령에 채우는 것이 중요합니다. 소경이 소경을 인도하면 그 모습 자체가 불완전한 것처럼 성령으로 거듭나지도 않은 자가 교회에서 직분을 받아 일을 하게 되면 그 맡겨진 일을 온전히 감당하겠습니까?

긴 유리병은 눈물 병이라고 알려 주셨습니다. 우리가 하나님께 눈물을 흘리면서 기도할 때에 천사들은 우리의 눈물을 다 보관하고 있습니다. 실제로 눈물의 기도를 통해서 성령의 역사하심을 목격합니다. 가족이 구원되고 물질이 회복되고 자녀들이 바로 서며 질병이 치유되는 등의 많은 은혜와 간증들을 대하다 보면 그 이면에는 하나님께 간절히 사모하여 흘린 눈물이 있었습니다. 우리 교회의 권사님 한 분은 아들이 예수를 안 믿어서 1년 동안 아침 금식을 하며 기도했습니다. 집을 나간 아들이 집으로 돌아오게 되었고 지금은 교회에 나와서 함께 예배를 드리는 은혜가 나타났습니다. 금식을 많이 해서 머리에 탈모증이 생기고 아프고 힘이 들 때도 있었지만 오직 자식을 구원하고자 주님께 매달리며 수고한 권사님에게 주님께서는 아름다운 열매로 역사하셨습니다.

당나귀가 무거운 짐을 싣고 힘들게 가며 쓰러지는 모습을 보여 주셨는데 그 삶이 힘들고 고통스러움을 말합니다. 수많은 사람들이 답답한 심정을 토로합니다. 부유한 사람은 부유한 대로 살면서 건강을 잃어버려서, 배우자의 외도 때문에, 자식 문제로 인해 눈물을 흘립니다. 돈으로 살 수 없는 행복과 사랑이 가정에 없어서 슬퍼하는 사람들도 있습니다. 가난한 사람들은 자기의 가난한 형편 때문에 늘 물질에 시달리고, 자녀들의 뒷바라지를 제대로 해 주지 못하는 것 때문에 가슴 아파했습니다. 카드빚과 생활고에 시달려서 죽고 싶어하는 이들도 있었습니다. 반면에 물질이 아무리 많아도 하나님이 주시는 참된 위로와 안식이 없어서 불행하게 사는 자들이 부지기수였습니다.

큰 바위가 깨지는 모습은 우리의 인생이 세상에서 벗어나 하나님의 사람으로 빚어 가고 있음을 뜻합니다. 산 위에서 큰 바위가 깨질 때는 뾰족뾰족하고 날카로운 모습들이지만 땅 아래로 굴러 내려오면서 서로 부딪히고 깎이면서 둥글둥글한 자갈이 되고 부드러운 모래가 되는 것처럼, 우리 역시 처음 예수님을 믿을 때 있었던 모난 부분은 시간이 흐를수록 말씀과 기도로 다듬어집니다. 때로는 성도들과의 부딪힘을 통해서 자신의 부족한 성격들이 다듬어지고 그러면서 점차 주님의 모습으로 바뀌어 가는 것을 봅니다.

꿈과 환상은 제 마음의 거울과 같습니다. 하나님은 이 상징적 언어를 통하여 저에게 다가오십니다. 성령의 인도함을 받는 자들은 하나님이 주시는 계시를 영적으로 바라보고 해석하지만, 일반적인 사람들은 꿈을 심리학적인 차원으로 바라봅니다.

성령님께서는 꿈과 환상을 통해 저에게 조명해 주십니다. 그리고 지혜의 영이 임하여 보이는 동물이나 물체 또는 환경에서 역사하는 어떤 상황들을 순간순간 깨닫게 하십니다.

결국 꿈과 환상의 언어는 하나님께서 성령의 조명 속에서 주시는 영감을 통하여 이해되어야 합니다. 그리고 일상생활 속에서 자주 신령한 꿈과 환상에 대한 이해를 소유하도록 노력하는 것이 필요합니다.

그러면 다음 장에서 본격적으로 꿈과 환상을 해석해 보도록 하겠습니다.

2. 꿈과 환상에 대한 해석의 실제

가게에 ···

가게에 불이 붙어 있는 모습은 번성되는 은혜를 주기를 원하십니다.

가난의 영으로는 초가집, 가마솥, 밀짚모자, 짚신, 고무신, 냉수 한 그릇, 동전, 귀신이 보였습니다. "예수의 이름으로 가난의 영은 떠나갈 지어다."라고 기도해야겠습니다.

가난한 사람들을 보여 주시며 소외되고 가난한 사람들을 하나님의 사랑으로 돌보는 삶을 살기를 원하십니다.

가라지를 뽑는 모습은 주님 앞에 버려야 될 것은 버리고 부지런히 주의 일을 하라는 의미입니다.

가래떡이 성전 여러 군데에서 길게 나오는 것은 말씀의 양식을 풍성하게 주실 것을 말씀하십니다.

가로등이 도로 양쪽에 켜져 있는 모습은 그 삶에 성령의 인도함이 있을 것이라는 뜻입니다.

가로등이 땅에 쓰러져 있는 모습은 매사에 누워 있지 말고 주의 일에 열심을 내어 일어나 빛을 발하며 하나님의 일을 감당하라는 뜻입니다.

가로수 길을 보여 주심은 주님의 사역이 더 넓혀지기를 구하라는 뜻입니다.

가루 세제는 성결, 거룩한 영, 세마포 옷을 준비해서 신부단장을 아름답게 하기를 원하십니다.

가마니를 덮고 자는 모습은 본인의 삶이 힘든 것을 뜻하기도 하고, 춥고 힘든 영혼들을 위해 기도하고 돕고 섬기라는 뜻입니다.

가마를 타고 가는 모습은 섬김과 존귀함을 받도록 축복하시겠다는 뜻입니다.

가마솥 뚜껑을 여는 모습을 보여 주심은 환경에 두려움을 갖지 말고 하나님이 도우시는 역사, 성령의 역사가 더 드러나도록 인도해 주실 것을 말씀하십니다.

가마솥(큰 가마솥)에 닭을 삶아서 나누어 주는 환상입니다. 사랑과 섬김의 은사로 성도들에게 나누는 모습이며, 가정에 가난의 영이 역사함도 있습니다.

가마솥에 물이 끓는 모습은 첫째, "가난의 영은 예수의 이름으로 떠나갈 지어다."라고 기도하라는 의미이며, 둘째, 심령이 성령의 불로 뜨겁게 되기를 원하시는 의미입니다.

가면은 사람을 경계하고 거짓과 술수를 잘 분별하여 늘 조심하라는 뜻이기도 하고, 이중인격의 모습이 있다는 뜻으로 거룩하게 살아야 함을 말합니다. 또 다른 의미로는 배우자가 자기 모습이 아니라 사단이 그 모습을 붙잡고 역사하고 있음을 뜻합니다.

가뭄이 들어서 메마른 땅을 보여 주심은 성령의 단비를 부어달라고 사모하고 기도해야 열매를 맺을 수 있다는 뜻입니다.

가방끈이 끊어져 있는 모습은 온전히 준비되어져 있지 못함을 뜻합니다.

가방을 메고 학교에 가는 모습입니다. 늘 주님의 말씀을 집중해서 배우고, 하나님의 신령한 은혜와 지식을 더 알기 원하신다는 뜻입니다.

가스 소독차는 가정과 이웃과 환경에 예수님의 피를 부어 달라고 기도해야 함을 뜻합니다.

가스가 폭발하는 모습은 다이너마이트 같은 성령의 진동하는 역사가 그 지역에 있기를 원하십니다.

가스레인지에 약한 불이 켜진 모습과 냉장고를 보여 주시면서 미지근한 신앙을 버리라고 하셨습니다.

가스레인지에 파란 불이 올라오는 모습은 성령의 뜨거운 은혜가 있으며 뜨거운 신앙생활을 하라는 것입니다. 그리고 성령으로 뜨거운 은사가 부어져서 역사가 나타나기를 원하십니다.

가스를 충전하는 것은 항상 말씀과 기도 생활을 통해서 성령의 충만함이 부어지기를 원하신다는 의미입니다.

가스통(큰 가스통)에 사람들이 들어가 훈련받는 모습은 지금의 삶은 숨쉬기 힘들 정도로 어려운 일들을 많이 겪고 있는데 잘 참고 인내하는 훈련을 통하여 영적으로 강인해지기를 원하신다는 의미입니다.

가스통은 영적인 큰 힘을 받아서 교회를 위해 충성하라는 것입니다.

가슴까지 물에 잠긴 모습은 내 마음과 생각, 온몸을 주님 앞에 내어놓고 은혜에 잠기라는 뜻입니다.

가슴에서 왕관처럼 찬란한 빛이 나옴은 사랑과 섬김의 은사, 왕적인 기름부음을 통해서 다스릴 수 있는 자로 쓰시리라고 하십니다.

가슴을 두드리는 모습은 마음이 답답할 때 기도하면 주님이 도와주리라고 하시는 것입니다.

가슴을 보여 주시는 것은 마음에 예수 그리스도를 품고 잃어버린 영혼들을 찾기를 원하시는 의미입니다.

가시 떨기는 심령이 가시떨기 같이 엉키고 고통 가운데 있는 영혼들을 기경시키고 회복시키는 사명을 감당키를 원하시는 것입니다.

가시 면류관(원으로 된 가시 면류관)은 우격 싸임으로 아픔과 고통이 있지만 주님을 감사함으로 따라가고 있음을 아십니다.

가시 면류관을 쓰신 예수님을 보여 주시는 첫 번째 뜻은 삶 가운데 있는 고통과 번민을 믿음과 말씀으로 이기며 예수님을 사랑하며 나아가기를 원하심이며, 두 번째 뜻은 "내 생각의 저주가 예수의 이름으로 끊어지게 하소서."라고 기도하라는 의미입니다.

가시나무는 가시에 찔리는 것처럼 어려운 일도 있지만 잘 참고 이겨나가라는 뜻입니다.

가시덤불 엉겅퀴를 보여 주시며 내 환경이 옥토가 되게 해달라고 기도하라고 하십니다.

가시덤불을 보여 주시는 첫 번째 의미는 가시밭길을 걸어가는 것처럼 힘들고 고난의 길이었지만 일곱 번 넘어져도 다시 일어나는 은혜를 주셨음을 뜻하고, 두 번째 의미는 "환경과 마음속에 자리 잡은 성격적인 저주가 성령의 불로 태워질 지어다."라고 기도하라고 하십니다.

가시엉겅퀴는 보이지 않는 사단의 찔림, 아픔이 있음을 뜻합니다.

가위(재단하는 손 가위)를 보여 주심은 생활 속에 끊어 버려야 할 것을 끊어서 버리라는 뜻입니다.

가위눌림은 사단에게 눌린 자에게 주님이 살아계심을 증거하여 악한 영을 풀어 주라는 것입니다.

가위는 주위 환경에 버려야 될 것, 끊어야 될 것을 자르라고 말씀하셨고, 바위는 깨져야 될 부분이 있다고 알려주셨습니다. 가위와 바위의 크기에 따라서 버리고 깨져야 될 분량을 말씀해 주셨습니다.

가위로 끈을 싹둑 자르는 모습은 믿음과 결단으로 끊을 것은 끊고 나아가기를 원하십니다.

가위로 나무 가지치기 하는 모습입니다. 섬기는 사람들에게 축복의 말씀뿐만 아니라 훈계의 말씀도 함께 전하는 영적인 지도자가 되기를 원하십니다.

가위바위보 하는 모습은 그리스도인의 삶이 마치 영적 전쟁과 같은데 이 전쟁에서 이길 때도 있고 질 때도 있지만 이기면 능력과 지혜를 부어주시어 전쟁에서 승리하도록 인도하기 위함입니다.

가을 낙엽은 우리의 인생이 저물 때가 있듯이 주님 앞에 서야할 때를 생각하여 늘 하나님 앞에서 충실한 삶을 살라는 의미입니다.

가을을 보여 주시는 것은 그 사람이 정적이고 생각이 많음을 뜻합니다.

각도기가 점점 넓혀지는 것을 보여 주심은 사역과 환경의 은혜가 점점 확대될 것을 뜻합니다.

각목에 불이 붙은 모습은 성령의 불을 붙이는 사명이 있음을

뜻합니다.

간식을 보여 주시는 것은 먹을 것과 입을 것으로 걱정하지 말고 감사하며 살아가기를 원하신다는 뜻입니다.

간이침대를 보여 주심은 "좀 더 쉬자, 좀 더 자자."는 게으른 삶을 지적하시니, 뉘우쳐서 성실히 하나님의 말씀 가운데 살라는 뜻입니다.

갈고리는 사단이 마음을 훼방하고 요동케 하며, 은혜 받지 못하게 하고 말씀을 들어도 깨닫지 못하게 하고 있음을 말합니다.

갈대는 마음이 연약하여 이리저리 흔들림이 있으니 말씀으로 무장하여 강건하기를 원하십니다.

갈대를 꺾어 손에 잡고 있는 모습은 하는 일에 큰 은혜와 열매가 없음을 말합니다.

갈대숲은 길이 아닌 것 같지만 믿음의 낫을 들고 길을 내어 나아가기를 원하시는 것입니다.

갈대숲을 헤쳐 나가는 모습은 내가 가는 길이 사막 같고 늪이 있는 것 같아도 믿음으로 잘 극복하라는 것입니다.

갈매기가 홀로 날아다니는 모습은 외롭고 힘든 모습과 상황 속에서도 주님을 의지하고 감사하라는 뜻입니다.

갈매기들이 바다 위를 날아다니는 모습은 넓은 마음을 가지고 풍성하게 주님 안에 거하기 원하십니다.

갈비뼈를 보여 주시며 부부가 믿음으로 하나가 되고 조화를 이루어 돕는 사역자로 나아가기를 원하십니다.

갈치(은빛 나고 살이 없는 길쭉한 갈치)는 이와 같이 머리가 희고 연약한 노인들을 의미하는데 이들을 잘 섬기고 공경하라는 뜻입니다.

감(잘 익은 감)을 보여 주시며 믿음으로 심으면 믿음의 결실을 얻게 하리라고 하십니다.

감나무 열매를 하나씩 먹는 것은 믿음의 때에 주님께서 더 좋은 열매로 거두게 하실 것을 뜻합니다.

감나무는 열매를 얻기 위해서 때를 기다리면 많은 열매를 주시려는 뜻입니다.

감나무에서 감이 열리는 것은 하나님의 창일한 은혜 속에서 시험을 이길 때 열매와 결실이 맺히리라는 뜻입니다.

감옥에 수갑을 찬 죄수들을 보여 주시며 감옥과 같은 삶을 살고 있는 소외된 이웃들과 어려운 이웃들을 섬기라고 하십니다.

감옥에 있는 죄수들을 보이시며 빛도 없는 곳에 갇혀 있는 그 영혼들을 바라보고 믿음에 부요한 하나님 사랑에 배부른 자로 살아가기를 원하십니다.

감자를 칼로 깎고 있는 모습은 그 사람의 겉사람을 벗어버리고 속사람으로 쓰임받기를 원하신다는 의미입니다.

강(건너지 못할 강)에 다리가 놓이는 것은 나는 할 수 없고, 갈 수 없는 것 같지만 주님이 길을 내어주시리라고 하십니다.

강(맑은 강)에 나뭇잎과 꽃잎들이 떠다니는 것은 세월이 유수같이 흐르고, 때가 되면 꽃이 시들어 떨어지듯 안개와 같은 인생 시간 속에서 주님과 함께 감사하며 주님으로 인해 만족하며 살기를 원하십니다.

강대상에 갈고리가 걸려 있는 모습은 목사님이 강단에서 말씀을 전하실 때에 사단의 역사가 있어서 성도들이 은혜를 받지 못하도록 역사하고 있는 것을 말씀하시며, 목사님의 말씀을 통해서 은혜를 받도록 예배 전에 많은 기도로 준비해야 함을 의미합니다. 그 교회 위에 역사하는 사단의 권세를 물리치는 기도를 하라고 말씀하셨습니다.

강둑 밑에 원모양으로 두 개의 큰 구멍이 있는데 이곳에서 물이 흘러나와 강으로 흘러 들어가 하나로 합쳐진 모습은 서로 모습이 다르나 하나님의 생각과 마음으로 하나 되기를 원하시는 것입니다.

강둑길을 걸어가는 모습은 인생이 힘들고 어려운 모습이 있지만 믿음으로 감사함과 순종으로 나아가면 예수님이 평안과 안식을 주십니다.

강둑길이 막아져 있음은 지금은 앞길이 막혀 있지만, 장래의 삶의 문이 열려지도록 하나님의 은혜를 구하라고 하시는 것입니다.

강둑에 동그란 홀을 보여 주심은 삶 속에 말씀의 생수가 부어지기 원하신다는 뜻입니다.

강물에서 물고기가 펄쩍 뛰어오르는 모습은 그 사람의 삶에 풍성한 은혜가 있음을 뜻합니다.

강물에서 큰 바위가 솟구쳐 오르는 것은 반석 위에 세우는 교회를 통해 주님의 큰 은혜가 드러날 것을 말씀하십니다.

강물을 보여 주심은 하나님의 강물 같은 은혜가 부어지고 차오르며 성령의 생수가 채워지고 넘쳐서 이웃에게 줄 수 있는 은혜가 넘치기 원하십니다.

강물을 수중계로 재어 보여 주시는 것은 자기의 부족함을 깨닫고 더 많이 채워서 넘치는 주의 은혜가 임하기를 원하신다는 의미입니다.

강물을 측량하는 것은 내게 주신 하나님의 은혜를 헤아려서

감사가 넘치는 삶으로 인도 받기를 원하십니다.

강시처럼 사람이 뛰어가는 것은 사단에게 붙잡혀서 자유롭지 못하게 살아가는 영혼들을 성령의 지혜와 말씀으로 회복시켜 주는 사명을 감당키를 원하십니다.

강아지가 졸졸 따라오는 모습은 큰 해는 없지만 작은 사단의 역사가 있음을 뜻합니다.

강아지가 짖는 모습은 주의 일을 할 때에 작은 사단이 내 마음을 시험하고 훼방해도 "예수의 이름으로 악의 권세가 떠나갈지어다."라며 기도하여 이겨나가길 원하십니다.

강아지를 보여 주심은 강아지가 있다고 도망하지 않듯 담대히 앞으로 나아가기를 원하십니다.

강에 다리가 놓이는 모습은 첫째, 하나님과 사람들을 잘 연결해 주는 사명이 있음을 뜻하며, 둘째, 강에 다리가 있어야 강을 잘 건너듯 사역에 도움이 될 동역자, 협력자를 구하는 기도를 하라는 의미입니다.

강에 많은 물고기들이 한곳으로 모이는 것은 구하는 것마다 역사하시고, 영혼을 맡겨 주셔서 마음과 뜻을 같이하여 주님의 뜻을 이루도록 도우심을 뜻합니다.

강에 흙을 부어서 메우는 모습은 현재 겪는 일이 자신의 힘으로는 해결할 수 없는 힘든 문제임을 뜻합니다.

강에서 노를 젓고 가는 모습은 내 삶이 힘이 없고 곤고할지라도 내 인생의 방향과 목적이 주님이 이끄시는 대로 가라는 뜻입니다.

강에서 물을 퍼 올리는 모습은 하나님의 말씀의 생수를 공급받아 배에서 생수의 은혜가 흘러넘치길 원하십니다.

강에서 배를 타고 둘이서 노를 젓는 모습은 돕는 배필을 붙이시는 은혜를 주시길 원하신다는 의미입니다.

강에서 빨래하는 모습은 주님 앞에 거룩하고 깨끗하게 살려는 모습이 아름답다고 칭찬하시는 것입니다.

강에서 새까만 바위가 올라오는 모습은 "음부의 권세는 예수의 이름으로 떠나갈 지어다."라고 기도하라는 뜻입니다.

강에서 출발하려고 하는 작은 배를 보여 주시며 이제 은혜의 강물이 부어지기 시작하는데, 구원의 방주인 교회 안에서 살 때에 신앙의 진보가 있음을 뜻합니다.

강을 건너니 강이고, 또 강인 모습은 하나님의 일을 해나가는 것이 강을 건너는 것처럼 힘들지만 주님이 주시는 힘과 지혜로 잘 넘어가기를 원하십니다.

강을 사이에 두고 사람이 나뉘어 있는 모습은 사람과 사람의 만남을 아무도 끊을 수 없음을 뜻합니다.

강을 헤엄쳐 가는 모습은 어려운 시험을 잘 헤쳐 나가기 원하십니다.

강철을 보여 주심은 강철처럼 강한 믿음을 주셔서 이길 수 있는 은혜를 주시리라는 뜻입니다.

강풍이 부는데도 큰 산과 바위가 그대로 있는 모습은 믿음 안에서 강한 하나님의 능력을 입고 늘 든든히 가정을 지키고, 영적 중심을 잘 잡고 있을 때 강력한 사단의 역사에도 피할 길을 주시고 이기게 하심을 뜻합니다.

개가 사람을 물어뜯는 모습은 삶의 환경이 고통과 고난 속에 사는 것을 말합니다.

개구리가 나무에 다닥다닥 붙어있는 모습은 "내 환경에 더럽고 시끄러운 영은 예수의 이름으로 떠나갈 지어다."라고 기도하세요.

개구리가 팔짝 뛰는 모습은 그 상황 그대로 변화가 없음을 뜻합니다.

개구리가 펄쩍 뛰어오르는 모습은 생활에 시끄러운 일이 있지만 한 단계 올라 오르는 은혜를 주실 것을 뜻합니다.

개구리는 삶에 시끄러운 재앙이 있음을 뜻합니다.

개미가 큰 빵과 돌을 옮기려하는 모습은 무거운 짐을 몸에 짊어지고 사는 고통이 있음을 뜻합니다.

개미가 한 줄로 열심히 일하는 모습은 부지런히 수고하고 일하는 모습이 있음을 뜻합니다.

개미의 허리를 보여 주시며 개미허리가 가늘듯 천국에 들어가기가 어렵고, 많은 사람이 구원받기 어렵듯이 힘들고 어렵더라도 낙심하고 실망된 일을 감수하고 이겨나갈 수 있기를 원하십니다. 다른 의미로는 삶이 좁고 힘들다는 뜻도 됩니다.

개울가(맑은 개울가)에서 물고기가 노는 모습은 영혼들을 추수하기 원하신다는 뜻이며, 하나님이 주시는 지혜로 그물을 내릴 때에 그물이 가득 채워질 것을 뜻합니다.

개울가에 물이 가물기 직전의 상태는 그 사람의 심령이 기근과 고갈이 있음을 말합니다.

개울물이 흐르는 모습은 큰 사역은 아니지만 말씀의 은혜가 흐르고 있음을 뜻합니다.

개천(더러운 개천)이 보임은 영적으로 더러워져 있으므로 회개하라는 뜻입니다.

거름은 영혼들에게 거름 같은 역할을 하라는 의미로, 희생과 헌신을 통해 영혼들이 나를 통해 열매 맺게 하리라는 의미입니다.

거름종이는 주님 앞에 걸러낼 것은 걸러내는 삶을 살라는 뜻입니다.

거머리는 주의 길을 갈 때 끈질기게 방해하는 사단의 역사가 있으므로 주님의 보혈을 붓고 담대해져야 합니다.

거문고를 보여 주심은 주님 앞에 찬양과 경배로 영광 돌리기를 원하십니다.

거미와 거미줄이 불에 타는 모습은 성령의 능력으로 흑암의 권세가 떠나고, 죄악 도성이 무너지고 태워지는 역사가 나타나기를 원하십니다.

거미줄은 더러운 곳에 거미줄이 쳐지는 것처럼 예수님의 피를 환경에 부으므로 성결해져야 합니다. 중고등부 자녀들에게 게임 중독과 음란의 영이 역사할 때 많이 보여 주셨습니다.

거북이(고개를 쭉 내민 거북이)는 주님 앞에서 교만하지 말고 겸손함과 순종으로 살아야 하며 게으르지 말라는 뜻입니다.

거북이가 머리를 쑥 내밀었다 들여 넣기를 반복하는 모습을 보여 주심은 사람들로 인해 우격 싸움을 당하지 않고, 환경에 눌림 당하지 않도록 지혜와 권세를 부어 주시기를 기도하라는 뜻입니다.

거북이가 엉금엉금 기어가는 모습은 겸손하라는 의미와, 조급해 하지 말고 차근차근 나아가라는 뜻입니다.

거울(말씀의 거울)은 하나님의 말씀과 계명을 잘 지키고 하나님을 사랑하는 마음이 커져서 주님과 함께 연합된 삶을 가지길 원하십니다.

거울(방패 같은 거울)은 말씀을 통해서 영혼들에게 비춰주고 자기의 모습도 볼 수 있도록 가르치라고 하시는 것입니다.

거울(큰 거울) 밑으로 맑은 물이 흘러 들어가는 것은 말씀이 거울이 되어 성령의 인도를 받으라고 하십니다.

거울(큰 거울)과 성경책이 펴 있는 모습은 말씀이 거울이 되어 부족함을 고치고 만들어 가기를 원하십니다.

거울(큰 거울)을 다른 사람에게 비추고 있는 모습은 하나님의 말씀을 통하여 그 영혼들을 바라보라는 뜻입니다.

거울(큰 거울)을 햇빛에 비추는 모습은 말씀의 거울을 통해 성령의 빛을 받아 영육이 밝고, 광명한 삶으로 인도받기를 원하십니다.

거울(큰 거울)이 하늘로 향해져 있습니다. 말씀을 통해 하나님의 빛을 받으라는 의미입니다.

거울(큰 거울)이나 손거울을 보여 주심은 남의 티를 보기보다는 나의 들보를 먼저 보고 자기를 잘 살필 수 있어야겠습니다.

거울은 자기의 모습을 잘 살펴서 부족한 부분은 고치라는 뜻입니다.

거울을 보고 면도하고 세수하는 것은 날마다 말씀과 기도로 거룩한 삶을 살라는 뜻이고, 거울을 보고 수건으로 닦는 모습은 정결함이 입혀지기 원하십니다. 거울을 보고 화장하는 모습은 말씀을 통해 자기 자신을 살피라는 의미입니다.

거울을 통과해서 길을 걸어가는 것은 늘 말씀이 길이 되고, 등이 되어서 말씀에 순종하며 살라는 뜻입니다.

거울이 점점 커지는 모습은 말씀의 거울을 의미하는데 채우시고 역사할 수 있는 말씀 안에 거하는 삶으로 인도하시리라고 하십니다.

거인(작은 거인)을 보여 주시며 거인처럼 능력을 나타내고 주님의 증인된 삶을 감당하도록 길을 열어주길 원하시며, 교회에 영향력을 끼치는 자가 되길 원하십니다.

거인(희고 큰 거인)은 하나님 앞에 순결한 백성으로 살면서 영적인 거장이 되어서 주님의 큰일을 감당하라고 하십니다.

거인을 보여 주시는 것은 영적으로 큰 사람이 되라는 뜻입니다.

거지에게 가마니를 덮어주는 모습은 목자 없는 양 같은 영혼들, 소외된 이웃들을 살피기를 원하시며, 작은 일에도 주님 심정을 가지고 일하기 원하십니다.

거품기는 영혼들이 하나님의 사람으로 잘 반죽되어지기를 원하십니다.

거품을 걷어내는 모습은 쓸데없는 걱정, 근심, 염려가 거품처럼 걷어지기를 원하십니다.

거품을 보여 주심은 거품처럼 사업을 어렵게 하는 사단의 역사가 있음을 뜻하며, 사단의 말이나 환경에 속임 당하지 않기를 원하십니다.

건물(큰 건물)을 짓는데 나무로 기둥만 세워진 모습입니다. 지금은 세워져가는 단계이니, 인내하고 남편과 자녀에게 복음을 전하여 온전한 믿음의 가정이 되라고 하십니다.

건전지 배터리는 늘 성령의 전류를 공급받아서 힘 있는 모습으로 살라는 뜻입니다.

건전지는 다시 살아나는 회복과 움직여지는 은혜를 말씀하십

니다.

건전지의 음극, 양극을 보여 주심은 목사님과 주위 사람들이 조화를 잘 이루기를 원하십니다.

걸레로 방을 닦는 것은 손으로 주의 일에 열심히 봉사하라는 뜻입니다. 그리고 걸레로 성전을 닦는 모습은 지극히 작은 섬김에도 주님이 기뻐하시고 상급으로 갚아 주리라는 뜻입니다.

걸을 때 쿵쿵 거릴 정도로 걷는 모습은 영적인 권세, 위엄, 은혜를 소유하여서 주님 앞에 담대히 나아가기를 원하십니다.

걸음걸음마다 불이 붙은 모습은 모든 삶에 불같은 성령의 역사가 나타나고 전해지기를 원하십니다.

걸음마를 하고 있는 모습은 그 사람의 영적 상태가 초보임을 보여주고 있습니다.

검(금으로 만든 큰 검)은 정금 같은 믿음으로 악한 영을 대적하라는 뜻입니다.

검(말씀의 검)으로 장벽을 치니 장벽이 뚫려지는 모습은 장애물 앞에서 후퇴하지 말고 전진할 때 역사와 능력이 나타나리라고 하십니다.

검(큰 검)은 말씀의 검으로서 하나님의 말씀을 전하고 가르칠 수 있는 은혜가 있음을 뜻합니다.

검과 검의 끝이 마주쳐서 하나가 되는 것은 뜻을 합하여 둘이 하나가 됨을 뜻합니다.

검도하는 모습은 영적 훈련을 통해 그리스도의 강한 군사로 세워지길 원하십니다.

검은 양복과 흰 양복을 보여 주심은 삶에 성결의 영이 임하여 신부 예복을 잘 준비해서 구원에 이르기를 원하신다는 의미입니다.

검은 옷을 벗기고 흰 옷을 입혀주는 것은 영적 단장을 잘 시키는 사명임을 뜻합니다.

검은 복장의 사단을 보이시며 일마다 때마다 사단의 역사와 공격이 있음을 일러주시는 것이므로 보혈을 붓고 말씀으로 이기기를 원하십니다.

검을 두 사람이 서로 맞대는 모습은 말씀과 지혜, 성령의 은사를 통해 마음을 같이 하라고 하십니다.

검이 절반으로 쪼개지는 모습은 하나님의 말씀을 자기 뜻대로 이용하는 것입니다.

게임을 하는데 옆에서 사단이 방망이로 때리는 모습은 사단이 게임중독에 빠지게 하지만 보혈의 능력으로 끊기 원하십니다.

겨울을 보여 주심은 사역에 있어 춥고 어려운 일이 있음을 뜻합니다.

겨자씨 한 알을 보여 주시며 작은 믿음을 통해 큰 능력을 나타내기를 원하십니다.

경운기를 타고 밭길과 논길을 가는 모습은 내 삶의 길이 평탄치 못하고 생활에 어려움이 있지만 주님이 나와 함께 하신다는 말씀을 붙잡고 때를 기다리는 농부의 마음을 갖고 살기를 원하십니다.

경찰차가 사이렌을 울리며 달려가는 모습은 나를 필요로 하는 사람들을 찾아가서 봉사하라는 것입니다.

계곡의 물이 말라서 졸졸 흐르는 모습은 내 인생에 갈한 목을 성령의 소낙비 같은 은혜를 주셔서 내 영혼이 소생하기 원하십니다.

계단(높은 계단) 끝에 주님이 서 계신 모습은 힘들고 어려워도 주님 바라보며 한계단 한계단 믿음으로 올라가기를 바라십니다.

계단(높은 계단)을 보여 주시는 것은 오르기는 힘들지라도 신앙생활을 부지런히 해야 함을 뜻합니다.

계단을 올라가는데 도레미로 소리가 나는 것은 천국 가는 길에 기쁨의 소리를 내며 아버지의 길을 따라갈 수 있도록 은혜 주기를 원하십니다.

계단을 올라갈 때 계단이 좁아지는 모습은 주의 일을 할 때 좁고 힘든 일들이 있지만, 눈으로 보고 실망하지 말고 늘 손뼉을 치며 여호와를 송축하기를 원하십니다.

계단을 한계단 한계단 올라가는 모습은 힘이 들어도 인내하고 주님의 사명을 감당하라는 것입니다.

계단이 하늘을 향한 모습은 천성 길을 향한 믿음의 길을 계속 걸어가라는 것입니다.

계란 부침하는 모습은 심령 속에 성령의 불이 임하여 신령한 맛과 은혜가 드러나기를 원하십니다.

계란 흰자 안에 노른자는 우리에게 줄 땅이 노른자와 같은 땅이라는 의미입니다.

계란으로 바윗돌을 치는 모습은 비전과 가망성이 없다는 뜻이며, 지금 하려고 하는 것을 하지 않는 것이 오히려 유익입니다.

계란의 흰자와 노른자를 보여 주시며 주위의 모든 사람들과 그 모습 그대로 마음을 같이하고, 주의 사랑으로 하나 되어 주님의 영광을 드러내라는 뜻입니다.

계란이 깨지는 모습은 물과 성령으로 거듭나며 주의 인도를 받으라는 뜻입니다.

계란이 부화되는 모습은 부활 신앙을 가지고 부활의 복음을 영혼들에게 전하라는 뜻입니다.

계란이 점점 커지는 것은 시간이 흐를수록 큰 권세를 부어주실 것을 뜻합니다.

고개를 끄덕끄덕, 아니요, 아니요, 하는 모습은 하나님의 말씀을 가려서 받지 말고 모든 말씀을 아멘으로 받고 순종하며 나아가라는 뜻입니다.

고개를 뒤로 돌려 돌아보는 것은 과거를 돌아보기보다 푯대를 향해 주님으로 인해 기쁘고 감사함으로 나아가라는 뜻입니다.

고깔모자를 보여 주심은 하나님께 상급을 쌓지 못하는 자들에게 보이지 않는 영의 세계를 알려주고 가르쳐주길 원하신다는 말씀입니다.

고래 두 마리가 서로 마주 보며 서있는 모습은 영적으로 큰 일꾼이 되어 서로 마주보며 같은 뜻으로 주안에서 이뤄가기 원하십니다.

고래(큰 고래)가 1/3쯤 물 위로 나와 있는 그림입니다. 아직 깊은 은혜에 푹 잠기지 못함을 의미합니다. 좀 더 내 모습이 감추어지고 하나님의 은혜만 나타나기 원하십니다.

고래(큰 고래)가 작은 구멍으로 통과하는 모습은 좁은 길이지만 하나님의 큰 일꾼 되어 하나님의 능력으로 할 수 없는 일을 행할 수 있도록 인도해 주실 것을 믿고 믿음으로 통과하기 원하십니다.

고래(큰 고래)가 헤엄치고 있는데 낚시 바늘이 꽂혀 있는 모습은 사단의 괴롭힘이 있음을 뜻합니다.

고래가 눈물을 흘리는 것은 영적으로 큰 그릇으로 쓰시기 원하시며, 눈물로써 주의 사명을 잘 감당하며 나가라는 뜻이고, 고래가 물 밖으로 나오려고 자꾸 머리를 내미는 것은 현재 상황을 참고 인내하라는 의미입니다.

고래가 모래밭에 올라와 있는 것은 바다에 있어야 될 고래가 모래밭에 있다는 것으로 사단이 마음과 생각을 육신의 생각으로 끌어내서 은혜 안에서 살지 못하도록 역사한다는 의미입니다.

고래가 물속에서 올라와 풍덩풍덩 뛰노는 모습은 말씀의 은혜 안에 뛰놀며 기쁘게 살기를 원하십니다.

고래가 빠른 속도로 헤엄쳐가는 모습은 그 사람이 영적으로 큰 그릇인데 신앙적으로도 진보가 빠를 것을 보여주시고, 고래가 춤추는 모습은 늘 영적인 큰 그릇으로 하나님 앞에 춤추며 경배하기 원하십니다.

고래에 뾰족한 가시들이 박힌 모습은 영적인 자유와 기쁨을 누리기를 주님께서 원하시나 사단의 우격 싸임으로 고통을 받고 있음을 뜻합니다.

고래와 상어가 서로 싸우는 모습은 환경 가운데 영적 전쟁이 있음을 뜻합니다. "두려움과 염려를 주는 상어 같은 사단은 예수의 이름으로 떠나갈 지어다."라고 기도하세요.

고래의 등을 타고 바다를 건너가는 것은 하나님이 큰 일꾼으로 쓰기 원하시며, 넓고 광활한 은혜 가운데로 인도하기 원하십니다.

고목나무를 보여 주심은 마음이 겨울처럼 차갑지 않기를 원하십니다.

고목나무에 물을 주니 살아나는 모습은 죽어가는 영혼들이 말씀으로 살아나는 일을 뜻합니다.

고목나무에게 가서 안아주고 뽀뽀해 주니 다시 살아나는 모습은 연약한 사람들에게 가서 위로해 주고 사랑해 주면 다시 소생함을 뜻합니다.

고무신(하얀 고무신)을 보여 주시며 순결하고 깨끗한 평안의 신을 신고 하나님의 일을 해나가기를 원하십니다.

고무장갑(빨간 고무장갑)을 보여 주심은 손에 보혈의 능력을 부어 주셨음을 뜻하고, 신유의 은사가 있음을 말합니다.

고무줄(기다란 고무줄)을 보여 주시며 고무줄을 계속 당기면 끊어지듯 세상 줄을 잡아봤자 소득이 없고 결과가 없음을 뜻합니다.

고무줄놀이는 사단의 작은 시험이 있음을 말합니다. 삶의 환경 때문에 곤고해하지 말고 예수님의 은혜와 사랑을 통해 기뻐하며 즐거워하기를 원하십니다.

고무줄이 걸어갈 때 앞에 놓여있는 모습은 고무줄에 걸려 넘어질 수밖에 없으니 작은 사단의 역사를 예수의 이름으로 물리치라는 뜻입니다.

고무줄이 늘어졌다 줄어졌다 하는 모습은 크고 작은 시험이

있는데 소낙비와 같은 은혜가 부어지면 믿음으로 승리하는 은혜가 있으리라고 하십니다.

고무총으로 쏘는 모습은 고무총에 맞아서 죽지는 않지만 고통스러울 때가 있음을 뜻합니다.

고무통(거대한 고무통)에 물이 가득 부어져 있는 모습은 그 안에 들어와서 말씀을 통해 깨끗해지기를 원하십니다.

고속도로(구불구불한 고속도로)를 보여 주시며 "굽은 길은 예수의 이름으로 펴질 지어다."라고 기도하여 형통한 은혜를 구하라는 뜻입니다.

고속도로의 길이 열려 있는 모습은 빠르게 달려가 하나님의 은혜, 목적을 이룰 수 있도록 주님이 길을 닦아 놓으셨다는 의미입니다.

고속도로의 이정표는 주님이 앞길을 예비해 놓으심을 말하는 것입니다.

고속철도를 보여 주심은 마음이 늘 바쁜 것을 뜻하기도 하고, 영적으로 빠른 진보가 있을 것을 뜻하기도 합니다.

고슴도치가 자기 새끼를 품는 것을 보여 주시며 자기 자식만 사랑한다고 하십니다.

고아와 과부를 보여 주시며 고아와 과부들의 마음을 헤아리고 주의 사랑으로 잘 살피라고 하십니다.

고양이가 야옹하고 덤빌 때 내가 엎드리니 고양이가 떠나가는 모습은 주의 길을 갈 때 싸우거나 맞서지 말고 하나님께 엎드려 기도하면 사단이 떠나가는 역사를 부어주시리라고 하십니다.

고양이는 첫째, 고양이 같은 사단이 마음을 할퀴고 요동치게 함을 뜻하고, 둘째, 사단에게 속아서 고통 가운데 방황하는 영혼들에게 주님의 길을 제시하고 안내해 주는 사역자로 세워지기 원하십니다.

고지(높은 고지)에 올라가려 하지만 자꾸 떨어지는 모습은 올라가지 못하게 하는 악한 영의 사단을 예수의 이름으로 물리치고 영적 장애를 뛰어넘어 오르기를 원하십니다.

고추(빨간 고추)는 주님의 보혈의 능력을 뜻하고 예수님의 피에 젖은 자를 의미합니다. 열매가 풍성할 때에도 보여 주십니다.

고추(익지 않은 파란 고추)가 열린 모습은 아직은 인내할 때임을 의미합니다.

고추를 믹서에 가는 모습은 주님의 보혈에 젖어 그리스도의 풍성한 열매를 맺히고 맛을 내기 원하십니다.

고추의 색깔에 따라서 영적 상태가 다름을 알려 주십니다.

곡식에 낫을 대는 모습은 마지막 때에 추수할 일꾼으로 쓰실 것을 말씀하십니다.

곤장을 맞는 모습은 곤장 맞는 것처럼 어려움과 환란 가운데 있으나, 하나님 앞에 은혜를 구하여 잊어버린 물질과 건강을 회복하라는 의미입니다. 그리고 순교적 믿음으로 살아서 은혜와 상급을 받으라는 것입니다.

골무는 바늘에만 찔려도 아파하는 연약함이 있음을 뜻합니다. 하나님의 전신갑주가 입혀져서 어떠한 아픔에도 상처 받지 않고, 찔림 받지 않기를 원하십니다.

골무와 바늘을 보여 주시며 작은 일에 상처받는 일들이 사단의 역사입니다. 사단은 나의 마음을 아프게 하고 상하게 하는

데 주의 일을 함에 있어서 하나님의 영적 권세를 가지고 주의 일을 하게 해달라고 기도하세요.

골짜기(깊은 골짜기)는 성령의 은혜가 부어져 믿음의 은혜를 받기를 원하십니다.

골짜기의 물은 생활 속에서 하나님이 주시는 잔잔한 은혜와 축복이 있음을 뜻합니다.

골프공이 엉뚱한 곳으로 가는 모습은 감정 기분대로 움직이지 말고 분명한 목적을 가지고 나아가라는 뜻입니다.

골프채는 골프 선수가 골프채로 공을 멀리 쳐서 날리듯 주님이 주신 성령의 은사와 권능을 통해 주님의 나라가 확장되고 멀리 날아오르는 은혜가 부어지기를 원하십니다.

곰을 보여 주시며 삶에 곰과 같이 크게 역사하는 사단을 물리치는 기도를 하라고 하십니다.

공(동그란 공)은 모나지 않은 믿음과 은혜를 의미합니다.

공(풍선 같이 큰 공)의 모습은 성령의 기름 부으심이 크게 부풀어 오르는 은혜의 역사가 나타나기 원하십니다.

공간(좁은 공간)을 엎드려서 기어 나오는 모습은 겸손하라는 의미입니다.

공과 공이 부딪히는 모습은 주의 일을 함께 할 때에 서로 부딪히는 부분이 있으나 큰 문제없이 이기고 나아갈 수 있음을 의미합니다.

공구(망치)를 보여 주심은 사단이 생각과 마음을 칠 때 믿음으로 잘 이기라는 의미입니다.

공구(스텐으로 된 공구)는 영혼을 고치고 깨우는 은혜가 임하기를 원하시는 것입니다.

공깃돌을 갖고 노는 모습은 사단의 역사가 있음을 뜻합니다.

공룡을 보여 주심은 사단의 권세가 거대함을 뜻합니다.

공속에 바람이 들어가 잘 굴러가는 모습은 늘 성령의 은혜가 가득 부어져 둥글둥글 잘 굴러갈 수 있기를 원하십니다.

공에 뾰족뾰족한 것들이 튀어 나와서 울퉁불퉁한 길로 굴러가는 모습은 그 환경에 굴곡이 심하고 어려움이 있다는 뜻입니다.

공에 입으로 바람을 크게 불어 넣고, 공을 타고 높이 날아오르는 것은 영적으로 주님 앞에 힘쓴 것만큼 날아오르고 뛰어오를 수 있는 은혜를 말합니다.

공은 하나님이 많이 굴리셨다는 뜻이고, 시련과 어려움을 잘 참고 이기었다는 뜻입니다.

공이 물위에 둥실둥실 떠다니는 것은 주님이 이 모양, 저 모양으로 잘 훈련시켜서 주님의 뜻하심대로 인도함 받기를 원하십니다.

공이 점점 커지는 모습은 성령의 바람이 불어서 영적으로 더 큰 그릇으로 하나님이 쓰시기에 불편함이 없는 모습으로 나아가도록 주님이 함께 하시리라고 하십니다.

공이 하늘로 날아가는 것은 세월이 빨리 지나가서 곧 우리의 인생이 하나님 앞에 설 것이니 이것을 기억하여 겸손히 살라고 말씀하시는 것입니다.

공작새가 날개를 활짝 펴고 있는 모습은 많은 이들에게 삶의 아름다운 모습과 조화를 나타내기 원하신다는 의미입니다.

공장 굴뚝에 연기가 올라가는 것은 첫째, 기도의 권세를 주시고 기도의 힘을 통해 하늘 보좌를 움직이는 은혜가 있도록 돕

기 원하심이고, 둘째, 교회가 성령으로 충만하여 여호와의 영광이 나타나기 원하십니다.

공장 하수구에서 더러운 물이 흘러내려가는 모습을 보여 주시며 생활과 삶의 방향이 하나님의 거룩한 뜻을 좇아 작은 일에도 세상에 오염되지 않고 물들지 않는 삶으로 인도받기 원하십니다.

공장(큰 공장)에 불이 환하게 켜진 모습은 늘 감사하며 살고, 나를 통해 교회에 성령의 불이 활활 타오르기를 원하십니다.

공장(큰 공장)의 굴뚝에서 연기가 나고 있습니다. 영적으로 큰 힘과 능력을 주님이 공급해 주셨으니 합력하여 선을 이루리라는 뜻입니다.

공장에 불이 난 모습은 목회 사역에 성령의 불이 활활 타오르기를 원하십니다.

공장에서 기계가 돌아가는 모습은 시험과 어려움이 있을지라도 계속 성령님께서 역사하시리라는 뜻입니다.

공장에서 연기가 나는 모습은 불이 타다가 말면 연기가 나서 주위에 있는 사람들에게 피해를 줄 수 있으므로, 늘 뜨겁게 신앙생활을 해서 주위에 도움을 줄 수 있는 삶을 살라는 뜻입니다.

공장의 굴뚝을 보여 주심은 영적인 힘이 크다는 뜻입니다.

과도 칼을 보여 주시며 성령의 검이 더 날 세고 커져서 혈기와 자아를 다스릴 수 있기를 원하십니다. 다른 의미로는 삶이 깎이는 듯한 아픔이 있다고 하십니다.

과일 바구니는 은혜와 축복, 열매를 거둘 것을 뜻합니다.

과일을 포크로 찍어먹는 모습은 인생의 맛을 내며 즐거워하며 살아가라는 뜻입니다.

과자는 삶에 달콤한 은혜가 있음을 말합니다.

과자를 따먹는 모습은 열심히 해서 좋은 결과를 얻도록 기도하라는 뜻입니다.

과자를 보여 주시며 하나님 앞에 좋은 것만 구하지 말고 쓴 것이라도 아멘 하라고 하십니다.

과학자들이 과학실에서 실험하는 모습은 나름대로 열심히 자기의 인생을 연구하며 살아가는 모습과 자기의 생각과 이치를 잘 따져서 사는 모습입니다. 학생들이 장래의 진로를 물으면 이과 계통으로 진로를 정할 때 보여주셨습니다.

광야에 발을 내딛을 때마다 길이 되는 모습은 걸음마다 성령의 기름이 부어지고 황무지를 개간하듯 개척정신을 가지고 살고 있음을 뜻합니다.

교통경찰 모자를 보여 주심은 하나님의 법대로 바르게 살지 못하는 백성에게 법을 가르치고 행함을 가르치는 사명을 감당하라는 뜻입니다.

교통경찰은 많은 영혼들을 옳은 길로 잘 인도하라는 뜻입니다.

교회 문을 사람이 두드리고 있는 모습은 교회에 들어오고 싶어 하는 사람이 있으니 열린 교회가 되라고 하십니다.

교회와 십자가를 보여 주심은 교회 안에서 지도자로 든든히 세워져서 십자가 군병이 되기를 원하신다는 의미입니다.

구더기를 보여 주시는 첫 번째 의미는 "가정에 구더기와 같

은 더러운 영들은 예수의 이름으로 떠나갈 지어다."라고 기도하여 항상 주님 앞에 깨끗하고 거룩함으로 세워지기를 원하십니다. 두 번째 뜻은 "구더기 무서워서 장 못 담그랴."는 속담이 있듯이 사단 권세를 무서워 말고 씩씩하게 주의 일을 잘 해 나가라고 하십니다.

구두가 뒤집혀 있는 모습은 하나님 앞에 복음을 전하는 삶을 쉬고 있다고 하시며, 다시 전도하는 삶을 살라고 하십니다.

구두를 깨끗이 닦는 모습은 평안의 복음의 신을 신고 복음을 전하기를 원하십니다.

구렁이는 "조상 때부터 흐르는 사단의 영, 환경을 누르는 사단은 예수의 이름으로 떠나갈 지어다."라고 기도하세요.

구레네 시몬처럼 십자가를 짊어지고 가는 모습은 다른 사람의 십자가를 같이 지며 그들의 힘든 삶을 함께 해 줄 것을 말씀하십니다.

구름 기둥이 땅에서 올라가는 모습은 말씀이 충만해져서 위의 것을 구하며 충만한 모습으로 살아가기 원하십니다.

구름 기둥이 이동하는 모습은 말씀으로 지경을 넓혀주시고 인도해 주시는 은혜가 나타나리라는 의미입니다.

구름 두 개가 한 개로 합쳐지는 것은 마음과 뜻을 같이 할 수 있는 배우자를 위해 기도하라는 뜻입니다.

구름 위를 걷는 모습은 가볍게 둥둥 떠가는 신나는 생활을 해나가기를 원하시며, 구름 위에 누워있는 것은 참 평안과 안식을 누리길 원하십니다.

구름 위에 서서 덩실덩실 춤을 추는 것은 환경을 바라보지 말고 주님을 더 바라볼 때 악한 영들이 떠나가는 은혜를 부어

주리라고 하십니다.

구름(많은 구름)을 누군가 후- 하고 불어주는 모습은 성령과 말씀 안에 온전히 거하는 삶을 살 때 주님이 성령의 바람을 불어주셔서 도우시리라고 하십니다.

구름(뭉게구름)들을 보여 주심은 여호와의 임재가 부어질 것을 의미합니다.

구름(배 모양의 구름)이 밀려가는 모습은 섬기는 교회가 하나님의 임재가 충만하심으로 흘러갈 것을 뜻합니다.

구름(큰 구름)을 여러 사람이 손으로 들고 가는 환상입니다. 여호와의 영광과 임재 안에서 합력하여 선을 이루는 군사가 되기를 원하십니다.

구름(흰 구름) 안에 문이 열려지는 모습은 하나님의 임재와 영광이 가정에 충만히 부어지도록 기도하라는 뜻입니다.

구름(흰 구름)을 보여 주심은 순결하고 깨끗한 신부와 같은 믿음으로 살라는 뜻입니다.

구름(흰 구름)을 타고 날아가는 것은 성령 안에 살 때 하나님이 주시는 기쁨을 맛보게 하십니다.

구름(흰 구름)이 머리에 걸쳐있는 것은 늘 하나님의 영광과 임재가 부어져 보이지 않는 세계를 보고 말하라는 의미입니다.

구름(흰 구름)이 휘몰아치는 모습은 성령의 바람이 강하게 불어서 은혜가 부어지기 원하십니다.

구름과 구름이 만나야 되는데 만나지 못하는 모습은 마귀의 역사를 물리치고, 성령으로 하나가 되고 기쁨으로 영광 돌리기를 원하십니다.

구름기둥 밑으로 시냇물이 흘러가는 모습은 거룩한 임재 속

에 하나님 말씀으로 살아가길 원하십니다.

구름기둥이 내려오는데 구름을 마시는 모습은 말씀과 지혜와 가르치는 은사가 있음을 뜻합니다.

구름기둥이 한 층 한 층 높아지는 것은 말씀의 능력이 깊고 넓어지기를 원하십니다.

구름다리 위를 서서 건너가는 모습은 마음에 위태하고 두려운 마음이 있지만 어떠한 환경이든지 주님이 붙잡아 주시면 하나님이 방패와 피난처가 되어 시험을 이기고 넘어가도록 인도해 주실 것을 뜻합니다.

구름다리가 강에 놓이고 비둘기들이 날아다니는 모습은 축복이 준비되어져 있음을 말합니다.

구름다리는 올라갈 때도 있고, 내려갈 때도 있는 우리의 인생에 너무 낙심하지 말고 한걸음 한걸음을 주님과 동행하며 어려운 때를 잘 극복해야 한다는 의미입니다.

구름들이 점점 커지는 모습은 사역이 더 확대될 것을 뜻합니다.

구름을 끌어안고 있는 모습은 늘 말씀을 품고 기도하면 그 말씀대로 역사해 주실 것을 뜻합니다.

구름을 타고 가는 모습은 세상 걱정, 근심 모두 벗고 영적으로 나아가라는 뜻입니다.

구름을 화살이 뚫고 지나가는 모습은 하나님의 영광과 임재 안에 살기를 원하지만 세상 권세에 마음이 찔림 당하는 모습입니다. 그러나 화살이 구름을 찔러도 아프지 않듯이 모든 시련을 잘 감당할 수 있게 인도하시리라고 하십니다.

구름이 강하게 흘러가는 모습은 늘 주님의 임재 속에서 밀어

주시는 대로 나아가라는 의미입니다.

구름이 내려와서 가슴으로 들어가는 것은 말씀의 기름이 부어져서 그리스도의 은혜로 살아가는 것을 입술로 고백하기를 원하십니다.

구름이 머리에 와 있는 모습은 여호와의 영광, 기름부음이 있어 내 지혜가 아닌 성령의 지혜로 앞길을 인도받기를 원하십니다.

구름이 먼 산에 있는 모습은 잡힐 듯 달려가지만 멀리 있고, 힘들고 어려운 일을 달려가는 모습을 뜻합니다.

구름이 몸에 덮인 모습은 말씀의 충만하심으로 일하게 하시리라고 하십니다. 구름이 이마에 드나드는 것은 하나님이 주시는 지혜와 지식으로 살아가기를 원하십니다.

구름이 빠른 속도로 지나가는 모습은 말씀과 성령의 기름 부으심이 빠른 속도로 진행되고 있음을 말합니다.

구름이 용을 덮는 모습은 말씀으로 사단을 덮어서 사단이 떠나가는 역사가 있을 것을 뜻합니다.

구름이 하늘에서 내려오는데 구름 안에 지폐가 있는 것은 주님이 물권을 부어 주실 것을 말합니다.

구름이 흘러가는 모습은 구름이 흘러가듯이 인생의 모든 걱정, 근심, 번민을 주님께 내려놓고 인내하며 인도함 받으라는 뜻입니다.

구슬을 치는데 못 맞추는 모습은 사람의 요행으로 되는 일이 없는 것을 온전히 깨달으라는 의미입니다.

구슬이 데구루루 굴러가는 것은 말씀의 권세, 가르치는 은혜로 세상을 이길 수 있는 믿음을 주셨음을 뜻합니다.

구슬이 한 줄로 내려오는 모습은 하나님의 은혜가 한꺼번에 쏟아지지는 않아도 감사하며 살라는 것입니다.

구원의 투구는 구원받은 은혜, 사랑, 은총을 기억하며 하나님께 영광돌리라는 뜻입니다.

구정물을 보여 주시며 삶에 거룩하고 성결한 은혜가 부어지기 원하십니다.

국기 게양대의 빨간색 깃발을 보여 주시며 영적으로 높아지고 깊어지길 원하고, 예수의 피를 통해 늘 승리하기를 원하십니다.

국물(뜨거운 국물)을 마시는 모습은 따뜻한 국물을 마시는 것 같은 하나님의 은혜가 그 삶에 부어지기 원하십니다.

국자가 거꾸로 세워진 모습은 하나님 앞에 마음이 똑바로 세워지고, 하나님의 은혜를 공급받아 은혜와 사랑이 넘치기를 원하십니다.

국자는 영적인 그릇이 작음을 뜻하고, 항상 내 능력이나 내 지혜로 세상을 움직이거나 교회를 움직이려고 하지 말고, 하나님이 주신 은혜 안에서 인도함을 구하라고 하십니다.

군고구마를 굽는 통은 철통처럼 따뜻하고 훈훈한 사랑을 부어주셔서 영혼들에게 나눠줄 수 있는 자로 도와주시리라 하십니다.

군고구마를 사람들에게 나누어 주는 모습은 춥고 어렵고 힘든 사람들에게 주님의 사랑을 나누어 주어 하나님의 영광이 드러나기를 원하십니다.

군고구마를 손에 들고 뜨거워서 양손에 번갈아가며 쥐는 모습은 주님의 뜨거운 은혜가 넘쳐나기를 원하십니다.

군인이 도보 훈련받는 모습은 영적인 그리스도의 좋은 군사로 잘 훈련받아서 쓰임 받고 세워지기를 원하신다는 뜻입니다.

군중을 보여 주시며 영권, 인권, 물권을 부어주셔서 많은 군중들이 하나님께 예배할 수 있도록 인도하라는 의미입니다.

군화는 전도의 사명이 있으므로 전도하면서 살 때에 은혜와 능력을 주심을 뜻하고, 군화 끈을 묶는 모습은 영적 군사로서 복음의 신을 신고 전도의 사명을 잘하라는 뜻입니다.

굴(깊은 굴)에서 기도하는 모습은 은밀한 가운데 기도하여 은혜의 맛을 보기 원하십니다.

굴(좁은 굴)에 불이 붙은 모습은 내외적으로 성령의 기름을 부으시리라는 뜻입니다.

굴뚝에 연기가 나는 모습은 속담에도 "아니 땐 굴뚝에 연기 나랴."는 말도 있듯이 쓸데없는 말로 인해 고통당하지 않도록 말을 조심하라는 뜻입니다.

굴속(큰 굴속)에 혼자 걸어가고 있습니다. 어둡고 험난한 가운데 처해 있으니 어두운 터널을 빨리 빠져 나가기를 원하십니다.

굴착기로 땅을 파는 모습은 지금 있는 곳에 성령의 진동하는 역사가 나타나기를 원하십니다.

궁창, 해, 달, 별을 보여 주심은 길이 열릴 수 있는 은혜를 주셨다는 뜻입니다.

궁창을 보여주심은 하나님께서 하늘 위의 물과 하늘 밑의 물로 나누셨듯이 늘 주의 말씀으로 세상과 영적인 것들을 분리하여 온전히 영에 거하는 자가 되기를 원하십니다.

궁창을 보여 주시는 의미는 예수 그리스도의 넓은 마음으로

품고 이해하며 나아가기를 원하시며, 하늘을 바라볼 때 믿음과 소망과 사랑의 은혜가 비치고 위로부터 주시는 강물 같은 은혜와 기쁨을 얻기 원하십니다.

권총을 보여 주심은 영적인 무기와 은사가 올바르게 사용되기를 원하십니다.

권투 글러브(빨간 권투 글러브)가 점점 커지는 것은 믿음과 능력의 은사를 달라고 기도하라는 뜻입니다.

권투 글러브(빨간 권투 글러브)를 보여 주시며 보혈의 능력을 부어 주셨기에 신령한 싸움을 싸울 수 있으며, 더 강한 능력이 부어지는 것을 말합니다.

권투 글러브는 영적으로 강한 능력을 주셔서 믿음으로 승리하도록 도우리라는 의미입니다.

권투 선수가 연습하는 모습은 어려운 시험을 이기려면 말씀의 충만함과 기도 훈련을 통해서 준비되어져야 함을 뜻합니다.

권투 선수를 보여 주심은 영적 전쟁에서 본인의 힘이 세면 사단을 이기고, 힘이 약하면 진다는 뜻입니다.

귀(큰 귀)를 보여 주심은 사람의 소리보다, 기도하면서 하나님의 음성에 귀를 기울이고 살라는 것입니다.

귀는 듣는 것을 조심하고 영의 음성을 들으라는 뜻이고, 귀에 보혈이 부어지는 모습은 듣는 것을 조심하라는 뜻입니다.

귀뚜라미가 우는 모습은 때마다 성령님께서 자연을 통해 음성을 들려주시는 은혜를 주신다는 뜻입니다.

귀를 막는 모습은 사람의 소리에 귀 기울이지 말고 요동하지 말고 정도의 길을 가라는 뜻입니다.

귀를 크게 보여 주심은 들을 귀가 열려 있다는 뜻인데 무엇을 듣느냐가 중요하기 때문에 세상 말을 들으면 세상적인 귀가 커지고, 하나님의 말씀을 들으면 영적인 귀가 커지는 것을 보여주셨습니다.

귀마개는 꼭 들어야 할 것을 들을 수 있는 귀가 될 수 있도록 주님께 집중하기를 원하십니다.

귀신들의 소굴을 보여 주시며 세상일을 할 때 넘어지는 연약함이 있음을 뜻합니다.

귀신들이 사람 뒤에서 춤추는 모습은 "환경 가운데 믿음으로 사는 것을 훼방하는 사단의 역사는 예수의 이름으로 떠나갈 지어다."라고 기도하세요.

귀신이 사람의 허리를 안고 있는 모습은 사단에게 붙잡힌 것을 뜻하는데, 예수님의 보혈을 붓고 회개해서 신앙을 회복해야겠습니다.

그 사람이 갖고 있는 문제의 상태를 새끼줄, 고무줄, 줄다리기줄, 철사가 엉킴, 실이 엉킴을 보여주시면서 그 문제를 해결하기 위해서 어느 정도의 수고가 필요한지를 보여주셨습니다.

그네 타는 모습을 보여 주시며 그네가 높이 올라가면 무섭듯 여러 가지 시험을 통해 더 강하고 담대하게 하기 위하심입니다.

그네(공중에 있는 그네)를 타려고 손으로 잡았는데 그네가 토막이 나는 모습은 목회 사역에서 여러 가지 시험들을 예수의 이름으로 담대히 사명 감당해 나가기를 원하십니다.

그네를 타는 그 밑으로 불이 있는 모습은 지금의 상황이 불

같은 시험을 당하고 있음을 뜻하고, 밑에 물이 있는 것은 주님 안에서 기쁘게 살아가려 하지만 어려운 모습이 있음을 뜻합니다.

그네를 타는 모습은 그네를 타듯 기쁘고 즐겁게 살라는 뜻입니다.

그네만 세게 흔들흔들하는 모습은 늘 성령의 힘을 의지하여 넓게 높게 구하셔서 하나님의 복을 사모하는 자가 되라고 하십니다.

그릇(깨진 그릇)은 깨어진 마음이 예수의 보혈로 회복되어지고 새 그릇으로 만들어지고 자기 영혼을 사랑하는 자가 되라는 뜻입니다.

그릇(많은 그릇)을 설거지 하는 모습은 사랑과 섬김으로 궂은 일들을 행해 나갈 때에 주님께서 상으로 갚아주실 것을 말씀하십니다.

그릇(큰 그릇)에 물이 펄펄 끓고 있습니다. 뜨거운 신앙으로 그리스도의 은혜를 나타내는 것을 주님께서 알고 계십니다.

그릇(큰 그릇)에 시멘트가 반죽되어집니다. 천국에 집을 건축하면서 상급 쌓는 일을 하라는 의미입니다.

그릇들(잡동사니 그릇들)이 마구 날아가는 모습은 그 사람의 인생이 엉망진창이고 삶에 고통이 많음을 뜻합니다.

그릇에 물이 차있고 그 안에서 물고기들이 노는 모습은 영혼들을 품고 영혼들에게 생수의 강을 줄 수 있는 사역자로 도움을 주리라고 하십니다.

그릇을 번쩍 들고 있는 모습은 "내 잔이 넘치도록 부어주소서."라고 기도하라는 의미입니다.

그릇이 깨끗이 설거지 된 모습은 하나님 앞에 거룩한 그릇으로 준비가 되어서 주님의 은혜와 은사를 받기를 원하십니다. 영혼들을 바르게 이끄는 사명이 있음을 뜻합니다.

그릇이 깨지는 것은 힘들고 어려운 상황임을 뜻합니다.

그릇이 뒤집어져 있는 모습은 하나님의 은혜가 없음을 뜻하고, 영적 자세를 똑바로 갖기를 원하십니다.

그림자는 예수님을 그림자같이 따라 다니며 그 분과 늘 함께 거하는 삶을 살라는 것입니다.

그림자는 환경 속에 역사하는 어둠의 영을 의미합니다.

그물(큰 그물)을 강에 내렸는데 물고기가 거의 잡히지 않는 모습은 지금은 수고와 노력을 해도 소득이 없음을 뜻합니다.

그물에 큰 물고기들을 잡아서 어깨에 메고 가는 것은 앞으로 사람 낚는 어부가 되어서 많은 영혼을 살리라는 뜻입니다.

금 목걸이는 정금과 같은 믿음과 은혜를 주셔서 주와 연합하여 화목하고 번성하는 은혜가 나타나기를 원하십니다.

금, 보석, 진주, 수정, 꽃신, 풍선, 분수대, 무지개, 비는 축복을 의미했습니다.

금, 은, 보화, 지폐나 수표를 보여 주심은 물권이 있음을 뜻합니다.

금고는 번호를 알아야 열 수 있듯이 하나님이 주시는 지혜로 겸손하게 기도하며 나아가라는 뜻입니다.

금도끼는 말씀을 깨닫지 못해서 신앙의 열매를 맺지 못하는 영혼들에게 말씀으로 잘 지도해서 열매 맺기를 원하십니다.

금메달은 무엇을 하든지 두각을 나타낼 수 있는 은혜가 부어진 자를 뜻하며, 정금과 같은 믿음으로 나오기를 원하심과, 물

권을 주셔서 하나님의 영광을 나타내기를 바라시는 뜻이 있습니다.

금메달이 공중에서 내려오는 것은 정금 같은 믿음으로 일등 신앙인이 되라는 뜻입니다.

금배지를 보여 주심은 정금 같은 믿음으로 삶에 물권과, 누구에게든지 주님을 자랑하는 삶을 살라는 의미입니다.

금붕어가 죽어 있는 모습은 영적인 생수를 먹지 못해서 죽을 것 같은 영혼의 상태를 의미합니다.

금이나 보석 반지는 복음 사역에 함께 하심을 약속하는 것을 의미합니다.

금잔과 우승컵은 '내 잔이 넘치나이다.'라는 신앙고백을 통해서 하나님께 영광을 돌리라는 뜻입니다.

금잔에 물이 넘치는 모습은 인생에 자욱하게 하나님의 은혜와 사랑이 넘치길 원하십니다.

금전출납부는 세상의 방법대로 계산하면서 하나님을 믿는 것이 아니라, 하나님이 주시는 모든 말씀과 성령으로 함께 하는 믿음을 가지라고 보여주셨습니다.

금주전자(큰 금주전자)는 정금 같은 믿음과 물권을 의미하며, 말씀으로 물을 주는 사명이 있음을 보여주는 것입니다.

금팔찌가 벌어져 있는 모습은 물질이 새어 나가고 있다는 뜻입니다.

금팔찌는 정금 같은 믿음을 주셨고, 사역이 더 넓어지도록 기도하라는 의미입니다.

기계(큰 기계)는 기름을 쳐야만 돌아가듯 말씀을 통해 은혜를 채우기 원하십니다.

기관총(총알이 일렬로 연결된 기관총)을 보여주십니다. 영적인 은사와 무기가 준비되어진 상태로 언제든지 사단의 권세를 물리칠 수 있는 능력을 갖춘 상태를 말합니다.

기관총은 영적 은사를 아무데나 남발하지 말고, 지각 있게 잘 사용하고 교회에 덕을 세우고 하나님의 영광을 드러내는데 사용하라고 하십니다.

기관총을 들고 적군이 오는지 살피는 모습은 말씀으로 무장하여 원수 마귀를 대적하기 원하십니다.

기도 손에 불이 붙은 것은 기도의 영을 부어주시고, 성령의 불을 부어주심을 의미합니다.

기도를 쉬고 있는 분은 사무엘의 기도하는 사진을 보여주시면서, 날마다 기도를 쉬는 죄를 범치 말라고 권면하셨습니다.

기도하는 두 손은 기도에 힘쓰는 삶의 모습으로 주님께 드려지길 원하십니다.

기도하는 두 손을 예수님이 꼭 붙잡고 기도해 주시는 모습은 기도를 통해 내 환경을 어지럽히는 사단의 권세가 예수의 이름으로 끊어짐을 말합니다.

기도하는 모습(골방에서 기도하는 모습)을 보여 주시며 집에서도 늘 기도하라고 하십니다.

기도하는 모습(두 손을 들고 기도하는 모습)은 모든 문제의 해답이 주님께 있으니 열심히 기도하라는 것입니다.

기도하는 모습(두 손을 모아 기도하는 모습)은 어느 곳에 있든지 간절히 기도하라는 의미입니다.

기도하는데 산들이 진동하는 모습은 하나님 백성의 부르짖는

기도를 통하여 그 지역의 많은 영혼들이 성령의 역사로 열매 맺는 은혜가 있을 것을 말합니다.

기도할 때 구름기둥이 내려와서 구름을 타고 가는 모습은 말씀을 깨닫고 생명과 평안으로 인도받기를 원하십니다.

기도할 때 키가 작은 사람이 키가 커지는 모습은 기도할 때 영적으로 자라나는 역사가 있을 것을 말씀하십니다.

기도향이 위로 올라가지 않고 옆으로 퍼지는 모습은 기도가 하늘에 상달되지 않고 있음을 뜻합니다.

기둥(기다란 기둥)에 원으로 된 고리가 채워지는 모습은 믿음으로 잘 훈련 받아서 은혜의 열매를 맺으라는 뜻입니다.

기둥(두 개의 큰 기둥)을 보여 주심은 부부가 연합하여 주의 일을 잘 협력하기를 원하신다는 의미입니다.

기둥의 굵기에 따라서 성도들이 교회에서 얼마만큼 중요하게 쓰임 받는지 알려주셨습니다.

기둥이 쓰러질듯 하면서 다시 세워지는 것은 나는 쓰러질 것 같지만 늘 주님이 붙잡아 주셨음을 뜻합니다.

기러기가 바다 위로 날아가는 모습은 외기러기가 날아가는 것 같은 나그네 인생임을 하나님께서 알게 하심입니다.

기름 탱크는 성령의 기름 부으심의 은혜를 가득 담아서 세상과 환경과 사람을 다스리고 정복해서 하나님이 원하시는 은혜 안에서 축복받기를 원하는 것입니다.

기름(검정 기름)은 삶에 어두움이 있으니 예수의 보혈이 부어지기를 원하십니다.

기름을 머리에 붓는 모습은 사는 날 동안 여호와 하나님이 주시는 힘으로 살아갈 수 있도록 함께 해 주리라고 하십니다.

기름이 걸어가는 길에 부어지는 모습은 가는 발걸음에 기름이 부어져서 그 지역이 성령의 불로 뜨겁게 태워지길 원하십니다.

기름이 길에 있는 것은 가는 길에 성령의 기름을 부어주리라는 뜻입니다.

기름이 머리에 부어지면서 십자가가 그려지는 모습은 하나님이 주시는 영적 지혜로 주의 길을 잘 갈 수 있도록 은혜를 주시리라는 의미입니다.

기름종이는 하나님의 음성을 잘 듣고 따라하는 충만한 은혜 가운데 살기를 원하십니다.

기름통(큰 기름통)은 가정에 성령의 기름부음과 성령의 불이 타오르고, 기도를 통해 놀라운 은혜가 채워지기를 바라는 것입니다.

기름통에 불이 붙어 굴러가는 모습은 내 힘, 내 뜻을 버리고 성령이 주시는 힘으로 나아가라는 뜻입니다.

기린은 성품이 악하지는 않지만 목이 곧고 교만함을 뜻하고, 벌은 좋은 것을 줄 수도 있지만 남에게 상처나 아픔을 줄 수도 있다는 뜻입니다.

기와지붕에 기와를 쌓아 올리는 모습은 주님을 위해 손으로 성실하고 정직하게 행하라는 의미입니다.

기와지붕에 비가 흘러내리는 모습은 성령의 비가 내려지듯 주의 자비가 부어지기 원하십니다.

기와집(오래된 기와집)에 비가 새는 모습은 영적인 신앙의 집을 다시 잘 점검하라는 뜻입니다.

기와집의 대문에 문빗장이 걸려있는 모습을 보여주시면서 구

하라, 두드리라, 그러면 열리리라는 것입니다.

기왓장을 보여 주시며 기왓장도 맞들면 가벼운 것처럼 동역자를 붙여달라고 기도하라는 뜻입니다.

기차, 자연, 산, 호수를 보이시며 주님으로 인해 마음에 평안과 안식이 부어지기 원하시고, 삶이 열리고 풀려지는 은혜가 임하기 원하십니다.

기차가 달려가는 모습을 통하여 어떠한 장애에도 방해 받지 않고, 힘차게 주의 길을 달려가길 원하십니다.

기찻길을 사단이 막은 것은 목회할 때 사단이 방해함을 뜻합니다.

기타를 보여 주심은 늘 주님을 찬양하고 경배하라는 뜻입니다.

길(X자로 생긴 지그재그 길)을 보여 주심은 모든 일에 그릇된 마음과 생각을 버리고 치료하시는 하나님을 인정하고 승리하라고 하십니다.

길(구름으로 된 길)을 보여 주심은 어디를 가든지 여호와의 영광 안에 거하라는 뜻이고, 구름으로 된 길이 만들어지는 것은 말씀으로 그 길을 준비하라는 뜻입니다.

길(구름으로 된 길)이 평행선으로 가는 것은 부부가 가는 길이 믿음과 진리 가운데로 잘 나아갈 수 있기를 바라십니다.

길(구불구불한 길)을 보여 주심은 힘들더라도 망설이지 말고 성령의 지시하심을 따라 나아가면 된다는 뜻입니다.

길(굽이굽이 돌아가는 길)에 뱀이 깔려 있는 것은 걸음마다 보혈을 부어주시고, 사단의 역사는 예수의 이름으로 떠나가도록 기도하세요.

길(넓은 길)에 X자 표시가 있는 것은 많은 사람들은 넓은 길로 가지만 좁은 길로 가고 있는 것을 주님이 다 아신다고 하십니다.

길(두 갈래의 길)을 보여 주심은 길이 두 군데로 갈라져 있는데 성령의 조명을 받아 잘 인도받아야 한다는 말입니다.

길(여러 갈래 길)을 보여 주심은 방황하는 마음을 접고 기도하여 응답받으라고 하십니다.

길(오색찬란한 길)이 고속도로처럼 펼쳐있는 모습은 찬란한 하나님의 은혜를 받을 수 있도록 기도하라는 뜻입니다.

길(좁은 길)이 뻥 뚫리는 모습은 지금은 어렵고 답답한 길인 것 같지만 힘차게 나아갈 때 어느 순간에 뻥 뚫리는 성령의 역사가 있을 것을 말씀하십니다.

길(지그재그로 된 길)을 보여 주심은 내 생각대로 가면 길이 어그러지고 곧지 않으므로 성령의 인도를 받으라는 뜻입니다.

길(큰 길)에 사람들이 한 줄로 서서 꽃을 들고 있는 모습은 앞으로 꽃과 같이 향기 나는 삶으로 인권과 물권을 부어주시겠다는 뜻입니다.

길(평탄한 길)을 빠르게 가는 모습은 앞으로의 사역도 평탄한 은혜를 주실 것을 뜻합니다.

길과 길이 어긋나 있는 모습은 서로의 생각이 어긋나 있음을 뜻합니다.

길에 흙이 보이고 먼지가 날아가는 모습은 삶 속에 먼지처럼 지저분하고 힘든 고통이 있음을 뜻합니다.

길을 50m를 달려가면 그 사람의 허리에 끈이 감겨서 사단이 뒤에서 세게 잡아당기는 모습은 예수의 이름으로 사단의 결박

을 풀고 주님의 인도를 잘 받아야 합니다. 믿음 생활을 하는데 있어서 조금 진보를 하려고 하면 사단의 방해로 자꾸 넘어지고 실족되어지는 역사가 있는데 중보 기도와 본인의 기도의 힘으로 영적으로 이겨 나가야 하겠습니다.

길을 가는데 집게로 번쩍 들어 올려가는 모습은 내가 가고자 해도 주님이 원하지 않으시면 다른 길로 옮겨주심을 뜻합니다.

길을 걸을 때 등 뒤에 불이 있는 것은 내가 살아가는 것 같지만 성령의 불로 인도해 주고 계심을 뜻합니다.

길을 보여 주심은 길이 아니면 가지 말고, 주님의 길로 인도받기 원하는 것입니다.

길을 지나가는데 갑자기 위에서 물이 쏟아짐과 동시에 우산이 나타나서 막아주는 모습은 갑작스럽게 어려운 일들을 당할지라도 주님이 도와주실 것을 말합니다.

길이 방향 없이 흐트러지는 것은 옥토 밭을 만들어야 하는 수고, 시간, 회복의 역사가 나타나야 할 것을 말씀하십니다.

길이 뾰족한 모습은 영적으로 눌리는 사단의 역사를 의미합니다.

길이 위로 나 있는 모습은 위엣 것을 좇고, 위엣 것을 바라보며 나아가라는 뜻입니다.

길이 한길로 쭉 뻗어 있는 것은 바르고 정직하게 행함 있는 모습으로 나아가기 원하십니다.

김 한 장을 보여 주시며 김 한 장이 가치가 없듯이 크게 가치가 없는 일을 붙잡고 있으니 아닌 것에 시간 끌고 붙잡지 않기를 원하십니다.

김이 모락모락 나는 것은 삶에 주님의 은혜로 하나님 사랑을 입을 수 있도록 도우시고 함께 하심을 뜻합니다.

김장 김치를 나누어 주는 모습은 사랑과 섬김으로, 베풀고 나누는 삶을 살라는 의미입니다.

김정일 사진과 북한의 모습을 보여 주심은 북한 선교와 복음을 위해서 기도하라는 뜻입니다.

깃발(큰 깃발)을 들고 앞장 서 가는 모습은 영적 지도자로 세워져서 영혼들을 옳은 길로 인도하는 사명을 감당키 원하십니다.

깃발이 흔들리는 모습은 믿음으로 승리하며 살기를 원하십니다.

까마귀는 어둡고 더러운 영이 역사함을 뜻하고, 까마귀 떼는 흑암 같은 사단의 권세가 강함을 뜻합니다.

까마귀들과 하얀 비둘기들을 보여 주시며 늘 주의 일을 하기 원하지만 까마귀와 같은 사단이 주의 일을 못하도록 방해함을 뜻합니다.

까마귀와 백조를 보여 주시며 더러운 것에 타협하지 말고 성결한 가운데 일해 나가기를 원하십니다.

깔때기는 성령의 기름 부으심을 사모하라는 뜻입니다.

꼬리잡기, 말 타기하는 것처럼 한사람 두 사람 붙는 모습은 사역에 많은 영혼들, 동역자들이 붙도록 기도하라는 뜻입니다.

꼬리잡기는 겸손한 모습으로 나아갈 때 뒤에 붙어 있는 사람도 겸손한 모습으로 따라온다는 의미입니다.

꼭두각시 인형은 온전히 하나님께 붙잡히고 인도하심을 받으

라는 뜻입니다.

꼽추가 등이 펴지는 것은 몸과 마음이 굽은 자에게 손을 얹을 때 치료되는 역사가 나타나도록 기도하라는 의미입니다.

꽃 봉우리들이 활짝 펴나가는 것은 하나님 앞에, 사람 앞에 시간이 갈수록 존귀하게 쓰리라고 하십니다.

꽃 한 송이를 보여 주시며 홀로 있는 것처럼 외롭고 쓸쓸할 때가 있지만 빛의 자녀로 아름답게 세워지기를 원하십니다.

꽃(방긋 웃는 꽃)을 보여 주심은 기쁘게 신앙생활을 하라고 하십니다.

꽃(줄기가 기다란 꽃)을 보여 주심은 영적으로 깊이가 깊어지고 높아져서 힘과 능력이 크고 넓게 하나님 앞에 나타나고 그 향기로 많은 영혼들이 주님 앞에 돌아오도록 도와주리라고 말씀하십니다.

꽃게를 보여 주심은 그 사람의 속사람이 맛을 내는 사람이라는 뜻도 있고, 영적, 육적으로 삐딱하게 걷지 않고 자신을 잘 다스려 똑바로 살기를 원하십니다.

꽃고무신(한 짝만 있는 꽃고무신)은 결혼을 위한 환상이므로 배우자를 위해서 40일 정도 작정 기도를 하라고 하십니다.

꽃고무신은 결혼을 하게 되는 축복을 말합니다.

꽃과 나비가 동산에 있는 모습은 사역에 꽃이 피고 만발하는 은혜가 나타나기를 원하십니다.

꽃과 안개를 보여 주시며 인생이 들의 풀같이 짧기에 내 삶에 주님의 이름이 남도록 살라고 하십니다.

꽃길을 보여주시면서 늘 꽃밭의 길을 걸어가는 것처럼 예수의 향기를 나타내는 은혜가 있을 것을 말씀하십니다.

꽃마차를 타고 가는 것은 내가 할 수 없는 것을 주님께 맡기고 나아갈 때 삶에 돕는 천사를 붙여주실 것을 의미합니다.

꽃바구니를 들고 "꽃 사세요, 꽃 사세요." 하는 모습은 "예수 믿으세요, 예수 믿으세요." 하고 불신자들에게 전도하라는 의미입니다.

꽃바구니를 엎는 모습은 지나간 과거를 염려하지 말고 다시 모든 것을 기경하고 옥토로 만들어서 영적인 씨를 뿌리고 추수하기를 원하십니다.

꽃바구니의 꽃을 길에 뿌리는 것은 주님이 주신 은혜와 사랑을 나타내는 자가 되기를 원하십니다.

꽃밭에 꽃이 거꾸로 서있는 모습은 하나님과 반대되는 방향으로 가지 않도록 주의하라는 뜻입니다.

꽃밭에 누군가 물을 주는 것은 물을 주는 이가 있어야 꽃이 자라듯, 교회 생활을 통해 삶의 열매와 축복을 받을 수 있으리라고 하십니다.

꽃밭에 물을 주는 모습은 어리고 연약한 심령들에게 복음의 씨를 심어주기 원하십니다.

꽃병(엎어진 꽃병)은 마음의 문이 닫혀 있어서 사단에게 속지 말라는 뜻입니다.

꽃병에 꽃이 꽂혀 있는 모습은 꽃이 살아있는 것 같지만 생명이 끊어졌듯이 예수의 생명이 없는 영혼에게 복음의 능력이 나타나기를 원하십니다.

꽃병에서 불이 날아가는 모습은 주님 앞에 예쁜 모습으로 서 있고, 불을 통해 많은 영혼들을 살리도록 은혜 입기를 원하십니다.

꽃병을 쏟음은 내 안에 있는 것들을 다 쏟아버리고 주님의 사랑으로 다시 채우라는 뜻입니다.

꽃병의 꽃을 보여 주심은 우리 인생이 잠시 폈다가 지는 인생임을 생각하라고 하십니다.

꽃봉오리는 첫째, 영적으로 그리스도의 향기를 나타내도록 준비하라는 뜻이고 둘째, 준비단계를 뜻합니다. 참고 기다리며 열매를 맺으라고 하십니다.

꽃에 나비와 꿀벌이 날아오는 모습은 삶이 기쁘기를 원하시고, 어려움이 있어도 하나님의 일에 힘쓰라고 하십니다.

꽃에서 물줄기가 나오는 것은 하나님이 주신 축복들이 넘치도록 성령의 인도함이 있음을 뜻합니다.

꽃은 영적으로 아름다움과 예수님의 향기를 나타내고, 산은 믿음으로, 강은 은혜와 기쁨으로, 바다는 마음이 넓음으로, 시계는 세월을 아끼라는 뜻으로 보여주셨고, 총과 검은 영적 상태에 따라서 크기가 달랐습니다.

꽃이 금방 폈다가 금방 지는 모습은 사업에 변화무쌍한 모습과, 기복의 변화로 마음 졸이지 말고 넓고 큰 믿음의 담대함을 갖고 하나님의 일을 해 나가기 원하십니다.

꽃이 물위에 둥둥 떠다니는 모습은 말씀 안에서 꽃처럼 향기내고 둥둥 떠다니기 원하십니다.

꽃이 점점 커지는 모습은 그리스도의 향기가 점점 더 넓혀지기를 원하십니다.

꽃이 피기 직전까지의 가지는 인내하여 꽃피고 열매 맺는 인생을 살기를 원하십니다.

꽃잎들이 바람에 날아가는 것은 복음의 선교적 사명이 있음을 뜻합니다.

꽃잎이 주저앉은 모습은 영적 무기력을 뜻합니다.

꽈배기는 마음이 꼬이고 묶임 받지 않기를 원하시며, 현재의 문제보다는 현실 너머의 하나님의 은혜를 보며 지혜롭게 문제를 풀어 나가라는 것입니다.

꽹과리는 주위에 잡음이 있으니 시끄러운 영이 환경에서 떠나도록 기도하라는 의미입니다.

꿀단지를 보여 주시며 하나님 말씀이 꿀처럼 달아 영혼들에게 나누고 깨달을 수 있는 은혜를 주리라고 하시며, 꿀단지가 커지는 모습은 하나님의 말씀이 넓고 깊게 커지기 원하십니다.

꿀단지의 꿀을 보여 주시며 말씀이 꿀과 같이 느껴지는 말씀의 기름을 부어주기 원하십니다.

꿀벌에게 사람이 쏘이는 모습은 나에게 상처를 준 사람들을 의미하는데 주님께서는 그들을 용서하고 치유 받기를 원하십니다.

꿀을 얻는 모습은 달고 달은 생명의 말씀을 내가 받고 내가 체험한 은혜를 나눌 때 영혼들이 잘 자라게 하실 것을 뜻합니다.

꿀을 입에 머금고 있는 모습은 내게 주신 은혜를 간증하며 살라는 뜻입니다.

꿈틀꿈틀 움직이는 것은 주님을 위해 나를 움직인 만큼 사역이 넓혀지게 하리라는 뜻입니다.

끈으로 마음을 묶는 모습은 사단이 내 맘을 묶지 못하도록 깨어 기도하라는 의미입니다.

끈이 끊어지는 모습은 영적으로 사단이 그 사람의 삶에서 떠나가는 모습을 의미함도 있고, 사단이 그 인생을 간섭해서 주님을 멀리하게 한다는 뜻도 있습니다.

끌 칼은 더러운 작은 사단의 권세를 깨끗하게 물리쳐서 치유되고, 그 환경이 아름다워지는 은혜가 임하기를 원하신다는 뜻입니다. 다른 의미로는 마음에 아픔이나 상처가 덕지덕지 붙어 있는 것을 씻어버리라고 하십니다.

나그네를 보여 주심은 우리의 인생이 나그네와 같으므로 이 땅에 소망을 두지 말고 천국 본향을 향하여 나갈 수 있는 삶을 살라는 것입니다.

나룻배는 힘이 없고 연약하지만 방주에 있는 영혼들을 잘 이끌고 가라고 하십니다.

나무 가지치기는 하나님이 버리고 끊으라고 하는 것들을 결단을 내리고 끊어서 아름다운 결실을 맺기를 원하십니다.

나무 그릇(질그릇)을 보여 주시며 약하고 초라한 모습처럼 느껴질지라도 하나님의 귀한 그릇으로 사용되어지길 사모하라고 하십니다.

나무 껍데기가 쭉쭉 벗겨지는 것은 겉사람이 벗어지고 영의 사람으로 세워지기를 원하십니다.

나무 두 그루가 구름 위에 세워져 있는 것은 같은 마음, 같은 생각을 가지고 말씀 위에 세워지기를 원하십니다.

나무 두 그루가 머리를 서로 맞대고 서 있는 것은 서로 합력하여 일해 나가라는 뜻입니다.

나무 두 그루가 있는데 아내에게 속한 나무는 위로 올라가고, 남편에게 속한 나무는 아래로 내려가는 모습은 마음과 뜻과 생각이 맞지 않는 모습입니다.

나무 장작을 보여 주시며 한 지체 한 지체가 협력하여 불을 일으키는 교회로 세워지기를 원하십니다.

나무(가느다란 나무)는 영적인 믿음과 능력이 강하고 담대해지기 원하십니다.

나무(거대한 나무)가 반으로 쪼개지는 모습은 겉사람은 깨어지고 속사람으로 거듭나기를 원하십니다.

나무(거대한 나무)가 버티고 서있는 모습은 앞에 가로막는 장애물들이 있으므로 기도하여 헤쳐 나가라는 뜻입니다.

나무(거대한 나무)가 싹둑 잘린 모습은 잎도 열매도 없는 답답한 인생 같은 삶이 있음을 뜻합니다.

나무(겨울나무)는 겨울과 같이 춥고 외로운 삶을 의미하며, 하나님의 은혜와 도우심으로 겨울이 지나면 봄이 오는 것을 기억하라고 하십니다.

나무(겨울나무)에 잎이 없고 가지만 붙어 있는 모습은 지금 하는 일이나 사업에 열매가 없다는 뜻입니다.

나무(마른 나무)에 싹이 난 모습은 영적으로 소생할 수 없는 마른 영혼을 붙잡고 기도하면 영혼이 소생하는 역사가 나타나리라는 뜻입니다.

나무(묘목)를 흙에 심는 모습은 주님의 때를 기다리며, 사업에 있어서 나무를 기르는 마음으로 인내하고 살피라는 의미입니다.

나무(무거운 나무)를 어깨에 메고 가고 있습니다. 힘들고 어렵고 무거운 일들을 주님 앞에 내려놓고 주님의 인도함을 받으라는 뜻입니다.

나무(쓰러진 나무)를 잘 돌보는 모습은 아직 믿음이 연약하여 쓰러지고 방황하는 영혼을 잘 붙들어 주고, 다시 주님의 은혜가 부어지는 은혜가 있기를 원하십니다.

나무(앙상한 나무)에 나뭇잎이 많음은 그의 삶에 연약한 모습이 많이 있지만 주님이 지키시고 도와주신다는 뜻입니다.

나무(오래된 나무)를 관찰하는 모습은 마음의 심지가 곧아서 한 가지에 집중할 수 있는 은혜가 있음을 말씀하십니다.

나무(작은 나무)로 만든 돛단배의 모습은 길고 넓은 강을 가는 외로움과 고난을 오직 십자가를 바라보면서 잘 견디기를 원하신다는 의미입니다.

나무(작은 나무)를 보여 주심은 시간이 지나면 큰 나무가 되는 것처럼 서두르지 말고 더 많은 삶의 은혜가 임할 때까지 인내하며 하나님의 말씀으로 잘 자랄 수 있도록 인도받으라는 뜻입니다.

나무(큰 나무) 옆으로 연기가 올라가는 모습은 하나님 앞에 큰 일꾼으로 세워지고, 기도의 향불을 통해 권능을 부어주시리라는 말씀입니다.

나무(큰 나무)가 기둥처럼 세워진 모습은 기둥과 같은 존재가 되라는 말씀입니다.

나무(큰 나무)가 기울어져 있습니다. 너무 힘들고 어려워서 쓰러질 것 같고 넘어질 것 같지만 하나님의 말씀에 깊은 뿌리를 내려서 흔들리지 않는 신앙으로 세우시기 원하십니다.

나무(큰 나무)가 땅을 향해 고개를 숙이고 있는 모습은 땅의 것을 바라보지 말고, 하늘의 것을 바라보아야 된다고 말씀하십니다.

나무(큰 나무)가 머리 위로 덮이는 환상은 늘 쉴만한 물가로

인도하기를 원하십니다.

나무(큰 나무)가 엎드려져 있습니다. 하나님이 큰 그릇으로 세워주셨는데 항상 겸손하라는 뜻입니다.

나무(큰 나무)는 주님 안에서 영과 육이 안식을 얻으라는 의미입니다.

나무(큰 나무)를 뽑아서 다른 곳에 옮기는 모습은 기도를 통해 준비되어지고 예비하신 뜻을 이루어 나가기를 원하십니다.

나무(큰 나무)에 여러 가지 나무가 나는 모습은 몸은 하나이지만 교회에서 여러 가지 직책을 감당하라는 뜻입니다.

나무(큰 나무)에서 물이 줄줄 흘러나오는 것은 교회에서 큰 일꾼으로 세워지기를 원하시고, 선교와 구제의 사명을 감당하라는 의미입니다.

나무(흰 나무)가 무성한 것은 거룩한 주의 은혜가 삶에 나타나기를 원하십니다.

나무가 거꾸로 세워져있는 모습은 마음과 생각이 거꾸로 흐르고 있으니 내적인 치유와 상처를 치유 받고 바른 모습으로 세워지길 원하십니다.

나무가 걸어 다니는 모습은 영적으로 교회에 귀한 재목이 되어 나를 필요로 하는 주님의 일에 헌신하기를 원하십니다.

나무가 깎여지는 모습은 주님 앞에 깎여져야 될 부분이 있음을 뜻합니다.

나무가 누워 있는 것은 말씀에 깊은 뿌리를 내리고 신앙으로 잘 자라 전진해 나가라는 뜻입니다.

나무가 땅에 뿌리 내린 모습은 말씀의 깊은 뿌리를 내린 모습입니다.

나무가 바람에 흔들리는 모습은 세상 풍파에 흔들리는 믿음으로 살지 말고 견고한 믿음으로 나아가기를 원하십니다.

나무가 번쩍 뽑히는 것은 믿음, 능력의 은혜가 부어져 내가 하고자 하는 일들을 이루도록 도우시겠다는 의미입니다.

나무가 병이 든 모습은 주님이 치료하고 만져주시면 주께서 치유하시고 회복하는 은혜를 부어 주실 것을 말씀하십니다.

나무가 부러지는 모습은 내가 할 수 없는 일을 할 때에 부러지는 약한 모습이 있음을 뜻합니다.

나무가 열매를 맺으려 할 때 진딧물이 훼방하는 모습은 어려운 상황 속에서도 예수의 보혈을 부어 나를 해하는 모든 것을 주님의 사랑으로 덮기를 원하십니다.

나무가 인사하는 모습은 예의 바른 모습을 통해 하나님께 귀히 쓰임받기를 원하시며, 겸손과 온유함으로 주의 일을 하기 원하십니다.

나무가 제단에 차곡차곡 쌓여져서 불이 붙는 모습은 늘 기도의 단을 쌓기를 원하시며, 불을 붙이는 믿음의 사명을 감당하라는 의미입니다.

나무가 큰 것도 있고, 작은 것도 있는 것을 보여 주시며 하나님께서 키 작은 자도 쓰시고, 키가 큰 자도 쓰심을 말씀하십니다.

나무꾼이 도끼로 나무를 찍는 모습은 영혼들을 잘 다듬어서 성령의 불에 활활 태워지는 모습으로 잘 이끌라는 의미입니다.

나무들에게 병이 나지 않도록 약을 주는 것은 영혼들이 병들지 않도록 하나님 말씀으로 잘 양육하라는 뜻입니다.

나무를 구름이 덮고 있는 것은 교회가 말씀의 깊은 뿌리를

내리고 내가 있는 곳에 하나님의 임재가 있기를 원하십니다.

나무를 안고 있는 모습은 주님을 붙잡고 의지하고 나아가는 삶의 자세를 말하며, 나무를 팔로 안고 있는 모습은 주님의 능력의 팔이 부어지므로 성령의 권세가 나타날 수 있기를 원하십니다.

나무를 흔들며 기도하는 것은 아직 기도의 영력은 없지만 앞으로 기도의 영력을 달라고 기도하라는 의미입니다.

나무에 띠가 둘러져 있는 모습은 큰 그릇으로 세워질 수 있도록 진리의 허리띠를 띠라고 하십니다.

나무에 불이 붙어서 굴러가는 것은 주님의 귀한 재목으로 성령의 불이 임해서 살아가는 은혜가 있음을 뜻합니다.

나무에 새싹이 나는 것은 영적인 상태로는 아직 열매는 없지만 인내하며 살기를 원하시는 것입니다.

나무에 열매들이 달려 있는데 그 나무 앞에 뿔 달린 사단이 있는 것은 사단의 역사를 보고 두려워하지 말고, 영적 전쟁에서 승리해서 여호와이레 예비하신 축복을 받으라는 뜻입니다.

나무와 나무가 서로 맞대고 불이 붙은 모습은 서로 하나가 되어 믿음의 역사가 나타나길 원하십니다.

나무와 나뭇가지를 보여 주심은 예수님께 꼭 붙어 있으라는 뜻입니다.

나무판자 다리가 강에 놓여 있는데 다리가 부러지려고 하는 모습은 그 삶이 매우 위태롭다는 것을 말씀하시며 하나님의 도움을 구하라고 하셨습니다.

나뭇가지(연약한 나뭇가지)가 불붙은 모습은 연약하고 힘이 없어 보여도 성령의 불이 임해 있는 모습을 말씀하십니다.

나뭇가지가 바람에 살랑살랑 흔들리는 모습은 믿음 위에 서서 세상에서 오는 시험이 있을 때 믿음을 앞세우고 나가라는 말씀입니다.

나뭇가지에 수도꼭지가 있어서 물이 콸콸 나오는 것은 예수님께 붙어만 있으면 은혜의 강이 넘치게 하실 것을 뜻합니다.

나뭇잎(큰 나뭇잎)에 작은 나뭇잎이 포개집니다. 넓은 마음으로 품고 나가길 원하십니다.

나뭇잎(큰 나뭇잎)을 보여 주시는 것은 마음이 넓다는 뜻으로 모든 것을 품고 사랑으로 덮을 수 있는 주님의 마음을 가진 자라고 하십니다.

나뭇잎(큰 나뭇잎)을 타고 강을 건너가고 있습니다. 사람의 힘으로는 그 강을 건널 수 없지만 그때그때 주시는 힘으로 나가는 모습입니다.

나뭇잎은 믿음이 연약하지 않게 강하고 담대하라고 하십니다. 다른 의미로는 자신을 의지하고 사는 것은 나뭇잎을 타는 것과 같다고 하십니다.

나뭇잎을 타고 사람이 강을 건너가는 모습은 그 사람이 큰 위기에 있다는 뜻입니다.

나뭇잎이 떨어지는 모습을 보여 주시며 나뭇잎이 떨어지듯 우리의 인생도 저물 때가 있으므로 주어진 시간을 잘 관리하여 주의 일을 하라고 하십니다.

나뭇잎이 무성하게 보임은 은혜의 때에 아름다운 결실을 얻도록 인도하시리라는 의미입니다.

나비(노랗고 황금빛 나는 나비)가 날아다니는 모습은 영적으로는 연약하지만 물권을 주셔서 주님의 은혜를 나타내며 살게

하리라는 의미입니다.

나비(큰 나비)가 여기저기 날아다니는 환상입니다. 그 사람에게 방황하는 영이 있어서 마음을 잡지 못하고 갈팡질팡한 삶을 말합니다.

나비가 꽃에 날아오는 모습은 그리스도의 은혜와 향기가 꿀처럼 흘러 많은 사람들에게 나누어 주기를 원하십니다.

나비가 날아가는 것은 영적으로 그릇이 작을지라도 방황하지 말고 주님이 인도하시는 대로 활발하게 더 넓은 세계에서 살아갈 수 있도록 은혜를 구하고 살기 원하신다는 의미입니다.

나사(조여 있는 나사)를 손으로 돌려서 푸는 모습을 보여 주시며 나의 수고와 헌신, 희생을 통해 상대방의 묶여 있는 것을 풀어줄 수 있는 은혜가 있음을 말해주셨습니다.

나사(풀어진 나사)를 조이는 모습은 영적으로 나태하거나 게으르지 말고 항상 긴장하는 마음과 모습으로 견고하게 세워져 나가기를 원하십니다.

나사로처럼 몸이 천으로 묶여져 있는 모습은 이처럼 세상 환경, 건강, 물질에 묶인 자를 풀어주어 봉사와 헌신할 수 있게 하고 그 영혼들이 지체의 사명을 감당할 수 있기를 원하십니다.

나사를 보여 주시며 나사는 자꾸 기름을 쳐주어야 기계가 돌아가듯이 기도를 쉬지 않아야 하나님의 은혜를 공급받으며 살아감을 의미합니다.

나이프와 포크를 보여 주심은 서로 섬기고 나눌 수 있는 은혜가 나타나길 원하신다는 의미입니다.

나침반은 삶의 방향이 주께 있음을 의미하고, 말씀과 기도, 성령으로 하나님의 조명을 잘 받아 나아가라는 뜻입니다.

나팔(금 나팔)이 여러 개인 것은 몸은 하나이지만 맡겨진 여러 일들을 정금 같은 믿음으로 감당하기 원하십니다.

나팔(아이스크림 모양, 장난감 나팔 모양, 트럼펫, 호른 …)의 크기에 따라서 그 사람이 얼마만큼 전도하고 있는지를 알려 주셨습니다.

나팔(큰 나팔)을 부는 모습은 생수의 은혜를 통해 복음의 나팔을 크게 불라고 하십니다.

나팔꽃들을 보여 주시며 복음 전도의 은혜를 주셔서 주님을 전하는 삶을 살라고 하십니다.

나팔에서 불이 나가는 모습은 복음의 나팔을 불 때 말씀의 빛이 흘러나가고, 영혼들이 돌아오는 은혜가 있을 것을 말합니다.

나팔을 뚜우 불며 행군하는 모습은 군병들이 그렇게 행하듯 십자가 군병 되어 복음나팔을 불고, 복음 사명 가지고 나아가길 원하십니다.

낙엽이 우수수 떨어지는 모습은 낙엽처럼 지옥으로 떨어지는 영혼들을 위해서 구원의 반열에 이르도록 기도하고 양육하라는 뜻입니다.

낙타는 하나님 앞에 무릎을 꿇고 기도하는 자가 되기를 원하시는 모습입니다.

낙하산을 타고 뛰어내리는 모습은 무섭고 두려운 훈련과 연단을 통해서 주님의 인도를 받을 것을 뜻합니다.

낚시 바늘이 강에 움직여 다니는 것은 내가 늘 주님께 마음과 생각이 붙잡힌바 되어 성령의 인도함 받기를 원하십니다.

낚싯대가 흔들리는 모습은 영혼을 구원하고자 하면 추수할

영혼들을 붙여주실 것을 뜻합니다.

낚싯대를 강이나 바다에 던졌는데 물고기가 잡히지 않는 모습은 그 삶에 희망이 없고 소득이 없음을 뜻합니다.

난로(옛날 난로)의 심지를 보이심은 믿음으로 마음이 견고해지고 성령의 불로 활활 타오르기를 원하십니다.

난로는 늘 뜨거운 신앙과 마음으로 나아가는 것을 주께서 아신다고 하십니다. 그리고 힘들고 어려울지라도 믿음과 신앙을 잃지 말고 뜨겁게 신앙생활을 하라는 의미도 있습니다.

난로에 기름을 붓는 모습은 성령의 기름이 부어져서 활활 타오르기를 원하시는 것입니다.

난로에 깔때기로 기름을 넣는 모습은 내게 주시는 성령의 은사와 능력을 사모하며 기도하기 원하십니다.

난이 고개를 숙인 모습은 겸손하다는 의미입니다.

난장이가 키가 커지는 모습은 영적으로 어린 자들이 커가는 은혜가 나타나리라고 하십니다.

난장이는 영적으로 키가 자라지 못하는 연약한 자를 뜻합니다. 영적인 키가 자랄 수 있도록 가르치고 양육하는 은혜가 나타나길 원하십니다.

날개(두 날개)를 보여 주심은 연합의 관계를 잘 감당하라는 뜻입니다.

날개(몸에 달린 날개)가 점점 커지는 모습은 살아가면서 더 넓은 하나님의 은혜가 임할 것을 말씀하십니다.

날개(큰 날개)가 달린 천사를 보여 주시며 주님이 보호하시고 천사가 지키심을 믿으며 살라고 하십니다.

날개(큰 날개)는 주님이 늘 안아주시고 해를 받지 않도록 인도하고 품어주시는 은혜입니다.

날개(하얀 날개)가 펴있는 모습은 남편을 보지 말고 주님을 바라보아서 영적으로 날아오르라고 하십니다.

날개(흰 날개)를 단 모습은 순결하고 깨끗한 사역을 감당하기를 원하시는 환상입니다.

날개가 양쪽에 달린 모습은 선교 사업에 힘쓰도록 도와주시기를 원하십니다.

날개가 접혀 있는 모습은 웅크리거나 연약한 모습으로 있지 말라는 뜻입니다.

날개는 첫째, 기도의 능력을 통해 영적인 큰 날개를 달고 날아오르기를 원하신다는 의미이고, 둘째, 이름 없이, 빛도 없이 행할지라도 하나님께서 상급으로 갚아주실 것을 말씀하십니다.

남북 휴전선은 나라와 민족을 위해 기도하라고 하십니다.

남산타워를 보여 주심은 영적인 깊이를 주셔서 높은 곳에서 내려다볼 수 있는 안목을 주셨으니 작은 일에 집착하지 말라는 뜻입니다.

남자 바지를 보여 주시며 몸은 여자이나 남자처럼 힘차게 살아가기를 원하십니다.

남자 어린이가 오줌을 싸는 모습은 사도 바울이 자기 지식이나 자기 능력을 배설물처럼 버렸던 것처럼, 우리도 내 힘과 지혜를 의지하지 말고 오직 성령의 나타남을 사모하고, 복음을 전하기를 원하시는 것입니다.

남자가 요리하는 모습은 가정적이고 사랑과 섬김이 있는 배필을 만나게 하시리라는 의미입니다.

남자가 허리를 안아주는 모습은 말씀에 허리띠를 띠고 넉넉

한 마음을 가진 배필을 만나게 하시리라고 하십니다.

남편과 시소 타는 모습은 남편과 영적인 무게와 생각이 달라서 힘든 삶을 살고 있음을 뜻합니다.

남편을 업어주는 모습은 나를 비우고 남편을 잘 섬기기를 원하십니다.

낮아지려고 키를 낮추니 주님이 키를 올리시는 것은 낮아지고자 하면 주님께서 높여주심을 뜻합니다.

내가 걸어가는데 예수님이 뒤에서 끌어당기는 모습은 육적으로 살지 말고, 영적으로 살 수 있도록 예수의 영이 돕기를 원하십니다.

내가 예수님으로 바뀌는 모습은 내 모습이 예수님의 모습이기를 원하십니다.

내시경은 영안이 열려서 속사람을 바라보기 원하신다는 뜻입니다.

냄비가 보글보글 끓는 모습은 늘 뜨거운 신앙으로 일해 나가기를 원하십니다.

냇물(맑은 냇물)에 돌이 던져지는 모습은 사단의 공격이 있을 것을 뜻합니다.

냉면 그릇이 뒤집어져 있는 모습은 주변 사람들에게 마음 문을 열어 은혜의 생수가 부어지도록 기도하라는 뜻도 있고, 하나님의 때를 기다리라는 의미도 됩니다.

냉수를 마시는 모습은 시원한 은혜를 주시기 원하시며, 냉수를 벌컥벌컥 마시는 것은 마음의 답답함을 물리치는 기도를 하라는 뜻입니다.

냉수를 벌컥벌컥 마시고 다른 사람에게도 주는 모습은 나의 간증을 다른 사람에게 전하라는 뜻입니다.

냉장고는 시원한 은혜가 있음을 뜻합니다.

널뛰는 모습은 젊음을 즐기려 하지 말고, 하나님의 은혜와 능력이 나의 삶에 나타나도록 하나님의 은혜 안에 풍성히 거하기 원하십니다.

넓빤지가 갈라져 부러짐은 건강을 체크하고 조심하라는 뜻입니다.

넓은 길, 좁은 길, 하얀 융단으로 된 길, 비단길, 꽃길을 보여주심은 축복의 상태입니다.

넘어진 사람을 일으켜 주는 모습은 연약한 자를 주의 사랑과 말씀으로 붙잡아 주라는 의미입니다.

네모반듯한 모습은 지금까지 나의 삶의 모습이 반듯하고 정직하게 살아왔으므로 앞으로는 하나님의 신령한 것들을 마음밭에 더 채워주셔서 예수님을 자랑하며 살게 하리라고 하십니다.

네온사인(수많은 네온사인)은 그 삶에 하나님의 은혜가 찬란하게 비춰질 것을 뜻합니다.

네잎클로버(빛이 나는 네잎클로버)를 통하여 하나님의 축복과 행운이 깃들 것을 의미합니다.

네잎클로버는 자기의 영혼이 갈급해서 하나님의 은혜를 구하지만 얻지 못해서 힘들어함을 뜻하고, 하나님의 특별한 은혜를 사모하고 구하기를 원하십니다. 또 다른 의미로는 나 하나가 소중한 사람이 되어 위로와 사랑을 나누는 선교의 마음을 갖기

를 원하십니다.

네잎클로버를 찾는 모습은 하나님 앞에 어렵게 신앙생활하지 말고 말씀, 기도, 성령으로 믿음을 회복하라는 뜻입니다.

넥타이로 목을 조르는 모습은 목 매이는 고통과 어려운 환경에서 힘들게 살아가고 있는 모습을 보여주십니다.

넥타이를 잘 매는 모습은 말씀이 거울이 되어 영적인 단장을 잘하기를 원하십니다.

노동자가 열심히 일하는 모습은 하나님의 일을 근면 성실하게 행하라는 뜻입니다.

노랑나비가 날아가는 모습은 방황하는 마음을 버리라는 뜻입니다.

노를 젓고 가는데 앞에 태양이 떠있는 모습은 태양보다 더 빛나는 하나님의 은혜를 사모하면서 구원의 방주를 타고 어렵고 힘들더라도 믿음으로 나아가라고 하십니다.

노인(연약한 노인)을 보여 주시는 것은 힘이 없고 연약하게 움직이고 있으니 영적으로 더 강해지기를 원하십니다.

노인들을 섬기는 모습은 노인들을 잘 공경하라는 뜻입니다.

노인들의 가는 다리를 보여 주심은 영육으로 연약한 자를 세우고 함께 하길 원하신다는 의미입니다.

노트는 하루하루 일기를 쓰듯 생활 가운데 성령의 역사를 나타내며 살기를 원하십니다.

노트에 글이 써지며 넘어가는 모습은 내 인생이 하루하루 주님 앞에 기록되어지는 삶을 살라는 뜻입니다.

녹음기는 우리가 하는 말을 하나님이 녹음하시는 것처럼 늘 두려운 마음을 가지고 언행을 조심하라는 뜻입니다.

논두렁의 물은 가물 때 도랑물이 필요하듯 영적으로 가물고 힘든 영혼들에게 영적인 힘을 공급하는 성령의 기름부음이 필요하다고 하십니다.

논들(네모반듯한 논들)을 보여 주심은 영적으로 올바로 세워졌다는 뜻이고, 앞으로 많은 결실을 맺어서 하나님께 영광을 돌리기 원하신다는 의미입니다.

논에 불이 붙어 있는 모습은 성령의 불이 지금 거한 곳에 타올라 더 크게 불 붙여지기를 원하시는 것입니다.

놀이공원에 관람차가 천천히 도는 모습은 교회가 부흥이 빨리 되지 않는다고 조급해 하는 마음과 답답한 마음을 하나님께 다 맡기라고 하십니다.

놀이공원에서 바이킹이 왔다갔다 흔들리는 모습은 환경을 통해 힘들고 어렵고 두려움이 느껴지지만 바이킹을 타다보면 때가 되면 멈추는 것처럼 두려움을 맡기고 하나님의 때를 바라보며 나아가라는 뜻입니다.

놀이공원에서 빙글빙글 돌아가는 다람쥐 통은 그 자리가 그 자리인 것 같고 좁고 답답한 마음이 요동칠지라도 오래 참으라는 뜻입니다.

놀이기구(빙글빙글 도는 놀이기구)를 사단이 돌리는 것은 나를 붙잡고 흔들고 요동하는 사단을 예수의 이름으로 물리치기를 원하십니다.

놀이터에서 노는 모습은 영적으로 어린아이 같은 모습이므로 장성한 분량의 믿음으로 자라기를 기도하라는 의미입니다.

놋뱀은 첫째, 예수님만 바라보아야 구원이 있음을 알아야 합

니다. 둘째, 복음을 전하는 자가 되길 원하신다는 의미로 늘 예수님 안에 구원이 있음을 많은 사람들에게 나타내야 합니다.

농부가 밭을 갈려고 수레를 끌고 가는데 마귀가 방망이를 들고 방해하는 모습은 사역을 훼방하는 악한 영이 역사하고 있으므로 물리치고 대적하라는 의미입니다.

농부가 쉬는 모습은 열심히 일할 때도 있으나 주님의 평안으로 안식을 가지기를 원하십니다.

농악 하듯 소고 치며 길에 뛰어다니는 모습은 세상 사람들에게 일어나고 깨어나라고 외칠 수 있는 용기와 씩씩함을 가지길 원하십니다.

농악대처럼 주님께 찬양하는 모습은 주님을 높이는 은혜가 나타나길 원하시는 뜻입니다.

농약을 치는 모습은 예수님의 보혈로 교회와 가정과 이웃을 정화시키는 기도를 통하여 때가 되면 아름다운 열매가 맺혀지기를 원하십니다.

높은 자리에 있는 사람을 바라보는 모습은 세상의 부요를 바라보기보다 내게 주신 은혜에 감사하라는 의미입니다.

뇌성은 뇌성처럼 말씀하시는 하나님의 음성을 듣고 그 음성을 거룩히 선포하는 자가 되라는 의미입니다.

누더기 옷을 입은 사람을 보여 주심은 믿음이 충만해 보이지만 영적으로는 누더기 옷을 입은 것 같은 경우도 있음을 뜻합니다.

누룽지는 삶에 구수한 하나님의 은혜가 나타나기를 원하십니다.

누룽지를 가마솥에 펄펄 끓이는 모습은 구수한 향기와 구수한 은혜로 타인에게 유익을 주고 있음을 뜻합니다.

누룽지를 긁는 모습은 가난의 영이 역사함을 뜻합니다.

누워있는 사람에게 일어나라고 소리치는 것은 죽은 영혼, 잠든 영혼들을 깨우는 사명입니다.

누워있는 사람의 머리에 얼음을 얹는 모습은 생각이 치유받기를 원하십니다.

눈(큰 눈)을 보여 주심은 악한 영이 틈타지 못하게 지키신다는 의미입니다.

눈(하늘에서 내린 눈)을 청소하는 것은 길이 열리도록 기도를 많이 하라는 뜻입니다.

눈(흰 눈)이 굴러갈수록 점점 커지는 모습은 신앙이 점점 더 깊은 사람으로 만들어져 가고 있다는 의미입니다.

눈(흰 눈)이 내린 후에 하늘로부터 강렬한 빛이 비춰지는 모습은 생활 가운데 어려움도 있지만 하나님의 생명과 평안으로 기도하며 성령의 인도함을 받으라는 뜻입니다.

눈과 비를 보여 주시며 때로는 비가 올 때도 있고, 눈이 올 때도 있듯이 슬픈 마음이 있을지라도 당당하게 이겨나가라고 하십니다.

눈덩이가 점점 커지는 모습은 그대로 두면 감당 못할 시험과 어려움이 있을 것을 뜻합니다.

눈동자가 점점 커지는 것은 영적인 눈이 더 열려지도록 은혜를 부어 주리라고 하십니다.

눈동자를 보여 주심은 주님께서 불꽃같은 눈동자로 살피시고 계신다는 의미이며, 영의 눈을 열어주셔서 환상과 같은 신령한

것들을 보여주시겠다는 것입니다.

눈물 병에서 불이 나오는 모습은 눈물의 기도를 통해 성령의 은혜가 있을 것을 의미합니다.

눈물 병은 주님을 위해, 영혼을 위해 눈물을 흘리라는 뜻입니다.

눈물과 콧물을 흘리는 모습은 가난한 마음과 애통한 마음을 가지기를 원하십니다.

눈물은 눈물의 기도를 통해 기쁨으로 단을 거두기 원하십니다.

눈물이 다이아몬드로 변하는 것은 눈물의 기도를 통해 다이아몬드 같은 귀한 응답을 주기를 원하십니다.

눈물이 모여지는 모습은 눈물의 기도가 모여 강이 되고 바다가 되어 흘러넘치기를 원하십니다.

눈물이 위에서 아래로 떨어지는데 그 눈물이 불이 되는 것은 나의 눈물의 기도가 생명의 능력이 되어서 많은 이들을 이끄는 자로 은혜를 부어 주리라고 하십니다.

눈물주머니를 보여 주심은 눈물이 눈물주머니에 채워져서 치유되고 은혜가 회복되리라는 뜻입니다.

눈사람에게 목도리를 해주는 것은 추운 영혼들을 사랑으로 섬기며 하나님을 만나도록 인도해 주라는 뜻입니다.

눈사람을 만들어서 마음에 들지 않는다고 부수는 모습은 감정기분으로 말미암아 힘들게 쌓은 탑이 무너지는 모습을 말합니다.

눈사람을 보여 주시며 춥고 배고프고 어려운 이웃에게 따뜻한 주님의 사랑을 나타낼 수 있는 하나님의 사람으로 만들어지기 원하십니다.

눈사람이 만들어진 모습은 내 마음이 춥게 느껴질 때도 있으나 앞으로 주실 은혜를 생각하며 신앙생활 하기를 원하십니다.

눈썰매 타는 모습은 안일하고 편안한 맘으로 살아가기 보다는 항상 준비되어지며 만들어져 가는 모습으로 세워지기 원하십니다.

눈썰매장에서 썰매를 타고 내려오는 것은 사역에 있어서 시원한 은혜도 있고, 위태로운 일들도 있지만 주님이 주시는 지혜로 잘 인도받으라는 뜻입니다.

눈썹을 다듬고 뽑는 모습은 내적으로 주님 앞에 아름다운 모습으로 세워지기 위해 뽑을 것은 뽑아 아름답게 만들어지기를 원하십니다.

눈에 불이 붙은 모습은 영적인 안목을 가지고 믿음의 눈으로 안목의 정욕과 욕심을 성령의 불로 태우기를 원하십니다.

눈에서 광채가 나는 모습은 영안이 열렸고, 영분별의 은사가 있다고 하셨습니다.

눈으로 빛이 들어가는 것은 볼 것을 보며, 들을 것을 듣는 영적인 신령한 은혜가 부어지기를 원하십니다.

눈을 굴려서 눈사람을 만드는 것은 작은 수고가 있어야 모양이나 형체가 나타나듯, 수고를 통해 은혜가 나타날 수 있도록 주님이 도와주실 것을 말씀하십니다.

눈을 깜빡깜빡하는 모습은 생각이 많으나 주님 앞에 내려놓고 영의 생각으로 가득 부어져 성령의 소욕으로 살아가기를 원하십니다.

눈이 겨울에 내리는 모습은 인생에 추운 영혼들을 돕기 원하

신다는 것입니다.

눈이 내리는데 눈을 쓸고 있는 모습은 사랑과 섬김의 은사로 다른 사람이 하기 싫은 일을 내가 할 때 하나님께서 길을 내실 것을 말씀하십니다.

눈이 녹는 모습은 내 인생의 추위가 떠나가고 성령의 기운을 통해 모든 것이 회복되어지는 은혜를 주기 원하십니다.

눈이 반짝반짝 빛나는 모습은 하나님의 불꽃같은 눈동자로 관계하심 속에 주님과 더 가까이 동행하고 연합하기 원하십니다.

눈이 시커멓게 보임은 영안이 어두우며, 안목의 정욕이 강하고, TV를 많이 봄을 의미합니다.

눈이 커지는 모습은 믿음의 눈이 커지고 영안이 열려 믿음이 더 깊고 크고 넓게 되기를 구하라고 하십니다.

느낌표는 내 인생에도 환경을 다스릴 수 있는 믿는 자의 권세가 나타나길 원하시며, 또 다른 의미는 내 생각보다는 성령의 음성과 감동 주시는 대로 움직이기를 원하십니다.

늙은 사람의 이가 빠진 모습을 보여 주시는 것은 사단의 권세가 약해지고 있음을 뜻합니다.

능력이 없는데 바위를 치는 모습은 바위를 치면 괜히 손만 아프듯 성령의 능력으로 더 강하여지고 은혜들이 채워져서 그리스도의 능력으로 말하게 하시고 능력을 주시기 원하십니다.

다니엘의 기도하는 모습은 환경의 어려움 속에서도 주님 앞에 기도하며 힘써 나아가라는 뜻입니다.

다듬이질 하는 모습은 지금 하나님께서 나를 다듬고 계시는 과정입니다.

다람쥐가 도토리를 까먹는 모습은 늘 영의 양식을 통해서 배가 부르기를 원하시는 것입니다.

다람쥐가 쳇바퀴를 계속 도는 모습은 사업을 계속해도 그자리가 그 자리라고 하시는 것으로 진보가 없음을 말합니다.

다리 밑으로 개울이 흐르는 모습은 개울로 건너려면 힘들지만 다리로 건너면 편하듯 모든 걱정, 근심을 주님께 맡기고 주님을 의지하며 나아가라는 의미입니다.

다리(강 위에 밧줄로 만든 다리)를 보여 주심은 그 사람의 인생이 지금 위기에 있고, 불안과 초조 속에 살아가고 있음을 뜻합니다.

다리(구불구불한 다리)가 이어진 모습은 삶 속에서 일어나는 시험과 연단을 잘 극복하고 하나님 앞에 나아가기를 원하신다는 의미입니다.

다리(두 다리)를 쭉 뻗고 앉아 있는 모습은 힘들고 지쳐서 주의 일을 쉬고 싶은 마음이 있음을 뜻합니다.

다리가 구부러진 연약한 사람을 만져주는 모습은 신유의 은사를 부어주길 원하신다는 의미입니다.

다리가 없는 강을 빛으로 건너는 모습은 내 힘으로 도저히 할 수 없는 일을 하나님을 의지해서 이겨가라는 뜻입니다.

다리가 장화처럼 굵고 커지는 모습은 힘차게 주의 일을 해 나가기를 원하십니다.

다리가 휘어져 있는 모습은 영적으로 바로 세워지지 않았다는 뜻입니다.

다리를 구부리고 있다가 펴는 모습은 쓸데없는 일에 웅크리지 말라는 뜻입니다.

다리를 꼬고 앉아있는 사람의 모습은 하나님 앞에 교만한 자를 바르게 가르치기를 원하신다는 뜻입니다.

다리를 쭉 뻗고 앉아 있는 모습은 모든 일에 있어서 마음 편하게 하나님이 주신대로 나아가라는 뜻입니다.

다리미로 세마포 옷을 다리는 모습은 남편의 돕는 배필로 삼으셨으니 나를 통해 남편이 거룩한 신부의 옷을 입도록 노력하라는 의미입니다.

다리미로 옷을 다리는 모습은 말씀을 잘 준비해서 영혼들에게 거룩한 옷을 입힐 수 있기를 원하시며, 다른 의미로는 환경은 어떠하든지 말씀 안에서 바르게 세워지기를 원하십니다.

다리미를 보여 주심은 영혼들의 옷을 반듯하게 펴주라는 뜻입니다.

다리에 힘이 없는 모습은 삶에 주저앉고 싶은 연약함이 있지만 주님이 주시는 힘으로 일어나서 다시 세워지기를 원하신다는 의미입니다.

다윗이 물맷돌을 돌려 골리앗을 쓰러뜨리는 모습은 세상, 마귀 권세를 믿음으로 쓰러뜨리기를 원하십니다.

다윗이 물맷돌을 돌리는 모습은 영적인 훈련을 통해 세상 권세를 이길 수 있도록 더 기름 부어 주리라고 하십니다.

다윗이 수금과 비파로 찬양하는 모습은 찬양과 경배를 통해 악한 영과 귀신이 떠나가는 역사가 나타나길 원하십니다.

다이너마이트가 나뭇가지에 걸려 있는 것은 위태로운 삶을 살고 있음을 뜻합니다.

다이너마이트가 바다로 빠지는 모습은 하고자 하는 일이 잘 되지 않을 것을 뜻합니다.

다이너마이트에 불을 붙이려는 모습은 더 강력한 능력이 길러지길 원하십니다.

다이아몬드 같은 보석이 빛이 나지 않음은 모양은 만들어졌으나 아직 가치가 없음을 의미합니다.

다이아몬드가 반짝거리는 모습은 보석 같은 믿음의 은혜로 하나님의 사랑이 나타나기 원하시며, 믿음이 대를 이어 유산으로 계속되기를 원하십니다.

다이아몬드는 우리가 귀한 것을 귀하게 여기는 것처럼 주님의 귀한 은혜들을 귀하게 여기고 소중히 여겨야 됨을 말합니다.

단감은 달콤하면서도 많은 열매를 맺는 삶을 살기를 원하신다는 의미입니다.

단추(첫 단추)를 잘 끼우는 모습은 시작을 잘해야 함을 말합니다.

단추를 꿰매주는 것은 내적으로는 강하고, 외적으로는 여성스러움을 뜻합니다.

단풍을 보여 주심은 인생에 아름다운 은혜가 나타날 것을 기대하라는 뜻입니다.

단풍이 떨어지는 것은 때를 따라 도와주시는 은혜를 구하여 하나님의 은혜가 창일하게 나타나도록 도와 달라는 기도를 하라는 뜻입니다.

달(새까만 달)을 보여 주시는 것은 어지러운 일들이 어둠의 영 때문인 것을 의미합니다.

달력이 넘어가는 모습은 때와 시간을 아끼고 주님 앞에 믿음의 시간을 가지는 은혜가 있기를 원하십니다.

달이 초승달, 반달, 보름달로 변하는 모습은 사역에 여러 가지 변화가 일어나고 있는데, 그 모습 그대로 아름답게 보고 감사함으로 나아가기를 원하십니다.

달팽이는 첫째, 때로는 몸을 오므렸다 늘렸다 하며 환경에 맞추어 살아가듯 힘써서 주님께 나아갔음을 아노라고 하십니다. 둘째, 달팽이는 은혜가 적음을 뜻합니다.

닭들이 싸우는 것은 교회 안에 분쟁과 다툼이 없게 하시고, 예수님의 보혈이 부어지고, 교회에 은혜가 있기를 기도하라는 뜻입니다.

닭은 새벽에 일어나 기도하라고 말씀하십니다. 올빼미, 부엉이는 밤에 잠이 없으니 밤에 기도하라고 하십니다.

닭이 꼬꼬댁 꼬꼬댁 소리 지르는 것은 여러 가지 어려움으로 소리를 지르고 싶은 마음이 있음을 뜻합니다.

닭이 모이를 먹는 모습은 닭이 좋은 모이를 먹고 자라서 알을 낳는 것처럼 전도하여 영혼을 낳으라는 뜻입니다.

닭이 시끄럽게 꼬꼬댁 꼬꼬댁거리는 것은 "환경에 시끄러운 영은 예수의 이름으로 떠나갈 지어다."라고 기도하라는 뜻입니다.

닭이 알을 낳고 닭의 머리에 면류관이 씌워져 있는 것은 전도의 상이 그만큼 크니 때를 얻든지 못 얻든지 전도하라는 의미입니다.

닭이 알을 낳는 모습은 영적인 하나님의 자녀들을 낳으라는 뜻입니다.

담뱃불이 던져지는 것은 사단이 역사하여 냄새가 나게 하고 불안과 두려움을 주고 있음을 뜻합니다.

담장(높은 담장)이 앞에 서 있는 것은 그 사람의 환경이 가로막혀 있음을 뜻합니다.

담장(큰 담장)이 가로막혀 있습니다. 오직 기도로만이 주님께서 그 담장을 넘어가게 하십니다.

담장(키만 한 담장)은 강한 기도를 통해 영적 장애물을 부서뜨리기 원하십니다.

당근(팔뚝만한 붉은 당근)은 예수의 피에 젖어 당근처럼 맛을 내고 수확하며 결실을 내는 은혜가 나타나길 원하는 것입니다.

당나귀가 무거운 짐을 싣고 힘들게 가다가 쓰러지는 모습은 삶이 힘들고 고통스러움을 말합니다.

대나무는 마음이 공허하고 뻥 뚫린 것 같은 허전한 마음이 있음을 의미합니다.

대못 두 개를 보여 주시며 상처와 눌림을 준 사람을 용서하라고 하십니다.

대못은 삶에 큰 아픔을 의미합니다. 그래도 주님께서는 이겨

나가기를 원하십니다.

대문 앞에 줄을 매달아서 빨간 고추들을 달아놓은 모습은 그 가정에 예수님의 보혈의 피를 부어주심이고, 앞으로 기쁘고 즐거운 일이 일어날 것을 보여주는 것입니다.

대야에 돌을 넣어서 머리에 이고 가고 있습니다. 큰 시험들을 주님 앞에 다 내려놓고 자유함 받기를 원하십니다.

대야에 빨래를 담고 가는 모습입니다. 수고하고 무거운 짐을 지고 가는데 주님께 내려놓으라는 뜻입니다.

대장장이가 큰 바위를 깨며 일하는 모습은 사명을 잘 감당하여 영혼들이 하나님의 사람으로 잘 만들어질 수 있도록 수고와 애씀이 필요하다는 의미입니다.

대접에 생수를 부어서 벌컥벌컥 마시는 환상입니다. 삶에 시원한 은혜를 주시리라는 말씀입니다.

대중목욕탕을 보여 주심은 더러워져 있는 영혼들을 깨끗이 씻기고 옷 입혀서 영적으로 거룩하게 살도록 돌보라는 말씀입니다.

대중목욕탕의 욕조는 자신을 성결케, 거룩케 하고 뜨거운 신앙 안에서 하나님을 나타내며 살라는 의미입니다.

대패로 나무를 깎는 모습은 하나님의 도구로 쓰임 받고, 교회의 재목으로 쓰임 받아서 삶 가운데 주님의 모습을 나타내는 역사가 있기를 원하십니다.

대포가 날아가는 것은 하고 있는 일에 경쟁이 치열함을 뜻합니다.

대포는 악한 것을 이길 수 있는 능력과 권세를 부어주셨음을 뜻합니다.

대포로 전쟁하는 모습은 섬기는 교회에 더 큰 영적 권세가 나타나서 영적 전쟁에서 승리할 수 있도록 기도하라고 하십니다.

대포를 펑펑 쏘는 모습은 마음의 전쟁을 잘 다스려서 주님께 복종하며 나갈 때 그리스도 예수의 마음을 소유할 수 있음을 뜻합니다.

댐에서 물이 흘러가는 모습은 윗사람으로서 아랫사람에게 본이 되는 삶을 살라는 뜻입니다.

댐의 수문이 열리는 것은 하나님의 은혜가 임해서 하는 일이 잘되어질 것을 말합니다.

댐이 막혀 있는 모습은 사단의 역사로 인해서 앞길이 막혀 있음을 뜻합니다.

도깨비 방망이는 사단의 방망이를 맞을 때도 있으므로 말씀으로 대적하여 싸울 수 있는 은혜가 나타나도록 해야 합니다.

도깨비 방망이와 말씀의 검을 동시에 보여 주심은 말씀의 검으로 마귀 권세를 물리칠 수 있는 말씀의 기름 부으심과 선포하는 것마다 열려지는 은혜가 있을 것을 말합니다.

도깨비(뿔이 달린 도깨비)는 나의 앞길을 가로막는 사단의 역사를 의미합니다.

도끼가 물에 빠졌을 때 엘리사가 건져준 모습을 보여 주시며 사역에 기적 같은 성령의 역사가 나타나기를 원하십니다.

도끼로 시멘트 바닥을 부수는 모습은 내 힘으로는 힘들지만 모든 문제를 성령의 힘과 능력으로 이기고 헤쳐 나갈 수 있는 것을 말합니다.

도끼로 아스팔트를 깨뜨리면서 땅을 파는 것은 마음이 강퍅한 자들에게 그들의 마음이 깨어지도록 성령의 능력이 역사하십니다.

도끼를 보여 주심은 사단이 훼방하려고 역사함을 뜻합니다.

도둑고양이를 보여 주심은 내 마음을 할퀴고 상하게 하는 사단이 떠나가도록 기도하라는 뜻입니다.

도랑물은 죄, 마귀, 세상과 타협하지 말라는 뜻입니다.

도랑을 보여 주심은 메마른 땅에 도랑을 내듯, 현재 사역에 수고와 헌신과 인내가 필요한 때임을 말합니다.

도레미파 솔라시도는 그 자리에 있어야 자기 소리를 낼 수 있듯이 자기 자리를 지키며 감당하기를 원하십니다.

도마 위에 칼이 저절로 뛰어다니는 모습은 영적인 맛을 잘 내는 자도 되고, 또 사람과 사람을 이간하는 영이 있음을 뜻하기도 합니다.

도마뱀은 환경에 뿌려져 있는 뱀과 같은 사단은 예수의 이름으로 떠나가도록 기도하세요.

도시가스 밸브는 영적인 힘을 크게 주셨으니 마음껏 사용하고 활동해서 하나님의 영광스런 은혜를 나타내라고 하시는 것입니다.

도시에 불이 환하게 비치는 모습은 말씀의 빛 가운데로 삶을 인도받기를 원하십니다.

도자기는 삶에 많은 은혜를 받지 못했을지라도 하나님이 주신 작은 은혜를 원망과 불평으로 하지 말고 오히려 감사하라고 하시는 것입니다.

도토리가 산에서 굴러가는 모습은 알곡 신앙, 열매 맺는 삶을

살라는 뜻입니다.

독수리 두 마리가 뽀뽀하는 모습은 교제하는 사람과 영적으로 잘 맞음을 뜻합니다.

독수리, 코끼리, 사자와 같은 동물을 보여 주심은 하나님의 권세로 영적인 힘이 있음을 말해 줍니다.

독수리가 날려고 하는 자세는 주님의 날개를 달고 주님을 위해서라면 어디든지 날아오르려는 마음이 있음을 의미합니다.

독수리가 날아가는 모습은 영적으로 높게 날아오르라고 하십니다.

독수리가 맑은 샘물을 마시는 모습은 주님의 사랑 안에서 생수를 마시며 독수리 날개 치듯 날아오를 수 있는 은혜를 주시리라고 하십니다.

독수리가 작은 새를 낚아채는 모습은 사단의 먹이가 되고 붙잡히는 일이 없도록 기도하라는 의미입니다.

독수리가 편안하게 앉아 있는 모습은 앞으로 주님이 힘과 능력을 부어주셔서 독수리의 날개 치며 올라감 같은 새로운 은혜를 부어 주시기 원하시는 것입니다. 주의 길을 갈 때에 하나님이 원하시는 일을 하라는 뜻입니다.

독수리는 하나님의 영적인 힘이 크다는 뜻이고, 선지자적인 기름 부으심이 있을 때에 보여 주시기도 합니다.

돋보기(손잡이가 달린 돋보기)를 보여 주심은 다른 사람의 허물을 살피지 말고 자기 자신을 잘 점검하라는 의미입니다.

돋보기(큰 돋보기)는 영적인 눈을 크게 뜨고, 크게 받아 누리기를 원하신다는 것입니다.

돋보기는 잘 분별하여 버릴 것은 버리고 취할 것은 취하라는

말씀이며, 확대해서 생각하고 보지 말라는 뜻입니다.

돋보기안경은 영적인 눈이 어두워져 있음을 뜻하며, 돋보기를 쓰고 있는 모습은 한치 앞을 못보고 방황함을 말합니다.

돌 바람이 부는 것은 사역에 사단이 방해하는 모습이 있음을 뜻합니다.

돌 잔치할 때 입는 아기들 한복을 보여 주시며 어린 영혼들을 말씀으로 양육하여 장성하도록 훈련하고 가르치기를 원하십니다.

돌(작은 돌)을 쪼개는 모습은 믿음의 권세가 임하여 능력 행함의 은사를 주시길 원하십니다.

돌(큰 돌)을 보여 주시는 것은 삶의 무거운 짐들을 오직 성령님께 맡기며 살라고 하십니다.

돌고래가 공원에서 쇼를 하는 모습은 돌고래도 훈련을 통하여 자기의 은사를 계발하듯이, 우리도 신앙의 훈련을 잘 할 수 있어야 영적인 프로가 되어서 쓰임 받을 수 있다는 뜻입니다.

돌다리도 두들겨 보고 건너는 것은 기도하며 걸음걸음마다 성령의 인도를 잘 받고 나가기를 원하십니다.

돌단을 쌓은 것이 무너지는 것은 노력하고 수고하지만 환경의 비바람과 사단의 공격을 통해 무너질 수밖에 없는 상황임을 뜻합니다.

돌담(앞에 있는 돌담)이 스스로 무너지는 것은 내가 하는 모든 일들이 무너짐을 뜻합니다.

돌담을 보여 주심은 주님 앞에 행했던 것을 하나하나 일궈나가고 세워지기를 원하십니다.

돌덩이가 강에 던져지는 모습은 내 마음이 돌에 맞는 것 같은 상황에도 영적 훈련이라고 생각하고 잘 견디라는 뜻입니다.

돌들 위를 걷고 뛰는 모습은 내가 가는 길이 돌같이 힘들고 어렵지만 성령의 힘으로 이겨야만 함을 뜻합니다.

돌들을 나르는 모습은 희생과 헌신이 필요하다는 뜻입니다.

돌로 단을 쌓는 모습은 기도로 단을 쌓으라는 뜻입니다.

돌부리에 넘어지는 모습은 지극히 작은 일에 상처받고 넘어지지 않도록 심령에 강함을 가지고 주님 앞에 나아가기를 원하십니다.

돌비에 말씀이 새겨지는 모습은 심령에 하나님의 말씀을 새겨 영혼들을 가르치라는 뜻입니다.

돌에 말씀이 새겨져 있는 모습은 하나님의 말씀이 심비에 새겨지고 있음을 말합니다.

동굴 속으로 피하는 모습은 사단의 권세를 무서워하지 말고 예수의 이름으로 담대히 일어나 나아가기를 원하신다는 의미와, 때로는 어려운 일을 당할 때에 그 문제를 피할 수 있는 은혜를 주시기 위함의 뜻도 있습니다.

동굴 속을 헤매고 다니는 것은 길을 찾으려는 나의 모습을 뜻하는데 모든 것 되시고, 길과 진리 되신 예수님께 맡기고 나아가라고 하십니다.

동굴 안에 있는 석회는 앞이 캄캄하고 답답하고 마음에 어두움도 있지만 낙심하고 절망하기보다 하나님 앞에 겸손히 더 엎드리기를 원하십니다.

동굴(컴컴한 동굴)을 보여주십니다. 그 마음이 어둡고 침침해 있음을 의미합니다.

동굴이 쪼개지는 모습은 빛이 비추어 어둠이 떠나감을 뜻합

니다.

동그라미가 반으로 접혀져 있는 모습은 주의 사명을 절반만 하고 있다는 뜻인데, 다시 영적으로 활발하게 사역에 힘써야 함을 의미합니다.

동네를 도는 모습은 그 땅을 밟고 그 지역의 영혼들을 구원해 달라고 기도하세요.

동대문, 남대문은 구원의 문으로 인도하는 영적 지도자가 되기를 원하십니다.

동물(수많은 동물)들이 몰려오는 것은 영적으로 일할 수 있는 일꾼들을 많이 보내주시려는 뜻입니다.

동물들이 노래하는 모습은 삶 가운데 찬양을 드리는 삶이 되도록 하라는 것입니다.

동물들이 사람을 위해 죽임당하는 모습은 나의 희생, 헌신을 통해 내 자아가 죽어지고 주님의 사랑, 생명이 나타나서 영으로 이끌리길 원하십니다.

동물의 발과 발톱을 보여 주시는 것은 사단이 마음을 할퀴고 방해하며 상하게 함을 의미합니다.

동물이 점점 커지는 모습은 영적인 힘이 더해지도록 은혜를 부어 주리라고 하십니다.

동산에 빨간 깃발이 꽂아진 모습은 작은 시험이 있더라도 결국은 승리할 수 있는 은혜를 주리라는 뜻입니다.

동산에 양과 염소가 서로 뿔을 들이받는 모습은 교회 안에 구원받은 자와 구원받지 못한 자가 있는데 구원받은 자가 보호받을 수 있도록 돕기를 원하십니다.

동산은 지금까지 주신 하나님의 은혜가 적고 부족하다고 여기지 말고, 앞으로 더 헌신하고 충성하며 신령과 진정의 예배를 드리라고 하시며, 기도의 산에 올라가서 쉬지 않고 늘 기도하기를 원하십니다.

동서남북 방향표시를 보여 주시며 사역에 방향을 몰라 방황하고 걱정, 염려하는 모습이 있음을 말합니다.

동전 하나가 뒤집어지는 모습은 주님이 함께 하시면 지혜와 명철을 주셔서 모든 일을 헤쳐 나가도록 인도해 주실 것을 뜻합니다.

동전(구리로 만든 동전)과 금으로 만든 금화를 보여 주심은 물질의 어려움도 있지만 정금 같은 믿음으로 나아가도록 인도해 주리라고 하십니다.

동전을 차곡차곡 쌓는 모습은 환경 속에 가난의 저주가 역사함을 뜻합니다.

동전이 굴러가는 모습은 물질에 매이지 말고 먹을 것과 입을 것이 있은즉 족한 줄로 알고 전진해 나갈 때에 때가 되면 채우시고 이루시고 역사해 주시리라고 하십니다.

동풍이 부는 것은 나는 할 수 없지만 바람 같은 성령이 강하게 불어 하나님의 영광이 나타나기를 원하십니다.

돛단배가 평안히 가는 모습은 영적인 그릇이 더 커져서 구원의 방주에 영혼을 싣고 갈수 있는 은혜를 말합니다.

돛단배가 풍랑에 흔들흔들하는 모습은 환경 가운데 역사하는 악한 영의 역사를 예수의 이름으로 물리치라는 뜻입니다.

돛단배는 사역이 좁고 황무한 상태를 말합니다.

돛단배의 절반이 부실한 모습은 다른 일을 찾든지 아니면 하는 일을 이겨나가든지 하라는 뜻입니다.

돼지가 더러운 곳에서 뒹구는 모습을 보여 주시는 것은 그 삶이 거룩하고 깨끗하기를 원하심이고, 더러운 영에서 벗어나 아름답고 깨끗한 세마포를 입고 예수님의 신부로 잘 준비되어지기를 원하시는 것입니다.

돼지가 목욕을 하고 다시 그 자리에 뒹구는 모습은 영혼들을 깨끗이 목욕시켜도 무지해서 그 자리에 다시 뒹굴므로 어떠한 일에나 끝까지 영혼을 붙잡아주기를 원하십니다.

돼지는 더러운 영을 의미합니다.

돼지들을 보여 주심은 많은 사람들이 더러운 것을 좇고 있는데 방황하는 자들을 잘 씻어주고 인도해 주기를 원하십니다.

돼지저금통은 세상에서는 티끌 모아 태산이 되지만 내 힘으로는 큰 소득이 없을 것이라는 뜻입니다.

된장, 고추장에 곰팡이가 핀 것은 하나님 앞에 은혜를 나누기 원하는데 곰팡이 같은 사단의 역사로 하나님의 맛을 드러내지 못하도록 하는 시험들이 있음을 뜻합니다.

된장, 고추장은 그 맛이 다 다르듯 자신의 맛을 내는 자가 되기 원하신다는 뜻입니다.

두건(頭巾)은 가계의 저주에 묶여 고통당하는 자들의 저주를 끊어주는 일에 힘쓰라고 하십니다.

두더지가 땅을 파는 모습과 재래식 화장실을 보여 주심은 "더러운 영들은 예수의 이름으로 떠나갈 지어다."라고 기도하고, 환경의 문도 열어달라고 기도하세요.

두더지가 땅을 파면서 지나가는 것은 영적인 지경이 넓혀지는 은혜가 있을 것을 말합니다.

두더지를 보여 주시며 두더지와 같은 더러운 영은 예수의 이름으로 떠나갈 지어다 기도하라고 하심이며, 또 다른 뜻은 두더지는 땅만 파듯이 주님과 상관없이 자기의 뜻대로 움직이는 모습이 있음을 뜻합니다.

두루마리천(흰 두루마리천)이 하늘에서 내려오는 모습은 성도가 말씀으로 잘 다듬어져 주님께서 희고 순결한 옷을 성도에게 입혀주시길 원하시는 것입니다.

두부 사려, 두부 사려, 하고 외치는 모습은 때를 얻든지 못 얻든지 "예수 믿으세요, 예수 믿으세요." 외치며 복음을 전파하라고 하십니다.

두부는 그 사람의 성격이 부드럽고 순하다는 뜻입니다.

두부를 반듯이 자르는 모습은 칼로 도려내듯 가슴이 아프고 마음의 눌림과 고통과 걱정, 염려, 근심이 있음을 뜻합니다.

두부를 써는 모습은 내 생각이 반듯반듯하고 계산적인 것보다 하나님 앞에 내려놓고 창조적 말씀으로 움직이기를 원하십니다.

두부와 묵을 반듯하게 자르는 모습은 삶이 하나님 앞에 정결하고 반듯하게 고쳐지기를 원하신다는 뜻입니다.

둑이 와르르 무너지면서 이쪽, 저쪽의 물이 연합되는 모습은 마음에 둑처럼 세워진 진들이 말씀으로 무너져 나와 다른 사람들과 연합하기를 원하십니다.

뒷짐 지고 있는 모습은 부부간에 성령 안에서 마음을 같이하고 뜻을 같이하여 서로 협력하라고 하십니다.

드라이기로 머리를 펴는 모습은 하고자 하는 일이 모양만 다르지 현재 상태와 별반 차이가 없을 것을 뜻합니다.

드라이기를 보여 주심은 삶에 찌들어 있고 상처받은 영혼들을 치유해 주라는 말씀입니다.

드럼을 치는 모습은 늘 주님을 찬양하고 기뻐하는 삶을 살기를 원하십니다.

드레스 입은 모습은 주님의 신부로서 거룩하고 깨끗하게 세워지고, 기름 등불을 준비한 슬기로운 처녀같이 거룩한 신부로 단장하기를 원하십니다.

드레스(흰 드레스)의 폭과 길이가 커지는 것은 믿음과 지혜가 점점 자람을 뜻합니다.

드릴(공구)은 어떤 일을 잘못 판단하고 행할 때에 상처와 아픔이 있음을 뜻합니다.

들것에 실린 사람을 위해 기도해 주는 모습은 영혼들에게 예수님의 생명을 주는 자로 쓰시기 원하니 병원에 가서 전도하라는 뜻입니다.

들국화(노란 들국화)를 보여 주심은 들국화는 가을에 피는 것처럼 기간을 정해서 준비하라는 뜻입니다.

등대는 세상에 빛을 비추는 지도자적 사명을 감당키 원하신다는 뜻입니다.

등불을 들고 가는 모습은 영적인 지도자가 되어 영혼들을 바른 길로 인도하는 사명이 있음을 뜻합니다.

등산하는 모습을 보여 주시며 주의 길을 가는데 힘들고 땀나는 일도 있지만, 피하기보다는 위에 계신 주님을 바라보고 믿음의 장성한 자가 되기를 원하십니다.

동잔을 성도들의 손에 쥐어주는 것은 성도들이 신부 단장하도록 준비시키라는 뜻입니다.

딱따구리가 나무를 쪼는 모습은 입술에 권세를 주시어 세상과 마귀 권세가 떠나가는 역사가 나타나기를 원하십니다.

딸기는 예수의 보혈이 부어지고 삶에 열매, 결실이 풍성하게 나타나도록 은혜 주기를 원하십니다.

딸랑이를 보여 주시며 영혼을 깨우는 사명을 잘 감당하기를 원하십니다.

땅(마른 땅)에 샘물이 나오는 모습은 메마른 땅에도 주님께서 은혜 주시면 샘솟는 은혜가 있음을 말합니다.

땅(움푹 파인 땅)은 어려움이 와도 두려워하지 말라는 뜻입니다.

땅굴을 파는 모습은 주의 길을 갈 때 땅굴을 파는 심정으로 가야 하는 답답하고 어려움이 많으니 믿음으로 잘 극복하라는 말씀입니다.

땅굴이 점점 넓혀지는 모습은 보이지 않게 주님이 때마다 역사가 나타나도록 은혜를 부어 주리라고 하십니다.

땅따먹기 하는 모습은 부지런히 주의 일을 행하면 영육 간에 땅이 넓혀지리라는 뜻입니다.

땅을 여기저기 파는 모습은 소득이 없음을 뜻합니다. 한곳을 파야 씨가 뿌리를 내리고 열매를 맺을 수 있겠습니다.

땅을 쳐다보며 걷는 모습은 땅의 것에 소망두지 말고, 위로 하늘의 것에 소망을 두라는 뜻입니다.

땅을 쳐다보며 한숨 쉬는 모습은 땅의 것을 보며 힘들어 하지 말고, 위로 하늘을 바라보며 소망으로 나아가기를 원하십니다.

땅을 파고 있는 모습은 그 땅에 집을 지으려고 해도 노동자들이 땅을 파고 건축물을 올리는 수고를 해야 건물이 지어지는 것처럼 우리 안에 아름다운 심령성전을 세우기 위해서 본인이 수고하고 노력해야 함을 말씀하시는 것입니다.

땅을 파는 모습은 부지런히 주의 일을 행하면 수고한 만큼 빨리 일어설 수 있음을 뜻합니다.

땅을 파는데 쥐들이 올라오는 모습은 인생에 많은 수고와 노력을 하지만 더러운 사단의 영이 어지럽게 하고 방해가 많음을 뜻합니다.

땅이 갈라지고 그곳에 강물이 쏟아지는 모습은 내가 깨어질수록 성령이 흐르는 것을 뜻합니다.

땅이 갈라지는 것은 기도의 힘과 능력으로 성령의 역사가 나타나길 원하심이며, 영적으로 혼란스럽고 심령이 어지러운 상태를 뜻하기도 합니다.

땅이 갈라지며 물이 솟구치는 것은 기도할 때 내가 선 땅이 축복의 근원이 되며, 마른 샘에 물이 터져 나오듯 영권, 물권을 주셔서 하나님의 도우심이 있을 것을 뜻합니다.

땅이 십자가 모양으로 파이는 모습은 주님의 십자가 안에 거하며 그를 통해 영광을 볼 수 있게 인도하시리라고 하십니다.

때수건은 첫째, 영적으로 더러워져 있는 영혼을 깨끗하게 해주라는 뜻입니다. 둘째, 부부가 거룩함을 위해 서로 사랑하고 필요를 공급해 주는 은혜와 지혜가 부어지기 원하십니다.

땔감 나무를 묶어서 끌고 가는 것은 한 사람 한 사람이 주님 앞에 잘 쓰임 받도록 영혼들을 세우는 일에 쓰리라고 하십니다.

떡 광주리를 보여 주심은 말씀을 나누는 자가 되라고 하십니다.

떡이 부풀어서 커지는 모습은 교회 안에서 큰 영향력을 미침을 뜻합니다.

떡이 차곡차곡 쌓여 있는데 그 떡을 먹는 모습은 말씀을 통해 배부름을 얻고 믿음의 부요한 자로 인도받기를 원하십니다.

떡이 차곡차곡 쌓이는 것은 말씀의 기름부음을 받아서 생명의 떡, 말씀의 떡을 영혼들에게 나누어 주기 원하십니다.

뗏목을 타고 강을 건널 때의 시험은 교회 안에 이런저런 풍랑과 시험 당할 때의 모습입니다.

똥이 거리에 있는 것은 주의 길을 갈 때에 더럽고 추한 일들이 있어도 주님을 향해 똑바로 가야 함을 뜻합니다.

똥파리가 꽃들 주위에 날아다니는 것은 주님의 향기를 드러내기 원하지만 환경에 사단이 역사함을 뜻합니다.

똥파리는 환경 속에 역사하는 더러운 영을 의미합니다.

뛰뛰며 손뼉 치는 모습은 그렇게 주님을 찬양하며 나아가길 원하십니다.

라디오 주파수를 보이심은 괴롭고 힘든 세상의 잡음을 벗어나서 하나님의 은혜로 기도하기 원하십니다.

라디오 주파수에서 잡음이 나는 소리는 세상의 시끄러운 소리에 귀 기울이지 말고 말씀과 기도에 전무할 수 있는 환경을 가지라는 것입니다.

라디오나 TV 방송을 틀어 놓은 모습은 세상을 향한 마음으로 복잡하고 어지러움을 말합니다.

라면이 맛있게 끓여진 것을 보여 주시며 라면을 먹어도 즐겁고 기쁘기를 원하십니다.

래프팅 하는 모습은 이러저러한 시험, 위기, 어려움이 있을지라도 믿음으로 말씀을 강하게 붙잡고 이기며 전진해 나가길 원하십니다.

랩은 사단이 숨을 못 쉬게 방해하는 모습을 뜻합니다.

레몬은 신맛인데 앞으로는 영적으로 단맛을 내는 은혜를 받아야 함을 뜻합니다.

레이저 광선과 같은 빛이 원으로 빙글빙글 돌고 있는 모습은 주님의 말씀의 빛, 성령의 빛으로 조명하기 원하십니다.

레이저 광선이 가는 곳곳마다 쏘여지는 모습은 가는 곳마다 빛으로 인도하시어 하나님의 자녀로서 살아가길 원하시는 것입니다.

레코드 음반에서 음악이 흘러나오는 모습은 찬양의 제사를 통해 평안을 얻기를 원하십니다.

로봇 발은 발에 능력을 주심을 의미합니다.

로봇은 주인의 손에 이끌리고 힘을 얻는 것처럼 성령의 은혜가 아니면 할 수 없음을 뜻합니다.

로봇의 다리를 꺾는데 꺾어지지 않고 접혀지는 모습은 주님께서 때로는 안 될 일, 어려운 일을 이길 수 있도록 그때그때 지혜를 부어주시리라고 하십니다.

로봇의 팔을 보여 주시는 것은 팔에 권능을 부어주셨음을 말하는 것입니다.

로켓은 영적인 힘과 능력을 더 부어주실 것을 말합니다.

로켓이 날아가는 모습은 강한 성령의 힘을 받아서 더 강하게 나아가기를 원하십니다.

롤 케이크나 빵을 보여 주심은 육신의 양식을 풍성히 채워주시겠다는 의미입니다.

롤러스케이트를 타고 넘어졌다 일어났다 하는 모습은 어려운 일이 있어도 잘 참고 극복해서 하나님의 은혜를 입는다는 것입니다.

롯의 아내를 보여 주시며 뒤를 돌아보고 마음을 빼기지 말라고 하십니다.

리듬 체조하는 모습은 영적인 리듬을 잘 타기를 원하십니다.

리본 모양의 매듭은 문제를 바라보지 말고 문제 너머의 축복을 바라보라는 의미입니다.

리본은 줄 하나 잡아당기면 쉽게 풀어질 수 있는 문제이므로 너무 마음 뺏기지 말라는 의미입니다.

림보놀이(장대를 낮게 걸어놓고 사람이 뒤로 누워서 통과하는 림보놀이)는 영적으로 어려운 시험들을 잘 이기고 믿음으로 굳세어지라는 뜻입니다.

립스틱(빨간 립스틱)은 예수님의 보혈로 아름답게 신부 단장하라는 뜻입니다.

링거와 약을 보여 주심은 주님의 말씀으로 상한 영혼들을 회복시키기 원하시는 것입니다.

마귀를 보여 주시며 사단이 마음을 훼방하고 하나님과의 관계를 끊으려는 모습이 있으니 손뼉을 치면서 찬양하고 대적 기도로 물리치라고 하십니다.

마당을 깨끗이 청소하는 것은 하나님의 거룩한 영이 부어지길 원하는 뜻입니다.

마르다와 마리아를 보여 주심은 여러 가지 일로 분주하지 말고 주님께 집중하는 삶을 살기 원하신다는 의미입니다.

마름모가 돌고 돌아도 그 자리인 것은 수고하고 애써도 별로 발전이 없음을 말합니다.

마스크는 답답함과 피해야 할 부분이 있음을 뜻합니다.

마스크를 쓰고 있는 것은 세상의 염려를 통해 사단의 해를 받지 않도록 늘 자신을 정결하게 지키기를 원하시며, 그 사람의 인생이 춥다고 알려주셨습니다.

마이크 잡고 노래 부르는 모습은 늘 입술로 주님을 경배하라는 뜻입니다.

마이크는 많은 사람들이 복음을 들을 수 있도록 큰 소리로 주님을 전파하라는 의미입니다.

막걸리를 마시는 모습은 세상에 취하지 말고 성령의 은혜에 취하기를 원하십니다.

막대기가 구부러져 있는 모습은 기도를 많이 하여 영적으로 온전하지 못한 영혼들을 바로 인도하라는 뜻입니다.

막대기를 땅에 꽂는 모습은 주님 앞에 믿음의 깃발을 꽂고 쓰임 받고 세워지기를 원하십니다.

막대자석(비슷한 자력의 둥그런 막대자석)은 같은 마음, 같은 뜻, 같은 생각을 하는 동역자로 세워지기 원하십니다.

막대자석을 보여 주심은 영적으로 육적으로 아직 힘이 없고 부족하여 연약한 모습입니다. 성령의 충만함을 입어서 그 힘과 능력이 강해져야 될 줄 믿습니다.

만 원권 지폐 묶음은 그 사람이 하나님 앞에 준비되어지면 물권을 주리라는 뜻입니다.

만 원권 지폐가 컵에 꽂혀 있는 모습은 물권이 있음을 뜻합니다.

만년필은 가르치는 은사가 있음을 뜻하는 것이고, 하나님이 나에게 은혜를 주신 것을 잊지 말고 감사하며 살라는 것입니다.

만두는 속이 맛있어야 만두가 맛있듯, 속사람이 강건해져서 맛을 내기 원하십니다.

만두피가 두르르 말리는 모습은 기를 펴지 못하도록 사단이 움츠리게 하고 어둡고 암울한 마음을 부어줌을 뜻합니다.

만리장성과 같은 성을 보여 주시며 기도를 통해 여리고성과 같은 사단의 성이 무너지는 은혜가 있기를 원하십니다.

말 입에 새끼줄을 묶고 등에 무거운 짐을 싣고 가는 모습은 살아가는 환경이 너무나 지치고 힘들다는 뜻입니다.

말(동전을 넣고 타는 말-키디라이더)을 보여 주심은 영적으로 연약한 모습이 있는데 변화되어서 성숙한 신앙인이 되기를 원하신다는 의미입니다.

말(목이 마른 말)에게 물을 먹이는 모습은 목마른 영혼들을 가르치고 세워주는 사명이 있음을 뜻합니다.

말(백마)을 보여 주시는 것은 거룩하고 순결하게 살게 하리라고 하십니다.

말과 말이 달리며 싸우는 것은 부부가 다툼과 분쟁을 피하라는 뜻입니다.

말들이 시냇가에서 물을 마시는 것은 목마른 영혼들에게 주님의 생수를 마시게 하기를 원하십니다.

말뚝을 박는 것을 보여 주시며 내게 주신 아버지의 마음을 똑바로 세우기를 원하십니다.

말에 안장이 채워져 있는 모습은 성령의 사역을 통해 영적으로 달려가고 진보되는 은혜가 나타나도록 은혜 주리라고 말씀하십니다.

말을 타고 가는 모습은 걷는 것보다 말을 탄 것이 빠른 것처럼 하나님의 도우시는 은혜로 진보가 빠르게 나타나기를 원하십니다.

말을 타고 태산을 넘어가는 것은 성령의 능력과 권세를 부어주셔서 무엇이든지 성령의 검, 말씀으로 다스리고 정복해 나갈 수 있게 해 달라고 기도하세요.

말을 타고 푸른 동산을 뛰어다니는 모습은 영적으로 활발히 움직이길 원하신다는 의미이며, 환경과 지경이 열려질 것을 뜻합니다.

말이 가만히 서 있는 모습은 삶에 주저앉아 있지 말고 일어나 전진하라는 의미입니다.

말이 가지 않으려고 하는데 억지로 끌고 가는 것은 나는 그렇게 살고 싶지 않지만 사단의 역사로 억지로 끌려가는 상황임을 뜻합니다.

말이 여물을 먹는 모습은 하나님의 말씀을 먹고 영적인 힘과 능력을 길러서 능력 있는 삶으로 인도받기를 원하십니다.

말이 힘없이 걸어가는 모습은 때로는 지치고 힘들지만 생수로 다시 힘을 얻어 힘차게 달려갈 수 있기를 원하십니다.

망원경은 현실에 얽매이지 말고 장래를 내다보는 믿음이 필요함을 뜻합니다.

매듭은 어떠한 문제든지 풀 수 있는 지혜를 주셔서 문제가 있는 자들을 도울 수 있도록 함께 해 주실 것을 말씀하십니다.

매미는 시끄러운 일이 생기지 않도록 주변 관리를 잘하라는 뜻입니다.

맥주를 보여 주심은 세상 사람들은 힘들고 어려워서 술에 취해 자기를 잃어버리고 사는데, 주님 안에 사는 사람은 성령에 취하지 않으면 이길 수 없음을 말합니다.

맥주잔은 술 취해 사는 영혼들을 잘 인도하라는 뜻입니다.

맨땅에 자기 몸을 내리치는 모습은 영적, 육적으로 어려움이 있어서 살 소망이 없음을 말합니다.

맨바닥에서 헤엄치는 모습은 현재는 어렵더라도 더욱 성령의 은혜가 채워지기를 구하라고 하십니다.

맨발로 걸어가는 모습은 선교하는 것이 맨발로 걸어가는 것처럼 고통이 있지만 평안의 신을 신고 믿음으로 행진하기를 원하십니다.

맨발로 뛰어가는 것은 힘들고 고통이 있음을 뜻하며, 다른 의미로는 주님의 일이라면 맨발로라도 달려갈 수 있는 은혜가 늘 넘치기를 원하십니다.

맨발로 모래밭을 걸어가는 것은 걸음걸음 내 생활의 발자취가 기록될 텐데 기억될만한 일을 해 나가기를 원하십니다.

맷돌에 곡식이 빻아지는 모습은 하나님이 쓰시기에 불편함이 없도록 잘 갈고 닦여지기를 원하신다는 의미입니다.

맷돌을 보여 주심은 주님 앞에 부서지고 죽고자 하면 부활을 주실 것을 말씀하십니다.

맷돌을 열심히 가는 모습은 영적인 생명의 양식을 잘 준비해서 영혼들에게 먹이기를 원하십니다.

머그잔에 뜨거운 물이 차있는 모습은 뜨거운 신앙 가지고 은혜 입기를 원하십니다.

머리 위로 큰 울타리가 쳐있는 것은 내 생활과 환경은 곤고하고 어려운 상황일지라도 주님의 보혈로 덮어달라고 기도하라는 의미입니다.

머리 위에 구름 기둥이 있는 모습은 말씀으로 잘 인도함 받으라는 의미입니다.

머리 위에 떡이 놓여 있는데 새들이 쪼아 먹는 모습은 사단의 권세가 생각으로 역사하므로 하나님께 지혜의 영을 구하여 사단이 생각을 쪼아 먹어서 생각이 마귀의 영, 세상의 영에 쫓기지 않게 예수의 보혈의 피를 부으라는 뜻입니다.

머리 위에 프라이팬이 엎어져 있는 모습은 영적으로 눌려 있음을 말합니다.

머리(긴 머리)가 휘날리는 모습은 성령의 바람이 크게 불어서 내 뜻대로가 아닌 하나님의 뜻대로 인도함이 있을 것을 말합니다.

머리(긴 머리)를 파마로 말아 올린 모습은 인생이 평탄치 못함을 의미합니다.

머리(다른 사람의 머리)를 감겨 주는 모습은 사랑으로 섬기며, 영혼을 위해 수고하며 일해 나가라는 뜻입니다.

머리(단정한 머리)를 보여 주심은 그 사람의 영적 상태가 단정하고 잘 준비되어져 있음을 뜻합니다.

머리가 갈라지면서 지혜의 영이 부어지는 것을 보여주셨습니다.

머리가 길어지는 것은 교사의 사명을 잘 할 수 있도록 은혜를 주리라고 하십니다.

머리가 대머리로 된 모습은 생각이 너무 많아서 고통 가운데 있음을 뜻하는 것이고, 자기의 바르지 못한 생각과 번민을 버리라는 뜻입니다.

머리가 땅에 닿도록 인사하는 모습은 겸손함으로 주의 일을 하라는 의미입니다.

머리가 빠지는 것은 할 수 있는 영력 안에서 결단하기를 원하십니다.

머리가 엉켜있는 모습은 생각에 보혈을 붓고 회개하기를 원하시는 것입니다. 그리고 생각이 엉킨 영혼들에게 보혈이 부어져서 정화되어지고, 말씀을 받을 때 성령님이 운행하여 주시기를 기도하라는 뜻입니다.

머리를 감는 모습은 예수님의 보혈로 정결한 영, 성결한 영이 부어지기 원하십니다.

머리를 깎는 모습은 마음과 생각을 새로이 결단하고 거룩하게 하여 진보를 가져올 수 있기를 원하십니다.

머리를 땅에 박는 모습은 자신의 성격을 다스리지 못해 스스로 고통스러워함을 뜻합니다.

머리를 보여 주시며 하나님의 신령한 은혜와 은사를 주셔서 머리가 되게 하시고 영혼들을 잘 치리하도록 붙잡아 주리라는 말씀입니다.

머리를 쓰다듬어 주는 모습은 주님께 사랑받고 귀여움 받기를 원하십니다.

머리를 하나로 묶는 모습은 세상 향락과 세상의 모습을 주의 말씀으로 결단해서 버리고 주께 충성되게 살라는 뜻입니다.

머리빗, 옷솔, 수건은 정결하고 단정하게 살기를 원하신다는 의미입니다.

머리빗을 보여 주심은 자기의 생각을 잘 정리하라는 말씀입니다.

머리에 가시덤불로 집을 짓는 모습은 혼의 생각, 사단의 생각이 가득 차 있음을 뜻합니다. 머리에 자기의 생각대로 집 짓지 말라는 뜻입니다.

머리에 검은 천을 뒤집어쓰고 강에 빠지는 모습은 사명을 위해 기도할 때 목회의 길이 힘듦을 뜻합니다.

머리에 두 손을 하트 모양으로 올리며 빙글빙글 도는 모습은 "예수님 사랑해요."하며 춤추며 고백하는 모습입니다.

머리에 무거운 것이 올라간 모습은 나 혼자 근심, 걱정하지 말고 주님 앞에 기도하라는 의미입니다.

머리에 붕대가 감겨 있는 모습은 마음과 생각을 주님 앞에 맡기고 말씀과 기도를 통해 육신의 소욕을 이기고 나가기를 원

하십니다.

머리에 빨래집게를 여러 개 꽂아 놓은 모습은 사단이 그 사람의 생각 속에 역사해서 많은 고민과 고통을 갖게 하는 것입니다.

머리에 수건을 두르고 공부하는 모습은 열심히 공부하여 좋은 결과를 얻기 원하십니다.

머리에 안테나 두 개가 서 있는 모습은 영적인 주파수가 성령님께 맞춰지고 성령님께 예민해져서 성령의 인도를 잘 받으라는 뜻입니다.

머리에 하얀 띠를 두른 모습은 현재 주의 일이 어렵고 힘들어서 고통스러운 삶을 살고 있습니다.

머리에서 물줄기가 사방으로 뻗쳐가는 것은 성령님이 지혜를 주셔서 많은 사람들에게 은혜를 주는 자가 되기를 원하십니다.

머리에서 빛이 나가는 모습은 매사에 주님이 지혜를 주셔서 그 지혜로 영혼들의 위로자, 상담자, 회복자로 세워지기 원하십니다.

머리에서 싹이 나는 것은 주님이 지혜를 주셨음을 뜻합니다.

머리와 뼈만 남아있는 생선을 보여 주시며 별로 열매 없는 과거를 청산하고 새로운 마음으로 살아가기를 원하십니다.

머리카락에 머리핀을 꽂고 있는 것은 머리에 주님의 보혈을 부어 주시고 성령의 생각일 때도 있지만 내 생각을 붙잡는 악한 영이 떠나가도록 기도하라는 의미입니다.

머리카락에 불이 붙어서 타는 모습은 지혜와 지식의 은사로 하나님의 말씀을 사랑으로 잘 가르치도록 역사하실 것을 말씀합니다.

머리카락을 보여 주시며 머리카락까지도 모두 세시는 하나님이 그 마음을 다 살피고 계심을 말씀하십니다.

머플러가 바람에 날리는 모습은 성령의 바람이 불어서 밀어주시고 도와주시겠다는 의미입니다.

먹구름과 폭풍우를 보이심은 앞으로 먹구름 끼고 폭풍우 치는 것같이 힘든 시험이 오더라도 잘 극복할 때 하나님께서 크게 쓰실 것을 약속하셨습니다.

먹구름과 흰 구름이 왔다 갔다 하는 것은 "내 인생, 환경, 영혼에 역사하는 어둠의 영은 예수의 이름으로 떠나갈 지어다." 라고 기도하세요.

먹구름은 어둠의 영을 의미합니다.

먹지를 대고 쓸 때 밑에 그대로 쓰여 지는 것은 주님이 말씀하시는 대로 내 마음에 그대로 흡수하고, 주님의 사랑을 나타내는 자로 쓰시리라고 하십니다.

먹지를 보여 주시며 하나님의 말씀을 의심하지 말고, 요동치 말고 성경을 믿고 따르는 은혜가 부어지기를 원하십니다.

먼지가 많이 쌓인 모습은 살아오면서 알고 지은 죄, 모르고 지은 죄를 보혈로 씻고 정결해지기 원하십니다.

먼지들은 더러운 영이 역사하는 부분이 있지만 예수님의 보혈을 부어 성결함으로 주의 일을 하기를 원하신다는 뜻입니다.

먼지들을 보여 주시며 주님을 따라갈 때 환경이 어렵고 고달파서 주님과의 관계가 어려워지지 않기를 원하십니다.

먼지떨이 총채를 보여 주심은 예수님의 보혈로 성결해지기를 원하신다는 뜻입니다.

멀리 내다보는 모습은 멀리 내다보며 미래를 준비할 수 있는

은혜를 입기 원하십니다.

메가폰에서 불이 나오는 모습은 전도할 때 성령의 능력이 나가도록 도우시리라고 하십니다.

메가폰은 복음의 나팔을 크게 부는 자가 되라는 뜻으로 그냥 말하는 것보다 메가폰을 사용하면 많은 사람들에게 들려줄 수 있듯이 하나님의 말씀을 크게 증거하기를 원하십니다.

메뚜기는 재앙을 뜻하며, 교회 안에 역사하는 사단의 권세와 어려움을 주는 저주받은 영이 역사함을 말합니다.

메뚜기의 다른 의미로는 삶이 힘들고 어려우며 곤핍하고 핍절한 모습이 있다는 뜻인데 하나님의 은혜를 구해서 그 삶이 풍성해 지도록 인도받아야 합니다.

메밀묵 보따리 장사를 보여 주시며 밤새도록 수고하고 벌어봐야 얼마 벌지 못하듯 내 힘과 내 능력으로 하지 말고 하나님이 주시는 능력으로 살 때에 넘치는 은혜가 있을 것을 말씀하십니다.

메주는 서두르지 말고 맛을 낼 수 있도록 준비되어져야 된다는 말씀입니다.

면도칼은 사단이 마음과 생각을 도려내고 아픔과 고통과, 혼돈스럽게 괴롭히는 역사가 있음을 말하며, 또 다른 의미는 죽고 싶고, 살기 싫은 힘들고 지친 영혼들에게 복음을 전하라는 의미입니다.

면도칼을 들고 손목을 끊어 자살하려는 모습은 눈을 열어 영적으로 육적으로 죽어가는 자에게 생명을 주고 살 소망을 주며,

일으켜줄 사명이 있음을 뜻합니다.

모과는 모과 향이 있듯이 예수의 향이 진하게 나타나기를 원하십니다.

모기가 불에 타는 모습은 환경에 역사하는 더러운 영들이 성령의 불로 태워지는 역사가 있게 하리라는 의미입니다.

모기는 그 삶을 뜯고 괴롭혀서 고통 속에 방황하도록 만들어 가는 것을 뜻합니다.

모기떼를 보여 주심은 형제들의 환경 속에 역사하는 더러운 재앙의 영을 대적하고, 예수님의 보혈을 붓고 성결의 영을 구하라는 의미입니다.

모기와 벌레에 물려서 상처 난 모습은 아픈 영혼, 힘든 영혼들에게 예수님의 보혈을 붓고 아픔이 치유 회복되어지기를 원하십니다.

모기장 안에 벌레들이 못 들어오는 것은 늘 예수님의 보혈을 부으면 사단이 가정을 공격하지 못하리라고 하십니다.

모기장을 보여 주심은 영적으로 하나님의 전신갑주를 취하여 사단의 방해에 해를 받지 않도록 준비하라는 의미입니다.

모기장이 교회 밖에 처져 있는 것은 세상 권세들이 교회를 훼방하지 않도록 보혈을 붓고 주님께서 지켜주시길 원하십니다.

모닥불 옆에 나무들을 갖다 놓는 모습은 교회에 타고 있는 성령의 불이 더 타오르도록 중보기도의 사명을 감당하기 원하십니다.

모닥불(개울가 양쪽에 모닥불)을 보이심은 험한 세상에 빠지는 어려운 시험이 있을지라도 주님은 그 인생이 춥지 않도록

따뜻하게 보호해 주시기 위해서 성령의 불을 주시기 원하십니다.

모닥불에 냄비를 올려놓고 음식을 만드는 모습은 영적인 맛을 내서 다른 영혼들을 먹일 수 있는 자가 되기 원하십니다.

모닥불은 영적으로 추운 겨울을 맞이하는 영혼들에게 주님의 사랑을 나눠주길 원하심이고, 이 작은 불을 통해서 성령의 큰 불을 일으키라는 것입니다.

모닥불이 타오르니 추운 사람이 모여드는 모습은 늘 성령의 불이 준비되어 있으면 고통당하는 사람이 찾아올 것을 말씀하십니다.

모닥불이 퍼져 나가는 모습은 성령의 작은 불을 통해 사역이 넓혀지는 은혜가 있기를 원하십니다.

모래 위에 지은 집은 반석 위에 집을 짓기 원하지만 그렇지 못한 삶의 모습을 뜻하며, 힘들고 어려운 일이 생기면 무너지는 모습을 뜻합니다.

모래 위의 발자국은 주님이 힘들 때 업고 가고 있음을 말씀하십니다.

모래 위의 집과 반석 위의 집을 보여 주시며 우리 가정이 반석 위에 지은 집으로 흔들리지 않는 믿음과 신앙으로 세워지기를 원하십니다.

모래가 바닷물에 밀려오지만 다시 빠져나가는 모습은 사업이 되는 것 같지만 안 되는 부분이 있음을 뜻합니다.

모래가 쌓여 있는데 깎여 나가는 모습은 지금은 태산처럼 힘들고 어려우나 문제가 점점 해결되도록 인도해 주실 것을 말씀하십니다.

모래로 지은 밥을 보여 주시며 지금은 힘들고 어려운 상황이지만 믿음을 잃지 않기를 원하십니다.

모래밭에 물이 터져 나오는 것은 메마른 땅 같은 환경이지만 오아시스 같은 은혜에도 하나님께 감사로 나아가길 원하십니다.

모래밭에 서 있는데 바닷물이 와서 머리까지 적시고 가는 모습은 내 삶에 하나님이 큰 은혜를 주실 것을 뜻합니다.

모래섬이 바다에 잠기는 모습은 하는 일이 어려움을 뜻합니다.

모래시계를 보여 주심은 때를 기다리라는 뜻입니다.

모래에 손을 넣고 집을 짓는 모습은 금방 짓고 금방 허물어지는 믿음의 연약하고 부족함을 갖고 있으며, 날마다 낙심하고 실망하는 모습이 있음을 뜻합니다.

모래와 자갈이 층층이 있는 강을 보여 주시며 마음이 아름답지 못해 열매 맺지 못함이 있다고 하십니다.

모래주머니가 빵빵해지는 모습은 소득이 별로 없을 것을 뜻합니다.

모세를 보여 주심은 선지자적 기름을 부어주셔서 영혼을 치유하고 이끄는 지도자로 세우시겠다는 뜻이며, 모세의 지팡이는 능력을 주시겠다는 의미입니다.

모세와 같이 하늘을 향해 두 팔을 높이 들고 있는 모습은 성도들이 두 손 들고 기도할 때에 세상을 이길 수 있는 힘을 주시리라는 뜻입니다.

모자(큰 모자)를 보여 주시는 것은 때를 따라 돕는 은혜를 주시고, 어려움을 피할 수 있는 은혜를 의미합니다.

모자(흰 모자)를 쓰고 하얀 옷을 입고 기도하는 모습입니다. 머리부터 발끝까지 거룩함이 부어지도록 계속 기도하라는 뜻입

니다.

모자를 쓴 것은 내 생각이 복잡하지만 영의 생각과 성령의 권능으로 다스려 나가기를 원하십니다.

모종삽으로 씨앗을 심는 것은 주님 안에서 믿음의 씨앗을 뿌리라는 뜻입니다.

모형 비행기가 뚝 떨어지는 것은 자신은 높고 넓게 날아오르기를 원하지만 삶이 힘듦을 뜻합니다.

목각 오리는 예수의 생명이 없는 영혼들을 불쌍히 여기고 구원의 길로 인도하기를 원하신다는 뜻입니다.

목걸이(빛으로 된 목걸이)를 보여 주시며 늘 성령의 빛으로 인도하심을 뜻합니다.

목걸이는 사역에 물권과 언약을 주시겠다는 의미이며, 주님이 이끄신 대로 가길 원하십니다.

목걸이에 금으로 된 종이 달린 것은 정금과 같은 믿음으로 영혼들을 깨우고 치유하고 회복시켜서 세상을 이길 수 있는 능력을 가르치라는 것입니다.

목도리가 바람에 날리는 모습은 바람 같은 성령의 역사로 치유와 회복을 주실 것을 말합니다.

목례하는 모습은 하나님과 사람 앞에 교만하지 않고 겸손한 모습이 드러나기를 원하십니다.

목마를 태워주는 모습은 영적으로 어린 영혼들을 살펴주고 사랑해 주라는 뜻입니다.

목발은 영과 육이 연약해지지 않게 건강의 기름부음을 구하기를 원하십니다.

목발을 짚고 가는 사람을 도와주는 모습은 사랑과 섬김의 은

사를 통해서 어려운 이웃을 도와주라는 뜻입니다.

목발을 짚고 걸어가는 모습은 영적인 삶이 불완전하다는 뜻입니다.

목사님과 손잡고 있는 모습은 목사님의 팔을 들어줄 수 있는 동역자로 세워지고, 목사님을 위해 중보기도자로 세워지기를 원하십니다.

목사님에게 넥타이를 매주는 것은 목사님을 사랑으로 섬기라는 의미입니다.

목사님이 두 손을 높이 들고 기도할 때 사모님이 한 손을 같이 들고 있는 모습은 믿음의 동역자로 잘 세워지고, 기름 부으심으로 하나님의 능력이 사역 위에 나타나도록 축복하고 역사해 주리라고 하십니다.

목사님이 사모님을 업어주는 모습은 서로서로 섬기고 사랑의 관계가 되라는 뜻입니다.

목사님이 성의를 입은 모습은 그 사람에게 목회자의 사명이 있음을 뜻합니다.

목사님이 앞에서 수레를 끌고 가는데 뒤에서 밀어주는 모습은 목회자의 사역을 돕는 자가 되기를 원하십니다.

목사님이 한 발로 서 있는 모습은 내가 목회자의 중요한 부분이 되어서 기도중보자로, 여러 모양으로 잘 섬기라고 하십니다.

목성, 수성, 화성을 보이시며 정확한 간격으로 하나님께서 우주 만물을 창조하셨듯이 모든 생사화복을 주관하시는 광대하신 하나님께 맡기고 나아가길 원하신다는 뜻입니다.

목에 깁스한 모습은 항상 교만을 버리고 겸손하라는 뜻입니다.

목욕탕에서 목욕하는 모습은 늘 말씀으로 거룩하고 성결 하라는 의미입니다.

목욕탕에서 사람들의 등을 밀어주는 모습은 사랑과 섬김으로 영혼들의 더러움을 예수님의 피로 씻어주는 것과 헌신하고 있음을 보여 주시는 것입니다.

목욕탕에서 온 가족이 목욕하는 것은 온 가족이 주님의 보혈로 거룩하여 하나님께 신부 단장하는 모습을 갖기를 원하십니다.

목욕하는 모습이나 옷에 먼지가 묻어있는 모습, 또는 빨래하는 모습은 우리가 성결해 지기를 원하시는 것입니다.

목욕하는 모습은 성결하고 거룩하게 살아서 삶에 하나님의 시원한 은혜를 맛보고 살라는 뜻입니다.

목자가 양에게 물을 먹이는 것은 영혼들에게 말씀 먹이는 사명을 감당하라고 하십니다.

목자가 양의 머리를 쓰다듬는 모습은 목자의 심정으로 주의 일을 해 나갈 때에 아버지의 마음을 부어주실 것을 말씀하십니다.

목탁을 두드리는 모습은 가계에 흐르는 우상의 저주는 예수의 이름으로 끊어질 지어다 기도하세요.

몸(다른 사람의 몸)에 꽂혀 있는 화살을 뽑아주는 모습은 상담과 치유사역을 통해 상하고 아픈 영혼들을 회복시켜 주는 사명임을 뜻합니다.

몸에 물이 부어지는 모습은 삶에 성령의 강물이 채워져서 쓰임받기 원하십니다.

몸에 바람이 들어가는 모습은 성령께서 바람같이 임하셔서 주님 임재 안에 충만히 거하며 사는 것을 뜻합니다.

몸에 비행기의 날개가 달려 있는 것은 하나님이 주시는 성령의 능력이 임해 영적, 육적으로 하나님의 창대한 역사가 나타나기를 원하십니다.

몸에는 의사 옷을 입고, 머리에는 요리사 모자를 쓴 것은 영적인 치료사, 영적인 맛있는 양식을 줄 수 있는 자로 쓰시기를 원하십니다.

몸에서 물뿌리개로 물을 뿌리는 것처럼 물이 나오는 것은 나를 통해 말씀이 늘 흘러나오게 하심을 뜻합니다.

몸에서 여러 가지 빛이 나오는 것은 몸은 하나이지만 말씀, 사랑, 섬김, 은사들의 빛이 영혼들에게 전파되기를 원하십니다.

몸은 하나인데 다리가 여러 개 있는 모습은 여러모로 주의 일을 할 수 있도록 힘을 주셨음을 뜻합니다.

몸은 하나인데 팔과 다리가 여러 개인 모습은 지금까지 세상을 향해 살아왔으나 앞으로는 하나님의 나라와 영광을 위해 살아가게 하리라는 의미입니다.

몸을 벽에 한번 부딪히고 길이 아니어서 다른 길로 돌아가는 모습은 현재 삶이 길을 찾아 돌아다니는 모습임을 뜻합니다.

몸을 비트는 모습은 주변 환경을 통해 어려움을 주는 사단이 역사하고 있음을 의미합니다.

몸을 움츠렸다 펴는 모습은 모든 일에 성령의 힘으로 자신감 있게 해 나가길 원하십니다.

몸이 반으로 갈라지는 것은 나의 겉사람은 깨어지고, 속사람으로 주의 일을 잘 해 나갈 수 있기를 원하십니다.

몸이 반은 물속에 반은 물위에 있는 모습은 50%는 세상에, 50%는 하나님께 속한 상태로 살아가는 것을 말해 주시면서, 오직 성령에 푹 잠겨 살기를 원하십니다.

몸이 비스듬히 기울어 있는 모습은 육신이 힘들고 괴로워 쓰러질 것 같은 모습이나 늘 주님이 쓰러지지 않게 붙잡고 계심을 뜻합니다.

몸이 쇠사슬로 묶인 모습은 금식을 통해 흉악의 결박을 끊으라고 하십니다.

몸이 왼쪽에서 오른쪽으로 넘어가는 것은 사역지가 옮겨질 것을 말씀하십니다.

못(구부러진 못)을 보여 주심은 나의 헛된 생각 때문에 예수님의 마음이 아프지 않도록 주의하라는 의미입니다.

못(녹슨 못)이 새 못으로 바뀌는 것은 나의 나 된 것이 다 하나님의 은혜임을 고백하며, 상처받은 것이 회복되는 은혜가 있기를 원하십니다.

못(녹슬고 구부러진 못)은 거룩하고 깨끗하게 회복하는 은혜, 하나님이 새 기름, 새 은혜를 부어주셔서 새 인생으로 살기를 원하십니다.

못생긴 눈, 코, 입 형상은 못난 부분도 하나님이 만드신 하나님의 작품이므로 자기 자신을 부족하다고 비하하지 말고 자부심과 긍지를 가지고 살아야 할 것입니다.

못으로 찌르는 모습은 삶에 상처가 많다는 뜻입니다.

못을 박는 모습은 개인적인 감정과 욕심을 주님 앞에 못 박아 그리스도의 좋은 군사가 되기를 원하십니다.

무 껍질을 벗기는 것은 맛있는 요리를 하기 위해서 다듬어지듯이 쓰임받기 위해서는 겉모습이 벗겨져서 속사람으로 맛을 내라는 뜻입니다.

무(큰 무)가 뽑히는 모습은 하나님의 때에 큰 열매를 거둘 수 있는 은혜를 말씀하십니다.

무국에 들어가는 네모반듯하게 잘려진 하얀 무를 보여 주심은 영육 간에 잘 만들어져 주님의 영광을 나타내고, 정결하고 거룩한 삶을 살기를 바라심입니다.

무국을 끓이기 위해 도마에서 무를 자르는 모습은 무가 맛있는 음식에 영향을 주듯 영적으로 맛내기를 원하십니다.

무궁화 꽃을 보여 주심은 나라를 사랑하는 마음을 가지고 나라와 민족을 위해 기도하라는 뜻입니다.

무기들(다양한 무기들)을 보여 주시며 다양한 성령의 은사로 그때그때마다 쓰고자 하는 은사들을 주시길 원하십니다.

무당벌레를 보여 주시며 벌레만도 못한 나를 구원해 주신 하나님께 감사하며 살라고 하십니다.

무당이 굿하는 모습은 기도를 열심히 해서 그 가계에 흐르는 악한 사단의 영을 끊으라는 뜻입니다.

무대는 깜깜한데 동그란 빛이 비춰지는 모습은 지금은 어두운 상황이지만 앞으로 빛의 자녀로 세워지도록 함께 하리라는 의미입니다.

무덤 앞에서 곡하며 우는 것은 곡하고 운다고 해서 죽은 사람이 다시 살아나는 것은 아니니 부모님의 죽음으로 인해 슬퍼하지 말고 하나님을 향한 꿈과 비전을 이루고 성취해 나가기를 원하십니다.

무덤에서 사람이 나오는 것은 사역을 통해 죽은 자 같은 영혼이 살아나는 하나님의 역사가 나타나도록 은혜 주실 것을 말씀하십니다.

무덤에서 잠든 영혼들이 일어나는 모습은 예수 그리스도의 재림을 준비하며 살라는 뜻입니다.

무덤은 소리도 없고 조용함을 뜻하기도 하며, 더럽고 역겨운 환경에도 눌리지 않기를 원하십니다.

무덤이 깨어지는 모습은 부활의 역사와 능력이 임해서 자아, 환경, 사단의 역사가 깨어져 주님 앞에 영·혼·육이 소생되는 역사가 나타나야 되리라고 하십니다.

무덤이 깨져서 나누어지는 것은 재림 때에 부활할 것처럼 영적으로 죽어있는 영혼들에게 부활 신앙을 줄 수 있도록 잘 인도하라고 하십니다.

무덤이나 비석을 보여 주심은 가계에 저주가 흐르는 것을 말합니다.

무를 뽑는 모습은 씨를 뿌리면 거두는 시기가 있듯이 시간이 가면 결실을 얻을 수 있는 은혜가 있음을 말합니다.

무를 생수로 씻는 것은 영혼들이 깨끗한 양식을 먹을 수 있도록 하기 원하십니다.

무릎을 구부리고 있다가 쭉 펴는 모습은 웅크리고 힘든 상황에 있지만 평안하게 사는 은혜가 부어지기를 원하시는 것입니다.

무릎을 꿇는 모습은 기도하는 자로 세웠으니 늘 주님께 기도하며 살라는 것입니다.

무릎이 굽어 있는 자를 펴주는 모습은 고통과 신음하는 영혼들을 도와주고 일하라는 의미입니다.

무전기를 보여 주심은 몸은 떨어져 있어도 서로 마음이 잘 통하고 생각과 뜻을 같이 할 수 있기를 원하십니다.

무지개가 거꾸로 놓여있는 것은 하나님의 축복을 받지 못하

도록 사단이 역사한다는 뜻과, 땅의 축복을 바라보기보다 주님의 나라를 위해 엎드려 기도하고, 하늘의 부요가 가득 부어져서 영적으로 열매 맺고 심령천국이 이루어지기를 원하십니다.

무지개가 계속 이어져 있는 것은 내 인생이 아름답도록 주님의 은혜를 입는 자가 되게 하리라는 의미입니다.

무지개가 다리에 떠 있는 모습은 앞으로의 인생에 축복의 길이 열려 있음을 말합니다.

무지개가 반이 있는 것은 받을 은혜를 구해서 받으라는 뜻입니다.

무지개가 보이다가 먹구름이 몰려오는 모습은 어둠의 악한 영이 역사함을 말합니다.

무지개는 첫째, 색깔이 다르지만 모여서 조화를 이루듯 교회 안의 모습이 조화를 이루어 아름답고 하나님의 영광이 드러나는 삶으로 인도하시리라고 하십니다. 둘째, 비가 온 후에 무지개가 피듯이 나의 인생에 어두움이 지난 후에 주실 축복을 말씀하시고, 셋째, 언약의 말씀이 이루어지도록 기도하라는 뜻입니다.

무지개떡이 줄줄 나오는 모습은 말씀의 생명의 떡, 믿음의 부요를 줄 수 있는 자로 세워지기 원하십니다.

무지개떡이 커지는 것은 삶에 아름다운 은혜를 주시기 원하십니다.

무지개에 어둠이 낀 모습은 삶에 축복을 가로막는 어둠의 영을 물리치라는 말씀입니다.

묵을 보여 주시며 마음에 중심을 가지고 흔들리지 않는 견고한 신앙을 가지라고 하십니다.

문갑(닫혀 있는 문갑)을 보여 주심은 문을 열기만 하면 많은 은혜와 축복을 꺼내서 쓸 수 있는데 주님 앞에 구하지 않고 찾지 않아서 받지 못하고 있음을 말합니다.

문고리를 돌려도 열리지 않는 모습은 내 힘과 수고로 노력을 해도 풀리지 않음을 뜻합니다.

문고리를 잡고 열어달라고 하는 모습은 주님께 구하는 기도를 하시기 원하십니다.

문고리를 잡고 흔드는 모습은 전심으로 주님 앞에 기도해서 닫힌 문도 열려지는 은혜를 입으라는 뜻입니다.

문빗장을 예수님이 열어주시는 모습은 다윗의 열쇠, 열면 닫을 사람이 없고, 닫으면 열 사람이 없는 지도자적 권세를 위해 기도하기를 원하십니다.

문을 두드리는 모습은 주님을 간절히 사모하여 성령의 은혜를 입고 살기를 원하신다는 의미입니다.

문을 두드리는데 문이 10cm 열리는 모습은 주님의 응답이 열리고 있음을 뜻합니다.

문을 두드리는데 문이 열리면서 찬란한 빛이 흘러나오는 것은 천국 문이 열리고, 천국의 보화와 같은 것이 심령에 채워지리라고 말씀하십니다.

문을 똑똑똑 두드릴 때 하늘에서 불이 내려오는 모습은 기도할 때에 성령의 불이 가정에 떨어져 감사와 은혜가 넘칠 것을 말씀하십니다.

문을 열기 위해 큰 나무로 쿵쿵 치는 모습은 기도제목을 가지고 기도할 때에 풀려지는 은혜가 있을 것을 말씀하십니다.

문이 닫혀 있다가 열리면서 화장실이 보이는 것은 내가 아는

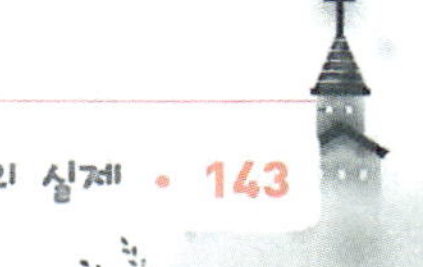

많은 부분을 내려놓고, 내 뜻보다는 하나님의 뜻을 구하라고 하십니다.

문이 닫혀 있음은 축복의 문이 막혀 있음을 말합니다.

문이 닫혀졌다 열려졌다 하는 모습은 주님께 마음의 문을 열었다 닫았다 하지 말고 주님께 마음 문을 활짝 열기를 원하십니다.

문이 열려 있는 모습은 축복과 응답의 문이 열려 있음을 말합니다.

문이 열려 있는데 방안에 불이 붙어있는 모습은 더욱 간절히 기도할 때 하늘 문이 열려 구하는 것마다 구해지고 성령의 불이 붙어 뜨겁게 타오를 것을 뜻합니다.

문이 열리면서 물이 들어오는 모습은 마음의 문을 열면 하나님의 말씀이 차오르게 하실 것을 뜻합니다.

문제 뒤에 문제를 보여 주시며 문제를 하나 넘어가면 또 다른 문제가 있을 것을 말씀해 주십니다.

물 풍선을 나무에 달아놓은 모습은 성도들이 열매 맺는 삶을 살도록 잘 인도해 주기를 원하신다는 의미입니다.

물(V자로 된 물)이 3분의 1가량 채워진 모습은 더 많은 은혜의 강물이 차올라 내 영혼과 다른 영혼을 살리기를 원하시는 것입니다.

물(깨끗한 물)에 물고기가 있는데 문어가 함께 있는 모습은 주님의 맑은 물속에 주님의 영혼들로 자라게 하는데 문어와 같이 물을 흐리고 어울리지 않는 사단의 역사, 방해가 있음을 뜻합니다. 혼돈의 영, 음란의 영을 물리치는 기도를 하세요.

물(맑은 물)에 거북이가 있는 모습은 사업에 축복을 방해하고

사업을 흐리게 하는 악하고 더러운 영은 예수의 이름으로 떠나갈 지어다 기도하라고 하십니다.

물(맑은 물)에 과일을 씻는 것은 기도의 은혜를 통해 생수의 강이 흘러 온 가족이 밝고 깨끗하고 진실하기를 원하십니다.

물(맑은 물)에 얼굴을 비추는 모습은 내가 먼저 말씀으로 거룩해지는 믿음의 은혜가 있기를 원하십니다.

물(맑은 물)에 우유가 부어지는 모습은 말씀의 생수를 얻지 못하도록 사단이 방해하고 있음을 뜻합니다.

물(맑은 물)이 계단으로 흘러내리는 모습은 걸음에 생수를 부으시고 거룩함을 입게 하셔서 하나님께 영광 돌리게 하실 것을 뜻합니다.

물(맑은 물)이 뻗쳐서 벽에 부딪혀 떨어지는 것은 주님의 생수가 들어가지 못하게 하는 영적인 장벽이 있음을 뜻합니다.

물(수정같이 맑은 물)을 보여 주심은 심령에 맑고 거룩한 영이 흐르고 있어서 다른 사람들이 볼 때 자기들을 잘 살필 수 있는 은혜가 있음을 뜻합니다.

물(시커먼 물)을 부으려고 하는데 천사가 붓지 못하도록 막고 있는 모습은 기도를 통해 사역 속에 하나님의 역사하심이 나타나도록 기도에 힘쓰라는 뜻입니다.

물(잔잔한 물)은 삶이 어떠하든지 주의 말씀과 사랑으로 인도하시어 감사하며 살아가라고 하십니다.

물감들이 마구 섞여있는 모습은 어지럽히는 영, 혼잡한 영을 물리치는 기도를 하라는 뜻입니다.

물감의 색들이 섞이는 모습은 주위 모든 사람들과 연합하여 아름다운 작품으로 하나가 되기를 원하십니다.

물개가 뛰노는 모습은 주의 사랑 안에 거하며 즐겁게 살기를 원하십니다.

물개가 링을 넘어가는 모습은 많은 훈련을 통해서 주님의 기쁨이 되는 삶을 살아가게 하기 위함입니다.

물개가 쇼하는 모습은 물개도 사람들에게 기쁨을 주듯이 하나님의 능력과 은사로 영광 돌리기 원하신다는 의미입니다.

물거품을 보여 주시며 지난 과거의 일은 힘들지만 이겨내고, 주님이 눈물을 씻기시고 치유해 주시기 원하십니다.

물건을 나누어 주는 모습은 구제와 선교함으로 살고 있음을 말합니다.

물고기 두 마리가 뽀뽀하는 모습은 늘 주님과 사랑하며 살기를 원하신다는 뜻입니다.

물고기 머리를 칼로 절반을 자르는 모습은 그 사람에게 사단의 역사를 통해서 굉장히 큰 고통이 있음을 말합니다.

물고기 입이 뻐끔뻐끔하는 모습은 세상과 타협하지 않고 오직 기도와 찬양과 전도의 입술로만 사용되기를 원하십니다.

물고기(많은 물고기)가 배 위로 튀어오르는 모습은 크게 수고하지 않아도 좋은 열매와 결실을 얻도록 하리라는 의미입니다.

물고기(사람만한 물고기)가 물결을 따라 가는 모습은 주님이 인도하시는 방향으로 세워지게 하리시라는 의미입니다.

물고기(사람만한 물고기)는 영적으로 큰 자로 세워지고 성령의 역사로 열매가 맺혀지기를 원하십니다.

물고기(색깔이 다양하고 아름다운 물고기)를 보여 주시는 것은 삶에 찬란한 은혜가 비춰지기를 원하신다는 뜻입니다.

물고기(손바닥만한 물고기)는 지금은 작은 물고기같이 연약하

고 어린 영혼들이 맡겨졌으나 그들을 잘 양육하여 새끼를 낳을 수 있은 은혜와 축복의 통로가 되기를 원하십니다.

물고기(큰 물고기)가 입을 뻐끔거리며 물속에서 올라오는 모습은 현재 상황에서 입을 크게 벌리면 은혜를 부어주실 것을 말합니다.

물고기(큰 물고기)가 입을 크게 벌린 모습은 하나님께 입을 크게 열어 구하면 도와주실 것을 말하는 것입니다.

물고기(큰 물고기)가 작은 물고기를 잡아먹는 것은 더 큰 성령의 권세가 강하게 부어져서 영적으로 약한 이들을 잘 이끌 수 있기를 원하십니다.

물고기(큰 물고기)는 늘 바다와 같은 하나님의 사랑과 은혜 속에서 감사하고 기뻐하며 살라는 뜻입니다.

물고기(큰 물고기)를 낚아채는 모습은 사단이 낚시 바늘로 영혼을 끌고 가고 있음을 뜻합니다.

물고기가 가다가 벽에 부딪히는 것은 물고기는 벽을 뚫고 갈 수 없듯이 지금 하는 일을 내려놓거나 다른 길을 찾으라는 뜻입니다.

물고기가 갈고리에 걸려있는 모습은 사단의 올무에 걸려 있음을 뜻합니다.

물고기가 다른 물고기들 앞에서 앞서 가는 모습은 영적으로 리더로 세우기를 원하신다는 의미입니다.

물고기가 도마 위에 있는 모습은 내가 지금 하는 일이 하나님의 인도인지 잘 분별해서 하나님이 기뻐하시는 은혜로 잘 인도함 받으라는 뜻입니다.

물고기가 물속에서 입만 내밀고 있는 모습은 말보다는 행함

있는 믿음을 더 보여주어서 성도들에게 본이 되기를 원하신다는 뜻입니다.

물고기가 물에서 원을 그리며 돌고 있는 것을 보여 주시며 주님은 전진하기를 원하시지만 그 자리에서 빙글빙글 돌고 있음을 뜻합니다.

물고기가 반은 물속에, 반은 물 밖으로 나와 있는 모습은 은혜의 강물 속에 푹 잠겨 살기를 원하신다는 뜻입니다.

물고기가 산으로 올라가는 것은 어떠한 상황 속에서도 말씀과 은혜와 성령 안에서 자유롭게 헤엄치고, 땅의 것 때문에 마음을 빼앗기지 않기를 원하십니다.

물고기가 새끼를 배고 있는 것은 내적으로 하나님이 준비하셨고, 영혼들을 낳는 일을 하라는 의미입니다.

물고기가 쌍으로 가는 모습은 주의 일에 서로 협력하라는 뜻입니다.

물고기가 아가미를 팔딱거리는 모습은 예수 안에, 말씀 안에, 성령 안에 거하며 하나님의 뜻대로 믿음의 사람이 되기를 원하십니다.

물고기가 원 안에서 뱅글뱅글 돌고 있는 것은 신앙생활이 발전이 없이 맴도는 모습을 말함인데, 앞으로 신앙의 진보를 가져 오도록 힘써야 하겠습니다.

물고기가 위를 쳐다보는 것은 늘 위엣 것을 바라보고, 주님께 소망을 두며, 모든 것이 주께 있으니 구하며 나가라는 뜻입니다.

물고기가 유턴해서 되돌아가는데 그 곳에 빛이 비추는 것은 현재 하고 있는 일을 다른 방향으로 돌려도 은혜를 주실 것을 말씀하십니다.

물고기가 육지에서 헐떡거리는 모습은 어떤 힘든 상황에서도 말씀 안에, 성령 안에 거해 충분히 기름 부어 주시기 원하십니다.

물고기가 입을 뻐끔뻐끔 하는 모습은 뻐끔뻐끔해도 소리는 나지 않은 것처럼 세상 말은 하지 말고, 영적인 말을 하기를 원하십니다.

물고기는 영혼을 의미합니다.

물고기들에게 반창고가 붙여져 있고, 실이 감긴 물고기를 보여 주심은 영혼들이 삶의 고통과 아픔이 있는 이유가 보이지 않는 사단에게 묶이고 눌림 당하고 있기 때문이므로 그들을 위해 기도하고 인도해 주기를 원하십니다.

물고기를 강가에 놓아주는 모습은 영혼을 살릴 수 있도록 힘쓰라는 의미입니다.

물고기의 지느러미와 같은 것이 땅 위에 올라와서 헤치고 다니는 모습은 사업을 방해하는 사단의 역사를 물리치는 기도를 하라는 뜻입니다.

물과 기름은 생각에 맞지 않는 부분이 있어도 주의 성령으로 잘 반죽되어 하나님의 길을 잘 갈 수 있도록 주님만 바라보라는 뜻입니다.

물과 물이 나뉘는 모습은 세상의 일과 하나님의 일을 함께 할 수 없듯이 육신의 보이는 것으로 마음을 빼앗기지 말고, 보이지 않는 영적인 실상을 바라보며 살아가기를 원하십니다.

물구나무 서있는 모습은 삶이 힘들어도 주님을 바라보면 똑바로 걸을 수 있는 은혜를 주실 것을 의미합니다.

물구나무를 서서 걸어가는 것은 하나님과 반대되는 생각으로 사는 사람들에게 복음 증거 하기를 원하십니다.

물구나무서기를 하고 있는데 천사들이 다리를 붙잡아 주는 것은 주를 위해 죽고자 하면 하나님의 돕는 은혜가 있으리라고 하십니다.

물기둥을 보여 주시며 말씀으로 자신을 다스려 나가라고 하십니다.

물동이 지게를 양 팔에 지고 가는 모습은 자신의 힘으로 물동이를 지면 얼마나 소득이 있겠느냐는 뜻으로 하나님의 인도하심으로 힘을 얻기 원한다는 뜻입니다.

물동이를 머리에 이고 외줄을 타는 것은 하나님이 고통과 위태와 두려운 상황 속에서 훈련시켜 쓰시기 위함이니 잘 이기기를 원하십니다.

물동이에 하얀 천이 감겨있는 모습은 사역이 가로막혀 있는 상태를 뜻합니다.

물두멍에서 손을 씻는 것은 날마다 회개해서 더 깊은 임재를 체험하기 원하십니다.

물두멍은 성결하고 거룩하게 살면 은혜를 주실 것이며, 작은 부분이라도 죄와 타협하지 말고 진실하게 살라는 말씀입니다.

물레방아가 돌고 있는 모습은 영적으로 부지런히 살아야 날마다 은혜의 생수를 맛볼 수 있음을 말합니다.

물레방아가 물 없이 도는 모습은 주님 앞에 먼저 기도할 때 위로부터 오는 은혜를 주실 것을 뜻합니다.

물레방아가 빽빽하게 돌아가는 것은 성령의 기름이 부어져서 주님의 은혜가 더 나타나기를 원하십니다.

물레방아에 돌리는 손잡이가 있는 것은 부부가 양쪽 손잡이를 잡고 힘차게 돌리면 합력하여 선을 이루어 더 강한 역사가

있을 것을 의미합니다.

물레방아에 불이 붙어서 돌아가는 것은 물(말씀)과 불(성령)이 영적 조화를 이루어서 사역이 잘 이루어지기를 원하십니다.

물방울을 보여 주심은 나 하나가 중요함을 뜻합니다.

물방울이 모여서 큰물로 되는 모습은 작은 힘이 모여서 큰 힘으로 역사함을 뜻합니다.

물병(등산용 물병)을 보여 주시는 것은 영혼의 목마르지 않는 물을 마시며, 말씀의 기름부음을 통해 영혼들의 목마름을 채워주는 사람으로 인도받기를 원하십니다.

물병(작은 물병)에서 물이 쏟아지는 모습은 하나님이 주신 은혜를 쏟아 붓지 말고, 계속 주님이 주시는 생수를 받을 수 있는 은혜를 입으라는 뜻입니다.

물병은 목마른 영혼들에게 말씀의 생수를 공급하라는 뜻이고, 물병만큼의 은혜만 있으므로 더 큰 영적 은혜를 입기를 원하시는 환상입니다.

물병의 물을 거꾸로 쏟아 버리는 것은 내게 주신 하나님의 은혜와 간증을 환경 때문에 쏟아버리지 않기를 원하십니다.

물뿌리개는 영혼들에게 물을 주듯 말씀을 잘 전하고 양육하여 세우는 사명이 있음을 뜻합니다.

물살(급물살)이 밀려오는 모습은 가정에 말씀으로 능력으로 밀어주시어 그 가정이 은혜를 맛보기를 원하십니다.

물안경은 주님의 안경을 끼고 성령의 깊은 은혜의 바다에 잠겨 성령의 충만함을 입어서 이방인과 믿음이 연약한 자에게 은혜를 나누기 원하신다는 뜻입니다.

물안경을 끼고 있는 모습은 육지에 있으면서 물속에 사는 것

같이 착각하게 하여 오류를 범하게 하는 사단의 역사가 있음을 말합니다.

물에 기름이 부어지면서 불이 붙은 모습은 삶에 기적 같은 은혜가 나타나기를 원하십니다.

물에 돌이 던져지는 것은 내 마음에 돌을 던지는 자들을 예수 그리스도의 사랑으로 용서하기를 원하십니다.

물에 빠진 사람을 구해주는 모습은 어려운 사람에게 달려가 도와주고 주의 말씀으로 구원해 주라는 뜻입니다.

물에 새끼 물고기가 있는 모습은 현재는 작은 물고기가 놀 수 있는 샘물 같은 은혜이나 더 넓어질 수 있는 역사가 나타날 수 있음을 뜻합니다.

물에 전류가 흐르는 기구를 넣는 것은 말씀이 삶에 흘러넘치고 성령의 기름이 넘치기를 원하십니다.

물에서 사람이 허우적거리는 모습은 수영을 못하면 죽을 수밖에 없듯이 예수님이 아니면 우리의 영혼이 죽을 수밖에 없음을 뜻하며, 힘들고 어려운 상황이지만 주님께 지혜를 구해서 은혜를 입고 나가라는 뜻도 됩니다.

물을 머리에 붓는 것은 주의 말씀으로 거룩하고 시원케 하는 은혜를 뜻합니다.

물을 찾으러 다니는데 물이 없는 모습은 성령의 단비를 구하는 자가 되기를 원하십니다.

물음표는 내가 모를 일도 있고 고민하는 마음이 있는데 모든 것을 주님께 맡기면 은혜를 부어 주리라고 하십니다.

물이 끓는 모습은 주님으로 인하여 마음이 펄펄 끓음을 말합니다.

물이 나무 가지에서 콸콸 나오는 것은 주님께 붙어 있어서 말씀의 생수가 흘러넘치기 원하십니다.

물이 내려오다가 벼랑으로 떨어지는 모습은 세상의 물결에 허우적거리며 휩쓸려가고 있음을 말합니다.

물이 덮어지는 모습은 주의 사랑으로 허물을 용서하는 자가 되라고 하십니다.

물이 마음에 차오르는 것은 주님이 사랑하셔서 마음에 은혜의 강을 주시고 자족하는 은혜를 주셨음을 뜻합니다.

물이 발목에서 무릎, 허리로 창일하게 차오르는 모습은 하나님의 말씀을 공급하는 사명을 감당하라는 뜻입니다.

물이 별로 없는데 헤엄치려 하는 것은 영적으로 목이 마르고 힘듦을 뜻합니다.

물이 뿜어져 나오는 분수 위에 물고기 한 마리가 있는 모습은 주님이 샘솟는 은혜를 주시겠다는 의미입니다.

물이 사방에서 한 곳으로 모여 깊이 내려가는 모습은 주위 사람들에게 중보기도를 부탁하여 은혜 입기를 원하십니다.

물이 사방에서 한 곳으로 모임은 교회의 성도들이 한 마음으로 일해 나가라는 뜻입니다.

물이 여러 갈래에서 모여들어 한곳으로 흘러가는 모습은 연합의 관계가 잘되고 있음을 말합니다.

물이 원으로 소용돌이치는 모습은 세상 권세에 우격 싸임을 당하고 여러 가지 두려움과 어려움이 올지라도 순결함과 거룩함을 잃지 않기를 원하십니다.

물이 위에서 아래로 내려가는 것을 끊을 수 없는 모습은 하나님과의 관계를 끊을 수 없음을 뜻합니다.

물이 점점 모이는 모습은 내 삶에 말씀의 은혜, 돕는 은혜가 부어지기를 원하십니다.

물이 점점 퍼지는 모습은 하나님의 은혜가 점점 넓어져 가고 있음을 뜻합니다.

물이 중간쯤 차오른 상태의 수중계는 앞으로 차고 넘치는 은혜가 부어지길 원하신다는 의미입니다.

물이 콸콸 나오는 모습은 넘쳐나는 은혜를 부어주기를 원하신다는 의미입니다.

물이 펄펄 끓는 지옥에서 영혼들이 뜨거운 물에 녹아지는 모습을 보여 주시며 영혼 구원을 위해 주님 앞에 기도하라고 하십니다.

물이 혼탁한 모습은 혼탁케 하는 영이 삶에 역사함을 뜻합니다.

물이 흘러가려고 하는데 방패가 가로막는 모습은 말씀의 생수의 강이 흐르기를 원하시나 사단이 방해함을 뜻합니다.

물주머니가 점점 부풀며 커지는 모습은 말씀이 더 채워져서 교사의 사명, 전도의 사명을 잘 감당하기 원하십니다.

물주머니는 말씀의 생수를 통해 목이 마르지 않도록 성령님께서 채워주시길 원하십니다.

물주전자가 난로 위에서 끓고 있는 환상은 구령의 열정이 회복되어야 함을 뜻합니다.

물줄기(거대한 물줄기)는 놀라운 성령의 기름 부으심과 말씀의 능력이 나타나기를 원하십니다.

물총은 영적인 힘을 더 키우라는 뜻입니다. 기도에 더 힘써서 영적인 능력, 은사를 더 크게 사모하라고 하십니다.

물탱크 물이 거의 바닥난 모습은 말씀의 생수가 거의 말라가

고 있으니 말씀을 읽고 묵상하는 은혜를 소유하고 회복하기 원하십니다.

물탱크는 말씀의 생수가 가득 부어져서 하나님의 일에 늘 풍성함을 누리라는 것입니다.

물탱크에 물이 없는 것은 물탱크에는 물이 있어야 되는데 없으니 회복할 수 있는 은혜를 주시도록 기도하라는 뜻입니다.

미꾸라지 한 마리가 온 개울물을 휘젓고 다니며 흙탕물을 만드는 모습은 성도 한사람이 교회를 어지럽히는 모습입니다.

미꾸라지가 강에 있는 것은 일을 하지 못하도록 사단의 방해가 있음을 뜻합니다.

미꾸라지를 보여 주심은 심령을 흐리게 하고, 마음을 요동케 하며, 휘젓는 사단의 영이 역사함을 뜻합니다.

미끄러지는 모습은 생활에 무리함을 갖지 말라는 뜻입니다.

미끄럼 타고 내려가는 모습은 영적으로 후퇴하는 모습이 있다는 뜻입니다.

미끄럼틀 아래 쭈그리고 앉아 있는 모습은 사람들을 피해 숨고 싶은 마음이 있지만 일어나라는 뜻입니다.

미끄럼틀은 영적으로 미끄러지지 않고 올라갈 수 있는 은혜가 부어지기를 원하십니다.

미사일은 내적인 은혜와 능력을 준비시키셔서 하나님의 때에 표출하고 나타내도록 인도하심을 뜻합니다.

미스코리아 선발대회를 보여 주심은 우리들의 삶속에 아름다운 모습이 나타나기를 원하십니다.

미스코리아 진은 주님이 우리를 보실 때에 그렇게 아름답게

보심을 뜻합니다.

미역이 바다에서 줄줄 끌어올려지는 것은 삶에 더 풍성한 은혜가 있도록 성령님께서 은혜 부어 주시기를 원하십니다.

미용실에서 쓰는 머리 집게는 마음에 작은 고통들이 있음을 뜻합니다.

미지근한 물은 미지근한 신앙생활을 버리라는 것입니다.

민들레 홀씨가 바람에 날아가는 모습은 세상에 영향력을 줄 수 있는 자로 세워지기 원하십니다.

밀가루가 반죽되어 기계에서 국수로 나오는 모습은 준비 되어져서 하나님이 쓰시고자 하는 곳에 쓰임 받는 자가 되라고 하십니다.

밀가루가 여러 가지 모양으로 반죽되는 것은 하나님이 모든 것을 다르게 창조하신 것처럼 하나님께서 모든 것의 창조주임을 믿기 원하십니다.

밀가루를 반죽하는 모습은 신앙의 맛을 내고 은혜를 나타낼 수 있는 말씀의 기름이 충만하게 부어지기를 원하십니다.

밀과 보리는 삶에 맛이 나고, 인생의 진가가 드러나는 은혜를 뜻합니다.

밀물과 썰물은 삶에 여러 가지 모습들이 있지만 하나님이 주시는 은혜 안에서 감사하며 살라는 뜻입니다.

밍크코트는 하나님의 보호 속에서 따뜻함을 느끼며 살도록 인도해 가신다는 말입니다.

바가지가 반쪽으로 갈라지는 것은 상한 마음을 주님께 맡기고 나아가라는 의미입니다.

바가지에 쌀이 넘치는 것은 무엇을 먹을까 걱정하지 말고, 먼저 그의 나라와 의를 구하라고 하십니다.

바구니를 두 사람이 타고 올라가는데 바구니가 한쪽으로 기울어지는 것은 앞길이 위태로움을 뜻합니다.

바나나 껍질을 벗기는 모습은 겉 사람을 벗어 버리고 속사람이 강건하게 세워지기 원하신다는 뜻입니다.

바나나 열매들은 그 삶에 은혜가 주렁주렁 맺혀지기를 원함입니다.

바나나가 많이 열린 모습은 바나나는 열대 지방에서 자라는데 사막 같은 땅에서 힘들 때도 있지만 믿음의 열매들을 맺고 "하나님께서 하셨어요." 고백할 수 있기를 원하십니다.

바늘(철사 같은 긴 바늘)을 보여 주심은 생활이 괴롭고 힘이 든 상태를 뜻합니다. 주의 말씀과 기도를 통해서 그 사람이 강하고 담대해져야만 삶에 역사하는 사단을 이길 수가 있습니다.

바늘(큰 바늘)에 실이 들어가 묶여지는 모습은 영혼들의 상처를 꿰매주라는 말씀입니다.

바늘과 실, 숟가락과 젓가락은 연합을 잘하라는 뜻으로, 참새는 찬양하라는 뜻으로, 걸레로 방을 닦음은 봉사로, 물건을 나누어주는 모습은 구제하며 선교하며 살고 있음을 말씀하셨습니다.

바늘에 실을 꿰려고 하는 것은 내 능력으로는 안 되지만 하나님의 지혜와 능력으로 잘 풀어가기를 원하십니다.

바늘을 보여 주시며 부자가 천국에 들어가는 것이 힘들듯이 어떤 일을 하든지 부자가 되기보다는 천국에 들어갈 수 있는 영성을 갖추기를 원하십니다.

바늘이 머리에 꽂혀진 모습은 내 생각, 내 지혜를 주님께 내려놓고 성령의 인도함을 받으라는 뜻입니다.

바다 밑을 보여 주심은 바다 밑에는 여러 가지 알지 못하는 것들이 많듯이 영적으로 깊은 말씀의 꼴을 영혼들에게 먹이기를 원하십니다.

바다 위에 불이 붙어 있는 모습은 기적 같은 성령의 역사가 있음을 뜻합니다.

바다(깊은 바다)는 영적인 깊은 은혜를 체험하기 원하신다는 뜻입니다.

바다(깊은 바다)에 들어가는 모습은 영적인 비밀스런 일들을 보고 알기를 원하십니다.

바다(넓은 바다)에 섬이 있는 모습은 주의 길을 갈 때 외롭고 고독할 때도 있지만, 감사함으로 이기고 주의 길을 달려가라는 뜻입니다.

바다(수정같이 맑은 바다)는 주님의 창일한 은혜의 바다에서 자유함을 가지라는 뜻입니다.

바다(수정같이 맑은 바다)를 걸어가는 것은 천국을 바라보고 믿음으로 나아가기를 원하십니다.

바다가 갈라지는 모습은 모세가 하나님의 말씀에 순종하여 홍해를 건넜던 것처럼 주님이 말씀하시면 순종할 수 있는 믿음이 필요함을 말합니다.

바다가 육지를 덮은 모습은 하나님의 사랑은 바다같이 넓고 커서 세상 죄를 덮고 용서해 주심을 뜻합니다.

바다를 보여 주심은 주님의 크고 넓은 사랑이 내 안에 부어지도록 기도하라는 것입니다.

바다에서 낚시하는 모습은 사람 낚는 어부가 되기를 원하신다는 의미입니다.

바닥에 있는 물을 닦고 있는 모습은 작은 헌신과 작은 충성을 더 해야 하는 단계를 말씀하십니다.

바닷가에 많은 조개들을 보여 주시는 것은 하나님의 은혜를 구하기만 하면 수고를 많이 하지 않아도 여러 가지 은혜를 부어주시겠다는 뜻입니다.

바닷가의 모래알을 보여 주시는 것은 무수히 많은 사람 중에서 나를 택하셔서 인도하시고 은혜를 부어주심에 감사하라는 것입니다.

바닷가의 자갈들을 보여 주시는 것은 깨어지고 부서지는 훈련을 통해서 모나지 않은 둥글둥글한 모습으로 많은 사람들에게 시원함을 주는 자가 되라는 의미입니다.

바닷물에 비누거품이 있는 것은 마음에 찌꺼기 같은 어지러운 영들이 떠나가도록 기도하라는 뜻입니다.

바닷물을 국자로 뜨는 모습은 먼저 영적 그릇을 넓혀 받을만한 때에 받도록 인도함을 구하라는 뜻입니다.

바닷물이 V자로 갈라지는 것은 주님이 앞길을 예비하셔서 길이 넓혀지도록 함께 하리라고 하십니다.

바닷물이 밀려오는 모습은 좋은 일, 어려운 일을 보면서 하나님의 계획하심을 깨닫고 하나님의 은혜를 입기 위해 기도하라는 의미입니다.

바둑돌의 흑과 백이 싸우는 모습은 빛 되신 주님이 세상을 이기신 것처럼 영적으로 강해져서 승리하며 나아가기를 원하십니다.

바둑을 두는 모습은 영적인 고수가 되어 단수가 낮은 영혼들을 잘 가르치고 이끌어갈 수 있는 영적 지도자가 되기를 원하십니다.

바람개비가 돌아가는 것은 성령의 바람으로 불어 주셔서 은혜가 더 나타나기 원하십니다.

바람개비가 축 처져 있다가 만지니 살아나는 것은 힘이 없고 연약한 자들을 주님의 권세로 살리는 일에 쓰시기를 원하십니다.

바람과 불은 바람처럼, 불처럼 성령의 임재를 체험하며 살기 원하신다는 뜻입니다.

바람을 '후' 부는 모습은 성령님께서 주시는 바람으로 나아가길 원하십니다.

바람을 막는 칸막이는 하나님께서 그 영혼을 춥지 않고 외롭지 않도록 강건하게 인도하시고 보호하신다는 의미입니다.

바람이 동서남북에서 불어오는 것은 하나님이 주시는 성령의 능력이 부어져서 인도받도록 하리라고 하십니다.

바람이 불면 날아가는 것은 삶이 힘들고 어려우니 믿음으로 극복하기를 원하십니다.

바람이 세차게 불어도 나무가 휘어지기만 하고 꺾이지 않는 모습은 세상, 환경, 사람에 의해 쓰러질듯 휘어져도 쓰러지지 않도록 준비되었음을 뜻합니다.

바벨탑이 올라가는 모습은 하나님 앞에 교만하지 말고, 겸손한 마음과 몸으로 주의 일을 하기 원한다는 의미입니다.

바비큐 구이 하는 불을 보이심은 하나님의 성령의 불에 태워져서 하나님의 도구로 주님의 맛과 향기를 나타내는 은혜가 나타나기를 원하십니다.

바비큐가 구워지는 모습은 지극히 작은 동물이라도 희생당하여 먹이가 되는 것처럼 지극히 작은 일을 위해 헌신, 충성할 수 있는 목자의 심정을 가지고 영적 지도자적 사명을 잘 감당하기를 원하십니다.

바위(검은 바위)를 깨뜨리는 것은 어두운 길, 험한 길을 결단을 통해 사단의 영적 방해를 깨뜨리고, 어두움에 방황하는 영혼들에게 말씀을 통해 회복시키기 원하십니다.

바위(검정색의 큰 바위)는 어둠의 권세로 환경을 누른다는 뜻입니다.

바위(높고 큰 바위)는 본인의 힘으로 올라가려고 하지만 자꾸 떨어지는 모습이 있으며, 어려움과 아픔을 통해서 내 힘과 능력으로 할 수 있는 것은 한계가 있음을 깨닫기를 원하십니다.

바위(산 모양의 작은 바위)는 하는 일에 작은 문제가 있지만 넘어갈 수 있다는 뜻입니다.

바위(큰 바위)가 부서지면서 그 사이에서 향기와 하트가 날아가는 것은 영적으로 죽고자, 낮아지고자, 헌신하고자 하면 그리스도의 향기가 꽃과 같이 드러나도록 은혜 부어주실 것을 의미합니다.

바위(큰 바위)가 언덕에서 굴러 내려오는 모습은 하나님이 쓰시기에 불편함이 없도록 둥글리시고 훈련하심입니다.

바위(큰 바위)를 거대한 물고기가 밀고 가는 모습은 하나님이 주시는 힘으로 큰 시험들을 이겨나가라고 하십니다.

바위(큰 바위)를 바늘로 찌르는 모습은 아무리 찔러도 바위는 깨지지 않듯 세상 권세가 강하기 때문에 영적인 능력이 커져야 이길 수 있음을 뜻합니다.

바위(큰 바위)를 여러 사람이 옮기는 것은 아무리 크나큰 문제라도 여러 사람이 함께 기도하고 움직이면 천사를 통해 일하실 것을 말씀하십니다.

바위(큰 바위)에 신기하게도 붕대가 감겨져 있습니다. 믿음의 반석 위에 세워질 때 어떤 상처와 눌림도 받지 않도록 하나님이 도우실 것입니다.

바위가 흰 붕대로 싸여 있는 모습은 믿음으로 살려고 하지만 사단이 방해함을 뜻합니다.

바위는 깨져야 될 부분이 있음을 보여주는 것입니다.

바위에 글이 새겨지는 모습은 마음에 말씀이 새겨져서 말씀을 따라 살아가는 은혜를 주시기를 원하십니다.

바위에 꽃이 핀 모습은 바위에 꽃이 피는 것처럼 하나님의 창조의 역사가 내 삶에 기적 같은 은혜로 드러나기를 원하십니다.

바위에 화살이 꽂힘은 풀 수 없는 어려움을 뜻합니다.

바위에서 물이 졸졸졸 흘러내리는데 하루 정도의 먹을 양만 흐르는 모습은 많은 성령의 생수가 부어지기 원함을 뜻합니다.

바위의 문을 두드리는 모습은 바윗돌을 두드리는 것같이 주님 앞에 구하여도 때로는 응답이 없음을 뜻합니다.

바윗돌(큰 바윗돌)을 번쩍 들어서 옮기는 모습입니다. 겨자씨만한 믿음만 있어도 산을 명하여 여기서 저기로 옮길 수 있듯이 적은 능력으로 큰 역사가 나타나도록 하리라고 하십니다.

바윗돌(큰 바윗돌)을 보여 주시며 주의 사역을 권능의 힘으로 하게 함을 고백하게 하시고 더욱 성령의 기름부음 받기를 원하십니다.

바윗돌(큰 바윗돌)이 끈에 묶여 있는데 바다에서 이것을 끌어당기느라 수고하는 모습입니다. "내 앞에 있는 걱정, 근심, 두려움, 염려는 예수의 이름으로 떠나갈 지어다"라고 기도하세요.

바윗돌(큰 바윗돌)이 날아오는 것은 사역에 큰 시험이 있을 것을 경고하십니다. 두려워말고 말씀과 믿음으로 나아가고 "환경에 역사하는 사단의 권세는 예수의 이름으로 떠나갈 지어다." 라며 기도하세요.

바윗돌을 던지니 깨지는 모습은 내 생각, 내 감정은 버리고 성령의 인도를 받으라는 의미입니다.

바윗돌이 빙글빙글 돌아가는 모습은 가정이 반석위에 세워지기 원하지만 바윗돌 주위만 빙글빙글 돌 뿐 노력과 수고의 애씀이 없음을 뜻합니다.

바윗돌이 점점 줄어드는 모습은 영혼들을 위해 기도할 때 영혼들의 단단한 마음이 회복되는 은혜를 뜻합니다.

바지의 지퍼가 내려가 있는 모습은 그 사람에게 간음의 영이 흐르고 있으므로 예수의 이름으로 물리치라고 하셨습니다.

바퀴가 굴러가는 모습은 열심히 땅을 밟으며 전도하라는 뜻입니다.

바퀴가 굴러가지 않고 서있는 것은 굴러가는 바퀴가 되어 충성하고 헌신하라고 하십니다.

바퀴가 날이 서고, 바퀴에서 때로는 물이 뿜어져 나오는 것은 은사가 날선 검과 같으니 때에 맞는 은사와 지혜를 사용하라고 하십니다.

바퀴를 보여 주시며 바퀴는 둥글둥글해야 잘 굴러가듯 주님 앞에 둥글둥글하게 다듬어지기를 원하십니다.

바퀴를 사단이 톱으로 자르는 것은 전진하지 못하도록 사단의 역사가 있음을 뜻합니다.

박쥐는 어둠의 영이 덮고 있는 것을 뜻합니다.

밝은 밤인데 가정이 밝은 것은 성령과 말씀의 빛으로 지혜와 능력의 가정이 되기를 바라십니다.

반달은 영적인 밝기가 보름달처럼 온전해지기 원하신다는 의미입니다.

반달이 모여 보름달이 되는 것은 배우자를 통해 하나님 앞에 온전하게 축복을 누리게 될 것을 뜻합니다.

반딧불은 말씀으로 비춰주시는 하나님의 사랑을 입어서 주님이 하라고 하는 것에 순종하며 하나님의 영으로 인도 받기를 원하십니다.

반석에서 꽃이 피는 것은 믿음 위에 굳건하게 세워져 있으면 기적 같은 일들이 일어날 것을 뜻합니다.

반석을 치는 모습은 주님이 말씀하실 때에 순종을 하면 많은 은혜의 생수가 넘칠 것이라는 뜻입니다.

반원에 물이 찼는데 호스가 달려 물이 빠져나가는 모습은 은혜가 빠져 나가므로 계획하고 있는 일을 다시 생각하라는 뜻입니다.

반지(꽃반지)는 주님의 약속을 이루시고, 꽃과 같은 아름다움으로 살아가는 은혜를 주실 것을 말씀하십니다.

반지는 언약의 말씀을 지키고 주님께 붙잡힌 자가 되라는 것입니다.

반창고를 목에 붙인 모습은 속상하고 억울함을 주님께 내려놓고 예수의 피로 치유되고 회복되기 원하십니다.

반창고를 여기저기에 붙인 모습은 본인의 모든 아픔, 고통들이 예수님의 보혈로 치유되기를 원하신다는 의미입니다.

발(큰 발)이 나를 누르고 있습니다. 사단의 권세에 생각과 마음이 눌리지 않도록 이겨내라는 의미입니다.

발바닥에 불이 붙은 모습은 영혼들을 위해 분주히 움직이는 모습이 있음을 뜻합니다.

발에 버선이 신겨져 있는 것은 거룩한 신부로 준비되라는 말씀하십니다.

발에 불이 붙은 모습은 뜨거운 신앙생활을 해야 된다는 말씀이고, 전도하는 발이 되어서 널리 복음을 전하라는 뜻입니다.

발을 동동 구르는 모습은 내 생각과 마음을 하나님이 주시는 평안으로 강물같이 흘러넘치기를 원하시므로 내 성격 때문에 아등바등 하지 말라는 뜻입니다.

발자국이 길에 나 있는 모습은 외곽에 개척해도 괜찮음을 말합니다.

밤(깜깜한 밤)은 인생이 밤인 것처럼 어두움을 뜻합니다.

밤(깜깜한 밤)이 보이고 동이 트는 모습은 인생의 어려움이 끝나고 밝은 날이 올 것을 말합니다.

밤(캄캄한 밤)에 별이 반짝반짝 빛나는 것은 성령의 인도함을 잘 받아야 한다는 것입니다.

밤나무에서 밤이 떨어지는 모습은 열매와 축복이 있음을 의미하고, 때를 기다려면 많은 열매가 맺힐 것을 뜻합니다.

밤송이가 저절로 우수수 떨어지는 것은 성령의 열매가 맺혀지는 은혜가 있음을 뜻합니다.

밤송이는 영적으로 무르익을 때까지 인내와 기다림의 수고가 필요하며, 가시가 있을지라도 말씀과 기도로 이겨나가기를 원하십니다.

밥상을 보여 주심은 무엇을 먹을까, 무엇을 입을까 염려하지 말라는 뜻입니다.

밧줄 두 개가 하늘에서 내려오는데 그 줄을 잡는 모습은 말씀과 기도로 꼭 붙잡고 나아가라는 뜻입니다.

밧줄(굵은 밧줄)이 몸을 감고 있는데 구름이 내려오는 모습은 세상 권세가 말씀을 통해 끊어지는 은혜를 뜻합니다.

밧줄에 사람이 묶여 있는 모습은 세상, 환경, 질병, 물질에 묶인 영혼들을 풀어주는 은혜가 나타나기 원하십니다.

방독면을 쓴 모습은 환경이 거룩하기를 원하시는 것이며, 영적으로 훈련 중이라는 뜻입니다.

방망이는 말씀이 늘 채찍이 되어 하나님의 선하신 뜻대로 살아가기를 원하십니다.

방망이로 얻어맞고 있는 사람을 도와주는 모습은 세상에 어려운 이들의 상처를 싸매고 돕는 하나님의 일꾼이 되라는 뜻입

니다.

방앗간에서 쌀이 찧어져서 나오는 것은 영혼들이 훈련받고 잘 양육되도록 인도하라는 의미입니다.

방앗간은 내가 잘 준비될 때 다른 영혼들을 잘 돌볼 수 있음을 뜻합니다.

방앗간의 기계가 돌아가는 모습은 성실하게 주의 일을 행하기 원하시며, 잘 다듬어져서 아름다운 작품으로 완성되길 원하신다는 의미입니다.

방울 도마뱀은 뱀과 같이 교묘하고 악한 영을 물리칠 수 있도록 주님 앞에 기도하라는 의미입니다.

방패가 사방에 둘러쳐지는 모습은 늘 믿음으로 살아갈 때에 세상의 공격을 받지 않고 주님께서 인도해 주시고 지켜주심을 뜻합니다.

방패는 사단이 동서남북에서 공격해 올지라도 믿음으로 이기길 원하신다는 의미입니다.

방패는 앞으로 만날 배우자가 믿음과 능력의 강인함을 가진 믿음의 사람임을 말씀해 주십니다.

방패에 십자가가 있는 모습은 십자가를 바라보고 믿음의 방패를 들고 나갈 때에 승리하리라고 하십니다.

방패와 비둘기를 보여주시면서 믿음의 분별력을 통해 평안과 안식의 은혜가 나타나기를 원하십니다.

밭에서 돌들을 골라내는 모습은 심령이 기경되도록 기도하라는 의미입니다.

밭에서 배추를 거두는데 햇빛이 비추는 모습은 내게 주시는 모든 열매가 하나님으로부터 옴을 알기를 원하십니다.

밭을 가는 모습은 신앙의 시작으로, 열매(포도송이, 참외, 가지, 사과 등)를 먹는 모습은 신앙의 결실로, 모를 심는 모습은 때를 기다리라는 뜻으로, 많은 벼를 보여 주심은 추수하라고 말씀하셨습니다.

배 안으로 물고기가 뛰어 들어오는 것은 베드로처럼 말씀을 의지하여 인도받으라는 뜻입니다.

배(구멍이 난 배)를 타고 서 있는 모습은 구원의 방주에 영혼들을 구령하는 사명을 주셨지만, 환경에 하나님의 은혜가 채워지지 못해서 어려운 상황을 겪고 있다는 뜻입니다.

배(다섯 명 정도가 탈 수 있는 작은 배)를 보여 주심은 더 많은 영혼들을 품을 수 있도록 영적인 그릇을 키우라는 뜻입니다.

배(뒤집힌 배)를 똑바로 놓아주는 모습은 깨어진 가정, 교회, 사람들을 복음의 은혜로 살리고 구원하는 자로 쓰시기를 원하십니다.

배(작은 배)를 육지로 끌고 와서 정박시키는 모습은 우리가 하나님의 일을 할 때가 있고, 쉴 때가 있는 것처럼 부지런히 주의 일에 힘써서 수확하라는 뜻입니다.

배(조그마한 배)가 바다에 둥실둥실 떠가는 모습은 성령의 바람으로 떠밀려 감을 말합니다.

배(큰 배)가 강에 잠긴 모습은 교회와 가정을 위해 중보 기도하라고 하십니다.

배(큰 배)가 고동치며 나아가는 것은 주위에서 뭐라고 해도 주님 뜻대로 교회를 이끌어 가시리라고 하십니다.

배(큰 배)가 출항하는 모습은 주님의 교회를 잘 세우고 발전, 번성되는 은혜가 나타나기를 원하십니다.

배(큰 배)를 보여 주시는 것은 많은 영혼들을 전도할 수 있는

은혜가 있음을 말합니다.

배(큰 배)에 선장이 서 있는 모습은 영적인 지도자로서 영혼들을 구원의 방주에 태워 인도하기 원한다는 뜻입니다.

배(흰 배)를 보여 주시며 하나님 앞에 순결하고 거룩한 교회로 세워지라는 의미입니다.

배가 가는 길이 지나고 나면 흔적이 남지 않은 모습은 지금까지 살아온 모든 죄와 허물을 회개할 때에 보혈로 덮고 용서해 주심을 뜻합니다.

배가 강에 떠 있는데 중심을 잡지 못하고 기울어져 있는 모습은 신앙생활이 한쪽으로만 치우치지 말고 균형 있게 나아가기 원하십니다.

배가 강을 굽이굽이 돌아서 바다로 내려가는 모습은 앞으로의 사역이 좋을 때도 있고, 어려울 때도 있지만 시간이 지날수록 넓은 하나님의 은혜가 임할 것을 뜻합니다.

배가 떠 있는데 많은 사람이 물에 빠져 있는 상태는 전도의 사명을 주셨으며, 구원의 방주로 인도하는 자가 되라고 하십니다.

배가 떠내려 오다가 돌에 부딪히는 모습은 그 삶에 어려운 사건들이 생겨서 힘들게 나아갈 것을 말합니다.

배가 부른 모습은 말씀의 배가 불러 영적인 자녀를 낳고 양육하며 세워주기를 원하신다는 의미이며, 믿음에 부요한 자가 되기를 원하신다는 뜻입니다.

배가 산으로 올라가는 모습은 사공이 많으면 배가 산으로 간다는 속담처럼 주님을 호주로 모셔서 잘 인도받으라는 뜻입니다.

배가 역류해서 올라가는 모습은 삶이 힘들고 어려움을 뜻합니다.

배가 육지 쪽에 가까이 있는 모습은 세상 쪽으로 따라가지 말고 하나님 쪽으로 가까이 가라고 하십니다.

배가 이리저리 부딪히는 장면은 교회에 시험이 많고 힘든 상황을 뜻합니다.

배가 지나간 자리의 자국이 없어지는 모습은 사람은 알 수 없지만 주를 위해 행한 모든 행위를 하나님이 아십니다.

배가 풍랑에 따라 밀려가는데 큰 독수리가 따라오는 것은 말씀과 예수님 안에서 믿음으로 살고자 하면 하늘의 권세로 이길 수 있도록 도우실 것을 말씀하십니다.

배가 풍랑에 잠기는 모습은 지금 하고 있는 사업장을 정리하라는 의미입니다.

배가 풍랑으로 인해 파선하려고 하는 것은 위기에 처해 있지만 예수님이 말씀으로 풍랑을 잠잠케 하신 것처럼 예수 그리스도의 이름으로 잠잠하라고 기도하라는 뜻입니다.

배고픔에 굶주린 기아의 모습은 육신의 양식을 먹지 않으면 배가 고픈 것처럼 영의 양식이 부족해서 늘 마음이 공허하고 혼돈스러운 영적 상태를 말씀 하시는 것으로, 성령의 말씀으로 은혜가 채워져서 마음의 배가 부른 영적인 모습을 가져야 할 것을 말합니다.

배구공이 굴러 가는 모습은 잘 따라 갈 수 있는 순종의 모습이 있다는 뜻입니다.

배낭 속에 돌이 든 것은 무겁고 힘든 시험을 뜻합니다.

배낭을 메고 산에 올라가는 모습은 영적으로 진보하는 단계임을 말합니다.

배드민턴 하는 모습은 몸이 연약하지 않도록 건강관리를 잘 하라고 하십니다.

배를 타고 가는데 노를 빨리 젓는 것은 예수 그리스도의 때에 목적에 맞게 움직이게 하심을 의미합니다.

배를 타고 가는데 잔잔하기도 하고 때로는 풍랑이 일기도 하는 모습은 앞으로 생활해 나갈 때 이런 일, 저런 일로 시험이 있을지라도 온전히 기쁘게 여기기를 원하십니다.

배를 타고 가면서 멀리 바라보는 모습은 영적인 안목이 더 넓어지기를 원하십니다.

배를 타고 가면서 뱃멀미하는 모습은 구원의 방주를 타고 신앙생활을 하면서 어렵고 힘들지라도 말씀 훈련, 기도 훈련, 순종 훈련을 잘 해서 내 영혼의 갈급함이 하나님의 말씀으로 채워지는 은혜가 나타나기를 원하십니다.

배를 타고 바다로 나가는 것은 늘 구원을 주시는 하나님께 감사하며 푯대를 향해 나가라는 뜻입니다.

배를 혼자 타고 가는 모습은 외로움을 뜻합니다.

배에 기름이 없는 모습은 교회에 성령의 기름 부으심을 통해 사역해 나가기를 원하십니다.

배에 끈이 풀려진 모습은 문제를 풀고 출발하라는 의미입니다.

배에 무지개가 있는 모습은 구원의 방주에 오르고 무지개와 같은 은혜를 교회를 통해서 이뤄주시리라는 의미입니다.

배에 벽돌이 쌓여 있는 모습은 현재의 삶 속에 여러 가지의 위기가 있다는 뜻입니다.

배에 안개같이 뿌연 연기가 있는 모습은 거룩한 영이 임해야

합니다.

배에 파리와 매미가 붙어 있는 모습은 목회에 더럽고 시끄러운 영에 우겨 싸여도 힘차게 전진해 나가라고 하십니다.

배추, 무를 뽑는 모습은 때가 되면 하나님께서 은혜를 주기 원하십니다.

배추가 커지는 모습은 심은 대로 믿음의 결실을 통해 30배, 60배로 사역이 커지고 지경이 넓어질 수 있도록 함께 해 주리라고 말씀하십니다.

배추씨, 무씨를 보여 주심은 좋은 말과 좋은 행동을 심어 은혜가 부어지고 좋은 열매를 맺으라는 뜻입니다.

배추와 무를 수확하는 모습은 심는 이가 있으면 수확하는 이가 있음을 뜻합니다.

배터리 두 개는 영적인 힘을 더 키우라는 뜻입니다.

백마가 골짜기를 따라 달려가는 모습은 내게 주신 성령의 기름부음으로 고을고을, 마을 마을마다 선교 활동하라는 뜻입니다.

백마가 날개 치며 날아가는 모습은 하나님 앞에 순결하고 거룩한 삶을 살 때에 주님께서 영적 날개를 달아 주셔서 주님의 사랑을 나타내는 자로 살도록 은혜 부어주시길 원하십니다.

백마가 달려가는 모습은 순결하고 거룩한 은혜가 부어져서 진보적인 신앙으로 은혜 입기를 원하십니다.

백마가 물을 마시는 것은 영적으로 말씀을 통해 갈한 목을 축이시고, 내적 치유가 필요함을 뜻합니다.

백마를 보여 주시는 것은 자신의 영적 생활이 순결하여지기를 바라시는 것입니다.

백마를 타고 태양을 향해 달려가는 모습은 성령의 빛을 따라서 사역의 길을 갈 때 하나님의 사인을 잘 받아 인도받기 원하십니다.

백미러를 보여 주심은 항상 전후좌우를 잘 살피며 일해 나가기를 원하십니다.

백열전구가 어둠 속에서 켜지는 모습은 장래를 위해 날마다 기도시간을 가져서 하는 일이 순조롭게 마무리되길 기도하고, 성령의 조명을 통해 인도 받기 원하십니다.

백열전구가 켜졌다 꺼졌다 하는 모습은 감정에 따라서 마음이 밝았다 어두웠다 함을 뜻합니다.

백열전구를 보여 주시며 삶은 백열전구 같이 적은 은혜지만 태양과 같은 삶의 은혜가 임하기를 원하십니다.

백조가 물을 마시는 모습은 하나님 앞에 희고 순결하게 생수를 마시기를 원하십니다.

백조는 순결한 신부로 살기 원하신다는 의미입니다.

백조의 날개가 젖어서 날지 못하는 모습은 자기 뜻대로 살려고 하지만 세상 힘으로는 눌릴 수밖에 없으므로 믿음의 정도의 길을 가기를 원하십니다.

백지 한 장 한 장이 넘어가는 모습은 내 삶의 행위가 주님 앞에 기록되는 것을 기억하여 거룩한 삶을 살라는 뜻입니다.

백지를 보여 주시는 것은 내용이 없는 삶, 영적 의식이 없는 삶을 살고 있음을 뜻합니다.

백지장을 맞드는 모습은 협력자, 동역자를 달라고 간구하라는 하나님의 뜻입니다.

백합은 그 사역에 순결한 은혜가 나타나야 하고, 주의 신부로

그리스도의 향기를 강하게 나타내라는 것입니다.

밸브가 잠겨 있는 것은 하나님 앞에 마음의 문을 활짝 열고, 입을 열어 기도하며 성령의 사역을 받아들여 주님이 나를 통해 일하실 수 있도록 통로를 열어주라는 뜻입니다.

뱀들이 가마솥 안에 있는 것은 "가난의 영은 예수의 이름으로 끊어질 지어다, 뱀과 같은 사단의 영들은 예수의 이름으로 떠나갈 지어다."라고 기도하라는 뜻입니다.

뱀이 꿈틀꿈틀 가는 모습은 간교함을 버리고 하나님의 인도를 잘 받기를 원하십니다.

뱀이 나무에서 스르르 내려가는 모습은 사단권세가 그 사람에게 고통을 주고 있음을 뜻합니다.

뱀이 말씀의 검에 감겨 있는 모습은 하나님의 일을 하지 못하도록 사단이 가로막는 역사가 있음을 말합니다.

뱀이 빛 아래 있는 모습은 뱀과 같은 사단의 역사를 말씀의 빛으로 물리치라는 뜻입니다.

뱀이 어두운 곳에 조아리고 있는 모습은 환경에 역사하는 뱀과 같은 사단의 역사를 물리치는 기도를 해야 합니다.

뱀이 혀를 날름날름 하는 모습은 음란, 미움, 다툼 등 더러운 사단의 역사가 있음을 의미합니다. 사단의 조롱과 핍박이 있어도 대적기도로 승리하는 삶을 살기 원하십니다.

버드나무(거대한 버드나무)가 바람에 살랑살랑 흔들립니다. 세상의 근심으로 마음이 흔들릴 때도 있으나 말씀으로 굳건해져서 하늘의 영광이 나타나길 원하십니다.

버러지 같은 너 야곱아(사41:14) 말씀은 현재는 버러지 같이 힘이 없고 연약한 모습이더라도 하나님의 도움을 입어 마침내

은혜와 축복을 받을 수 있는 통로가 열리기를 원하십니다.

버스 운전사가 사람들을 태우고 가는 모습은 영적인 지도자가 되어서 많은 영혼들을 천국으로 인도하기를 원하신다는 의미입니다.

버스가 산비탈을 올라가는 것은 복음의 일을 할 때 어려운 일들도 있지만 모든 것이 내 사명이라고 생각하고 교회에 덕을 세우는 자로 쓰리라고 하십니다.

버스를 예수님이 운전하시고 사람들이 그 버스에 꽉이 탄 모습은 우리가 주님께 모든 것을 온전히 맡기고 믿음으로 주님 앞에 인도받기를 원하신다는 의미입니다.

번개가 여기저기서 번쩍번쩍하는 모습은 성령의 은사로 열심히 뛰어다니며 주의 일을 하라는 뜻으로 하나님이 주시는 성령의 권능으로 일하라는 말씀입니다.

번개 치는 모습은 성령의 역사가 갑자기 임할 것이라는 뜻입니다.

번개탄과 숯불은 영적인 성령의 불이 더 크게 활활 타오르기를 사모하라는 뜻입니다.

번개탄은 영혼들에게 불 붙여주는 사명입니다.

번갯불에 콩을 굽는 모습은 모든 일에 서두르지 말고 차근차근 일을 진행해 나가라는 뜻입니다.

번호열쇠는 번호만 알면 쉽게 열 수 있듯이, 모든 문제를 하나님의 지혜로 풀어 나가야 함을 말합니다.

벌레(검은 벌레)를 보여 주심은 지금 하는 일에 어둠의 권세가 역사함을 뜻하고, 사업은 정리하라는 뜻입니다.

벌레(까만 벌레)가 보임은 더러운 사단의 권세가 역사함을 알고 기도하라는 것입니다.

벌레(조그마한 벌레)가 큰 물건을 지고 가는 모습은 내 힘과 수고로 들지 못하니 주님께 맡기고 가벼운 마음으로 주의 길을 가라고 하십니다.

벌레(조그마한 벌레)를 돋보기로 보았을 때 커 보이는 것은 작은 문제를 너무나 확대해서 생각하지 말라는 뜻입니다.

벌레들을 보여 주시며 지옥에 가서 벌레들에게 뜯길 영혼들을 불쌍히 여기기를 원하십니다.

벌레들이 가게에서 물에 씻겨 내려가는 모습은 사업장에 말씀의 생수를 부으시고 성령의 기름을 부으실 것을 말씀하십니다.

벌레들이 머리에 기어 다니는 것은 그의 생각이 하나님께 성결하고 깨끗해지기를 원하십니다.

벌레에 물려서 물파스를 바르는 것은 보혈을 부어 주셔서 상처가 치유되도록 만져달라고 기도하세요.

벌집은 건드리면 해를 당하는 것으로 어떤 대상을 건드리기보다 기도로써 성령님이 만지셔서 아름답게 잘 해결되어지기를 원하신다는 의미입니다.

법궤는 성부와 성자와 성령의 법으로 살게 하리라는 의미와 하나님의 말씀을 앞세우고 나갈 때에 내 능력이 아닌 하나님의 능력으로 이기고 나가게 하심을 말합니다.

벙어리 털장갑을 보여 주심은 하나님이 따뜻하게 보호하시고 인도하실 것이니 걱정하지 말고 근심하지 말라는 뜻입니다. 곧 그 인생이 겨울처럼 춥고 힘들지라도 하나님이 함께 하심을 기억하며 힘차게 살아가라는 말씀입니다.

벚꽃, 코스모스, 국화를 보여 주심은 그 꽃이 피는 시기를 통해서 축복의 은혜가 나타날 것을 알려주셨습니다.

베개 속에 메밀껍질이 들어있는 모습은 하는 일이 별로 값어치 없음을 뜻하며, 큰 소득이 없음을 뜻합니다.

베개는 잠을 줄이고 성실하게 살라는 뜻입니다.

베드로를 보여 주심은 예수님이 위험에 처했을 때 베드로가 말고의 귀를 잘라 버렸듯 그만큼 목사님을 사랑하는 마음이 크다는 것을 의미합니다.

베짱이를 보여 주심은 게으르지 말고 삶에 충실하고 부지런하기를 원하신다는 뜻입니다.

베틀을 짜고 있는 모습은 기도의 은혜를 통해서 삶에 여러가지 도우시는 은혜가 나타날 것을 알려주셨습니다.

벤치를 보여 주심은 공원 벤치에 앉아 있는 무료한 영혼들에게 복음을 전하라는 뜻입니다.

벼(무르익은 벼)는 추수 때에 영혼들을 잘 추수할 수 있도록 성령의 은혜를 부어 주리라는 뜻입니다.

벼가 고개를 숙인 모습은 겸손하라는 뜻입니다.

벼랑 끝과 벼랑 끝이 맞닿아 길이 되는 모습은 영육의 지경이 넓혀지는 은혜가 있을 것을 뜻합니다.

벼랑 끝에 서 있는 모습은 삶에 처절한 위기와 아픔이 있음을 뜻하는데, 마음을 돌이키고 회복하고 치유받기를 원하시는 것입니다.

벼랑 끝에서 떨어진 사람을 천사가 받쳐주는 것은 죽음, 사망에 눌린 자들을 위해 중보기도하며 섬기며 영혼들을 잘 인도하는 천사의 사명을 감당하기 원하십니다.

벼랑 끝에서 줄을 잡고 떨어지지 않기 위해 아등바등하는 모습은 인생이 힘들고 어렵지만 기도의 줄을 붙잡고 기도를 통해 인도받아야 됨을 말씀하십니다.

벼랑(험난한 벼랑)을 올라가고 있는 모습은 거칠고 가파른 삶의 모습이 있을지라도 끝까지 어려운 시험을 이기고 올라가라는 뜻입니다.

벼랑과 벼랑 사이에 구름으로 된 통로가 있는 것은 길이 없는 것 같지만 주님이 길을 내셔서 임재 가운데 거할 때 주님이 인도해 주실 것을 뜻합니다.

벼루에 먹을 갈고 있는 모습은 하나님은 먹물보다 더 검은 우리의 죄를 회개하기를 원하시며, 예수님의 보혈로 깨끗이 씻어지기를 원하신다는 의미입니다. 항상 나의 죄를 예수님의 보혈로 씻어야 하겠습니다.

벼를 낫으로 베는 모습은 내 기도를 통해 자녀들이 많은 것을 수확할 수 있도록 믿음의 어머니가 되기를 원하십니다.

벼슬모자(고관들이 쓰는 벼슬모자)는 높은 지위에서 일할 수 있는 환경으로 인도하실 것을 뜻합니다.

벽(높은 벽)에 파도가 휘몰아쳐도 끄떡도 하지 않는 모습은 세상 풍파에도 흔들리지 않는 믿음을 의미합니다.

벽(흰 벽)에 낙서하는 것을 보여주시면서 우리의 마음이 깨끗하기를 원하십니다.

벽난로에 불이 붙은 모습은 삶과 가정에 성령의 불이 붙기를 원하십니다.

벽돌(빨간 벽돌)을 쌓는 모습은 예수님의 보혈로 심령 성전을 건축하라는 의미입니다.

벽돌을 깨뜨리는 모습은 영적인 큰 권세와 능력을 주시겠다

는 의미입니다.

벽돌을 쌓고 깨뜨리는 것은 성령의 능력이 부어지면 모든 일을 하리라고 하십니다.

벽시계(하얀 벽시계)는 거룩한 가운데 시간 관리를 잘하라는 의미입니다.

벽에 물구나무 서 있는 모습은 나와 상관없는 문제들 때문에 고통당하고 염려하며 살지 말고, 온전한 몸짓으로 위에 것을 구하며 살라는 의미입니다.

벽에 헤딩하니 벽이 허물어지는 모습을 보여 주시며 성령의 지혜로 말미암아 장애물이 허물어지고 믿음의 진보가 있으리라 하십니다.

벽에 흰 페인트칠을 하는 모습은 더러워진 곳에 예수님의 보혈로 흰 눈보다 더 희게 씻어주라는 뜻입니다.

벽을 드릴 같은 공구로 뚫고 나가는 모습은 기도할 때에 막힌 담이 허물어지고 지경이 넓혀지는 은혜가 있을 것을 뜻합니다.

벽을 뚫고 지나가는 모습은 힘과 능력을 주셔서 세상을 이길 수 있는 역사가 나타나기를 원하십니다.

벽을 보고 기도하는 것은 전심으로 주님을 찾고 찾으면 성령의 기름을 부어주실 것을 뜻합니다.

벽이 뚫어지는 모습은 기도의 힘으로 지경이 넓혀짐을 뜻합니다.

벽이 뚫어지다가 더 이상 뚫어지지 않는 모양은 내가 잘 할 수 있는 통로를 열기를 원하십니다.

벽이 뚫어지며 물이 통과하는 모습은 예수 그리스도의 능력으로 말씀을 준비하면 하나님께서 막힌 담을 허물고 생수의 강이 넘치는 삶으로 인도하시리라고 하십니다.

변기통에 배설물이 내려가는 모습은 사도 바울이 모든 지식을 배설물로 여긴 것처럼 본인도 그렇게 여기며 살아가고 있다는 뜻이고, 성령의 나타남이 있어야 함을 깨닫고 영적으로 나아가야 된다는 의미입니다.

변기통을 보여 주시며 지저분한 삶의 더러운 부분을 정리하시길 원하십니다.

변화산은 변화 산에서 베드로, 야고보, 요한이 특별한 체험을 하였듯이 내가 만난 예수님의 증인으로 살아가라는 뜻입니다.

별 모양의 원반던지기는 영적인 힘을 공급 받으면 지경이 넓혀지고 영토가 넓혀지는 은혜로 갚아 주리라는 뜻입니다.

별 모양의 팔찌를 보여 주심은 영적 지도자로 세우기를 원하신다는 의미입니다.

별(큰 별)은 주님의 제자가 되어 영혼들을 옳은 길로 인도하는 지도자가 되라고 하십니다.

별들(수많은 별들)을 보여 주심은 별들과 같이 빛나는 존귀함으로 세워지기를 원하신다는 뜻입니다.

별들을 많이 보여 주심은 수많은 영혼들을 위해 울며 기도하고 초점이 맞춰지기를 원하신다는 뜻입니다.

별들을 보여 주시며 복음 전하는 일에 힘쓰면 범사에 여호와의 은혜가 임할 것을 말씀하십니다.

별똥별이 떨어지는 모습은 어디를 가든지 보이지 않는 성령의 기름 부으심의 은혜가 있도록 함께 해 주실 것을 이릅니다.

별은 첫째, 동방 박사들이 별을 보고 간 것처럼 성령님이 가라고 하시는 대로 순종하고 가기를 원하시며, 둘째, 방향을 제

시할 수 있는 교회가 되고, 방황하는 영혼을 인도하라는 뜻입니다.

별이 점점 커지는 모습은 삶에 은혜를 주시며 갈 길을 더 확실하게 알게 하리라는 의미입니다.

볏단들을 보여 주시며 늘 농부의 마음을 가지고 마지막 때에 알곡들을 추수할 수 있도록 인도하시리라는 뜻과 물질의 축복이 있음을 뜻합니다.

볏단을 묶는 모습은 추수할 수 있는 결실의 은혜가 삶에 많이 있을 것을 말합니다.

볏단을 묶어놓은 모습은 겸손한 자가 되어 추수 때에 쓰임받기를 원하십니다.

볏단을 묶어서 짊어지고 가는 것은 나를 통해 가정에 복이 들어옴을 의미합니다.

볏단이 묶어지는 것은 때를 얻든지 못 얻든지 늘 복음 증거하기에 힘쓰라는 뜻입니다.

볏짐을 쇠고랑으로 묶는 모습은 볏단을 넣을 수도 뺄 수도 없는 상황으로 사단을 결박, 끊는 기도를 하라는 뜻입니다.

병사들 등에 십자가를 붙여주는 모습은 병사들에게 십자가를 전하는 사명이 있음을 말합니다.

병아리가 삐악삐악 하는 것은 병아리를 돌보지 않으면 소리만 지르듯 어린 영혼들을 잘 돌보고 양육하라는 뜻입니다.

병아리들을 보여 주심은 영적으로 어린아이와 같은 영혼들을 잘 보살피며 돕고 가르쳐서 장성한 분량에 이르도록 키우라는 말씀입니다.

병아리들이 모이를 쪼아 먹는 모습은 영적으로 어린 영혼이

지만 말씀을 먹고 닭과 같이 자라는 은혜가 부어져서 함께 사역하기를 원하십니다.

병에서 불이 후르르 올라오는 모습은 눈물의 기도가 성령의 불이 되어 큰 역사가 삶에 드러날 수 있도록 은혜 주기를 원하십니다.

병에서 연기가 끝도 없이 퍼져나가는 모습은 내 삶에 임재하심이 넓고 높게 퍼져나가는 축복을 주셨음을 의미합니다.

병원에서 전도하는 모습은 병원에서 복음 사역을 하라는 의미입니다.

병풍(금으로 된 병풍)은 인생을 살아가면서 물권이 대로로 열리기를 원하십니다.

병풍이 펼쳐지는 모습은 주님께서 사단의 역사를 주의 말씀으로 막아주시고 보호하실 것을 뜻합니다.

보름달을 보여 주심은 하나님 앞에 온전한 모습과 세상에 빛을 비추는 모습을 나타내라는 의미입니다.

보리떡을 보여 주시며 오병이어의 말씀을 통해 작은 헌신이 큰 기적을 나타낼 수 있는 은혜를 주시리라고 말씀하십니다.

보리밥을 보여 주심은 보리밥이 쌀밥보다 영양이 있듯이 영양가를 낼 수 있고, 사람들에게 귀한 것을 줄 수 있는 자로 세워지기를 원하십니다.

보리빵을 사람들에게 먹여 주는 것은 생명의 떡, 말씀으로 영혼들에게 먹이기를 원하십니다.

보물섬은 지도가 있으면 길을 빨리 찾듯이 주의 말씀이 영생의 약도가 되어 주님이 이끄시는 대로 인도를 잘 받으라는 것입니다.

보물찾기 하는 모습은 아무리 어려운 일이라도 길을 잃지 않도록 지각과 분별력을 열어 주시기를 구하라는 것입니다.

보석 반지는 예수님이 신랑, 우리는 신부가 되어 말씀 가운데 살아가도록 은혜를 부어 주시리라는 뜻과, 하나님의 약속이 내게 다 이루어지기를 기도하고 믿으라는 의미입니다.

보석들을 보여 주시며 사역에 물권을 구하라고 하십니다.

보약을 끓이는 모습은 영혼들에게 예수님의 사랑으로 도움을 주고 능력을 나타낼 수 있는 은혜입니다.

보자기(흰 보자기)가 씌워지는 모습은 갈 길을 가지 못하게 눈을 가리는 악한 영의 역사를 뜻합니다.

보자기는 아직 풀지 않은 귀중하고 보배로운 은혜가 있음을 뜻합니다.

보자기에 무엇인가를 싸는 것은 하나님의 귀한 은혜를 내 마음에 잘 보듬어 싸서 귀한 것을 귀하게 여기며 살라는 뜻입니다.

보자기에 물을 싸서 묶으려 해도 물이 다 빠져 나가는 것은 은혜를 담고자 해도 담아 지지 않으면 기도해서 성령의 인도를 받아야 되리라고 하십니다.

보자기의 네 귀퉁이 중에서 두 개는 묶이고, 두 개는 풀려 있는 것은 가정에 축복이 새어 나가고 있으니 기도하여 귀한 것을 받고 소유하는 은혜 입기를 원하십니다.

보좌는 왕적인 권세를 의미합니다.

보트(작은 보트)가 큰 보트로 되는 것은 사역이 점점 커져가는 모습을 보여주십니다.

보트를 타고 바다를 가는데 달려갈수록 보트가 커지는 모습을 보여 주시며 시간이 지날수록 내 삶의 지경이 주님의 이름

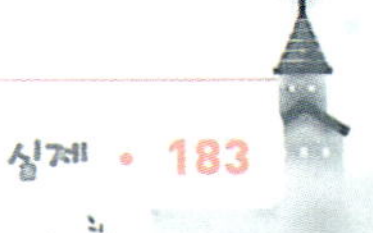

으로 넓혀지게 해 달라고 기도하라고 하십니다.

보트를 타고 지나갈 때마다 옆에 있는 꽃봉오리들이 활짝 피는 모습은 누군가의 기도에 의해 삶에 꽃이 피는 은혜를 주실 것을 뜻합니다.

보트의 노가 여러 개 있는데 저절로 움직여지는 것은 내가 특별히 노력해서 얻어지는 것이 아니라, 성령 안에서 깨어 기도하면 성령의 인도받을 것을 말합니다.

보행기를 보여 주심은 교회에는 영적으로 어린 자뿐 아니라 영적으로 큰 자도 오기 때문에 더 성령으로 충만하라고 말씀하십니다.

보혈의 피는 날마다 보혈의 피를 마시며 하나님과 교통 교제 속에 삶의 거룩함을 이루며 살라고 하십니다.

보혈의 피를 마시는 모습은 늘 보혈의 피를 마시어 눈과 같이 성결한 삶으로 인도받기를 원하십니다.

복대를 풀어주는 모습은 믿음과 능력을 주셔서 묶인 자, 상한 자를 풀어줄 수 있는 은혜를 부어 주시도록 기도하라는 의미입니다.

복사기로 복사하는 모습은 같은 모양으로 복사가 되듯이 주님 앞에 같은 마음, 같은 뜻으로 은혜 입기를 원하십니다.

복숭아씨를 심으니 복숭아가 자라는 것을 보여 주시며 심는 것마다 때가 되면 열매를 주리라고 말씀하십니다.

복조리는 기도의 은혜를 통해 축복받는 역사가 나타나기를 원하십니다.

복조리를 걸어놓은 모습은 복조리를 걸어놓는다고 복이 오는 것이 아니라 하나님의 도우심 속에 복 받기를 원하십니다.

복주머니는 심령의 팔복과 물질의 물권을 주시어 도우시기를 원하십니다.

복중에 있는 태아의 모습은 첫째, 일찍부터 하나님이 택하셔서 오늘날까지 인도하셨으니 구원의 은혜를 찬양하며 나아가기를 원하신다는 의미와, 둘째, 태아가 자라기 위해서는 인내해야 하듯 영혼들이 자라는 것을 주의 마음을 가지고 오래 참기를 원하십니다.

본드 접착제가 딱 붙어져 있는 모습은 주님과 나의 사이가 떨어지지 않는 기름부음이 임해서 내 맘과 주의 맘이 똑같기를 원하십니다.

본드는 세상의 악한 영에 취해 있다는 뜻입니다.

봄비가 내리는 것은 봄에 비가 내리면 만물이 소생하듯 삶에 소생하는 역사가 나타나리라고 하십니다.

봄에 새싹이 나는 모습은 따뜻한 봄의 새싹처럼 주님으로 인해 기쁨과 감사의 은혜가 회복되길 원하신다는 뜻입니다.

봄에 아지랑이가 피어오르는 모습은 사역이 활짝 열리는 은혜가 있기를 원하신다는 뜻입니다.

봇짐을 등에 지고 구부정한 모습으로 힘들게 걸어가는 모습은 그 삶이 지쳐 있음을 뜻합니다.

봉지(검정 봉지)를 얼굴에 덮어 쓰고 있는 모습은 답답하고 앞이 안 보이는 어려운 상황임을 뜻합니다.

부부 사이에 사닥다리가 놓여 있는 모습은 하나님의 사랑이 아니면 힘이 없고 연약할 수밖에 없다는 뜻입니다.

부부가 무거운 바윗돌을 머리 위에 함께 이고 가는 것은 늘 성령 안에서 힘을 합쳐 험한 세상에서 짐을 나누고 서로에게 힘이 되어주기를 원하십니다.

부부가 서로 포옹하는 것은 주님의 동역자로 잘 세워져 나가라는 의미입니다.

부부가 어깨동무 하며 나가는 모습은 신앙의 조화를 가지고 하나님 앞에 나아가기를 원하십니다.

부부에게 빨래집게가 꽂혀 있는 모습은 서로가 서로에게 상처를 주지 말고 사랑하라는 뜻입니다.

부채(큰 부채)는 사역에 성령의 시원한 바람이 불기 원하시는 것이며, 내외적으로 시원한 바람이 불기를 원하신다는 뜻입니다.

부채가 물에 잠겨 있는 것은 사단이 마음을 가라앉게 해서 시원한 은혜를 받지 못하게 역사한다는 뜻입니다.

부채가 반이 잘려져 있는 모습은 물질에 손실이 많다는 뜻입니다.

부채가 여러 개 활짝 펴 있는 모습은 성령의 바람으로 마음을 시원케 해 주심을 뜻하며 "예수님이 좋은걸 어떡합니까." 춤추며 살아가라고 하십니다.

부채가 점점 커지는 모습은 하나님의 은혜가 삶에 점점 더 많이 나타나는 은혜를 주기 원하십니다.

부채가 접혀 있는 모습은 영적인 날개를 활짝 펴서 시원한 은혜를 느끼며 살기 원하신다는 뜻입니다.

부채춤 추는 부채들이 활짝 열려 있는 모습은 아름다운 은혜가 있을 것을 말합니다.

부채춤을 추는 여인들의 모습은 예수님이 좋은걸 어떡하느냐

고 늘 찬양하며 살라는 것입니다.

부츠(무릎까지 오는 겨울부츠)는 평안의 복음의 신을 신고 복음의 사명을 잘 감당하라는 뜻입니다.

부침개를 굽는 모습을 통해서 부침개 하나를 먹더라도 그 안에서 주님의 사랑과 은혜를 나누기 원하시고, 지극히 작은 섬김에도 주님이 기뻐하심을 뜻합니다.

부케(웨딩 부케)를 보여 주시는 것은 결혼하라는 사인을 보여 주십니다.

부탄가스는 가스 하나가 터져도 힘이 있듯이 성령이 주시는 작은 힘이라도 주님의 능력을 발휘할 수 있는 은혜가 더 넓혀질 수 있기를 원하십니다.

부항을 떠 주는 모습은 사랑과 섬김을 통해 주님의 은혜가 드러나기를 원하십니다.

분수대(작은 분수대)가 큰 분수대로 바뀌는 것은 영적 준비를 통해 크게 들어 쓰리라는 말씀입니다.

분수대(작은 분수대)는 지금은 작은 은혜와 축복이지만 영적으로 더 깊어지면 더 큰 은혜와 축복이 있을 것을 말씀하십니다.

분수대(작은 분수대)에 꿀벌들이 날아다니는 것은 말씀의 은혜를 주셔서 영혼들이 은혜받기를 원하지만 사단이 은혜를 받지 못하도록 역사하고 있음을 뜻합니다.

분수대에서 물이 뿜어져 나오는 모습은 하나님 앞에서 샘솟는 은혜가 넘쳐 나길 원하신다는 의미입니다.

분수대처럼 샘솟는 물줄기 위에 있는 모습은 샘솟는 은혜 위에 주님이 주시는 기쁨으로 나를 높여주심을 뜻합니다.

분향단은 지금은 기도할 때이며, 늘 기도의 향을 올려 하나님의 임재를 소유하고 천국을 볼 수 있는 자가 되라고 하십니다.

분향단의 키가 커지는 모습은 기도의 단, 은혜, 능력이 자라나서 주님의 권세를 가지고 주님의 마음으로 품고 나가기를 원하십니다.

불 가운데로 지나가는 모습은 삶의 고통으로 괴로워함을 말하는 것입니다.

불 가위는 세상 것을 강하게 끊을 수 있는 영적인 힘이 필요하다는 것입니다.

불 거미와 불나방을 보여 주시며 "환경에 불 거미와 불나방 같이 나를 힘들게 하는 사단의 역사들이 성령의 불로 다 태워질 지어다." 기도하세요.

불 속에 빠졌는데 큰 그물로 건져 올리는 모습은 내 영혼이 지옥갈 수밖에 없는데 하나님이 건져 주시고 구원하셨으니 날마다 찬양하며 살라는 의미입니다.

불 수레와 불 병거는 나의 사역에도 성령의 불이 임해서 영적 전쟁에서 승리할 수 있도록 역사해 달라고 기도하라는 뜻입니다.

불(원으로 된 불) 가운데로 스윽 지나가는 것은 불, 물 가운데 지나는 시험도 있지만 이길 수 있도록 하나님의 은혜 입기를 원하십니다.

불(큰 불)에서 주전자가 끓고 있는 모습은 놀라운 성령의 은혜가 부어지리라는 의미입니다.

불(큰 불)이 파도처럼 밀려들어오는 모습은 뜨겁게 신앙생활을 하기 원하시며, 하나님의 인도하심을 받으라고 하는 의미입니다.

불가마는 주님을 사랑하는 열정이 있음을 뜻합니다.

불같은 시험이 물에 떨어지는 모습은 말씀의 생수와 은혜를 통해 불같은 시험을 이기기를 원하십니다.

불교의 상징 마크를 보여주는 것은 절에 다니는 영혼들에게 복음을 전해서 돌아오게 하라는 뜻입니다.

불기둥과 불기둥이 만나는 것은 연합된 삶을 살라고 하십니다.

불기둥이 배에 서 있는 모습은 주님의 교회를 성령의 불기둥으로 인도하시겠다는 뜻입니다.

불길 속에서 뱀이 타는 것은 불신자와 결혼할 때 감당 못할 시험이 있을 것을 말씀하십니다.

불꽃놀이는 성령의 불꽃 가운데 삶이 즐겁고 기쁜 마음으로 살아갈 수 있게 희락의 영을 부어주기 원하십니다.

불꽃떨기나무 아래서 모세가 하나님의 음성을 듣는 모습은 하나님과 교통교제하며 주님의 인도를 받도록 하나님께서 인도해 주리라고 하십니다.

불나방을 보여 주시며 나방이 불속에 들어가면 죽듯이 내 스스로 죽임당하지 않도록 기도하기 원하십니다.

불난 집에 양동이에 물을 떠다 불을 꺼주는 것은 사랑과 섬김의 은사를 주셔서 영혼들을 섬기도록 하심입니다.

불덩이가 하늘에서 물에 떨어져 꺼지는 모습은 하나님이 주시는 불을 사단은 소멸하고 실망시킴을 뜻합니다.

불덩이를 보여 주시며 마음 안에 하나님의 사랑이 크다고 하십니다.

불덩이를 타고 가는 것은 바람처럼 불처럼 밀어 주시는 성령님의 은혜로 살아감을 뜻합니다.

불도가니는 정금 같은 믿음으로 나오게 하시려고 주님께서 이런저런 고난들을 주셨음을 뜻합니다.

불도저는 삶의 어지러운 모습을 깨끗이 정리하라는 뜻이고, 강한 힘과 권세를 주시어 가정을 인도해 나가기를 원한다는 뜻입니다.

불도저로 땅을 밀고 나가는 것은 성령이 주시는 은사와 은혜를 통해 나아가면 사역이 넓혀지리라는 의미입니다.

불도저로 장애물을 밀어내는 모습은 사역에 믿음 선포하고 나가면 세례 요한같이 먼저 선 자로 사용하시려는 뜻입니다.

불똥이 튀는 모습은 마음은 주의 은혜를 누리고 싶으나 세상의 영이 사단을 통해 불똥을 던져 문제를 일으키고 분노케 하고 격노케 함을 뜻합니다.

불방망이는 교회 안에 그릇된 길로 가는 영혼들, 더러워진 영혼들을 말씀의 방망이로 잘 양육하고 인도하라는 의미입니다.

불빛(높이 세워져 있는 불빛)이 아래로 내려가는 모습은 늦기 전에 기도하여 인도함 받고 정리하라는 뜻입니다.

불속으로 이불을 뒤집어쓰고 뛰어드는 모습을 보여 주심은 앞으로 불과 같은 시험이 있을 것이니 지금 하고 있는 일을 정리하라는 의미입니다.

불을 끄려고 물을 붓지만 불이 강해서 꺼지지 않는 모습은 사단이 역사 하지만 성령불이 꺼지지 않도록 도우시리라고 하십니다.

불을 대야에 담아서 들고 가는 모습은 늘 성령의 불을 담아 영·혼·육을 치유하는 은혜를 부어주실 것을 말씀하십니다.

불을 보여 주심은 기도를 뜨겁게 하면 큰 은혜와 권능을 부

어주시겠다는 것입니다.

불이 가정을 빙글빙글 돌고 있는 모습은 성령의 불이 늘 그 가정을 지키심을 뜻합니다.

불이 거실 가운데에 있는 것은 불기둥으로 말씀과 성령 안에서 그 가정이 인도받기를 원하십니다.

불이 건물에 났는데 어떤 통로를 통해 빠져나오는 모습은 불과 같은 시험에서 빠져나오고 구해주시는 은혜를 부어주시고 계십니다.

불이 길게 이어지는 모습은 나를 통해 한 사람 한사람이 성령의 불이 붙고, 믿음의 불을 일으키는 일이 일어나기를 원하십니다.

불이 나무에 붙어있는 모습은 성령의 임재를 말합니다.

불이 머리에 붙은 모습은 성령의 지혜로 불을 주셨음을 뜻합니다.

불이 벽을 뚫고 지나가는 모습은 기도를 통해 성령의 불같은 역사가 임하고 지경이 넓혀지리라고 하십니다.

불이 붙은 곳에 기름이 부어지는 모습은 부흥의 불길이 타오를 수 있는 역사가 있음을 뜻하며, 이를 위해 기도하라는 의미입니다.

불이 붙은 링에 동물이 뛰어 넘어가는 모습은 때론 불같은 시험과 연단이 있지만 성령의 불로 잘 이겨 나가야 함을 뜻합니다.

불이 붙은 막대기를 성도들의 가슴에 대니 불이 붙는 모습은 연약한 성도들을 성령의 불로 잘 인도하는 사명임을 뜻합니다.

불이 붙은 빛에 벌레를 태우는 모습은 벌레 같은 사단을 기도의 힘으로 태워지게 하고, 복음의 은혜를 나타내 주시리라는 의미입니다.

불이 붙은 성냥개비를 들고 가는 모습은 사업적인 면에서 불안함이 있고, 영적으로는 더 강한 성령의 불로 이루어갈 수 있는 은혜가 있기를 원하십니다.

불이 붙은 장대를 휘두르는 모습은 성령의 불이 임해 영적 권세를 가지고 이끌어 갈 수 있기를 원하십니다.

불이 붙은 장작으로 마른 장작에 불을 붙여주는 모습은 불이 붙지 못한 영혼들에게 성령의 불을 전가해 주는 역사가 나타나기를 원하십니다.

불이 뿜어져 나오는 것은 성령의 불로 영적인 전류가 퍼져 나갈 수 있는 권세를 부어주시리라는 뜻입니다.

불이 켜있는 모습(기둥 끝에 촛불처럼 불이 켜있는 모습)은 내가 있는 곳에 늘 어두움이 떠나가는 빛의 사명을 잘 감당하라고 하십니다.

불이 하늘에서 비처럼 쏟아지는 것은 성령의 불을 받아 선지자적 사명을 감당하기 원하십니다.

불이 하늘에서 휙휙 도는 모습은 기도를 통해 하늘에 공중 권세를 잡은 악한 영이 떠나감을 의미합니다.

불집게로 영혼들을 끄집어내는 모습은 지옥으로 가는 영혼을 끄집어낼 수 있는 권능이 임하도록 기도하라는 의미입니다.

붕대를 감은 모습은 교회를 통해 치유되고 주님을 만나는 위로의 역사가 나타나기를 원하십니다.

브라보 하는 모습은 내 삶에 늘 기쁨이 넘치기를 원하십니다.

비가 거실 창밖으로 내리는 모습은 세상으로부터 오는 시험

을 받지 않게 보호해 주심을 뜻합니다.

비가 내려서 불이 꺼지는 모습은 축복을 방해하는 사단이 역사함을 뜻합니다.

비가 내리고 있는데 처마 밑에 피하는 모습은 어려운 일이 있을 때에 피할 길을 주시겠다는 것입니다.

비가 내리는 데도 우산을 쓰고 밖으로 나가는 모습은 한결같은 모습으로 교회를 섬기는 모습입니다.

비가 내리는 모습은 삶속에 성령의 단비가 내려 잃어버린 것을 회복하는 역사가 나타나리라는 뜻이고, 성령의 소나기같이 삶에 시원한 은혜가 부어지기를 원하십니다.

비가 내리는데 주님이 우산을 받쳐 주시는 모습은 어려운 일에도 주님께서 함께 하시고, 힘든 일을 헤쳐 나갈 수 있기를 원하십니다.

비가 내리려고 구름이 몰려 있는 모습은 소나기 같은 은혜를 주기 원하시므로 늘 기도하고 믿음의 길로 나아가라는 뜻입니다.

비가 내리면서 지렁이들이 보이는 것은 하나님의 은혜 가운데 살아야 하는데 사단은 지렁이같이 방해함을 뜻합니다.

비가 너무 와서 우산을 쓰나마나 한 상황은 세상을 이길 힘이 없고, 방황하며 문제 속에 살아가고 있지만 주의 말씀과 믿음으로 인도받고 나가기를 원하십니다.

비가 동산에 내리는 것은 시절을 좇아 과실을 맺는 복을 누리는 삶으로 인도해 주시기를 원하십니다.

비가 땅에 내리는 모습은 성령의 단비가 내림을 뜻합니다.

비가 오는데 우비를 입고 열심히 뛰어가는 것은 세상일이 어렵고 힘들지만 열심히 살아갈 때 주님께서 보호하시고 지켜주실 것을 뜻합니다.

비가 오지 않는데 우산을 쓰고 가는 것은 쓸데없는 근심과 걱정은 주님 앞에 내려놓기를 원하십니다.

비녀를 보여 주심은 존귀하게 쓰임받기 원한다는 뜻입니다.

비누 거품을 젓가락으로 휘저어서 거품이 크게 일어나는 모습은 첫 번째, 그 삶이 거룩해지기 원하심이고, 두 번째, 사단이 그 마음과 생각을 휘저어서 분노와 원망이 크게 일어남을 뜻합니다.

비눗방울은 무엇을 잡으려 하면 잡히지 않고, 마음이 혼돈스럽고 어지러운 가운데 있음을 뜻합니다.

비닐을 뒤집어쓰고 기도하는 모습은 비가 오나 눈이 오나 늘 기도에 힘써서 하나님의 사명을 감당하며, 제단을 쌓고 전심으로 구하고 찾는 자가 되라는 뜻입니다.

비닐하우스 같은 기다란 집은 거하는 처소가 어떠하든지 그 곳이 천국이 되도록 축복하리라는 뜻입니다.

비닐하우스 두 개가 네 개로 늘어나는 모습은 사역이 넓혀지는 은혜가 있을 것을 말합니다.

비닐하우스에서 빠져나와 날개를 달고 날아가는 모습은 힘들게 시험을 이기고 나와서 영적인 날개를 달고 날아감을 뜻합니다.

비단 옷을 보여 주심은 존귀한 옷으로 입혀 주시리라는 의미입니다.

비둘기 소리는 세상 소리에 귀 기울이지 말라는 의미입니다.

비둘기(흰 비둘기)들이 주위에 몰려든 모습은 늘 깨끗하고 순결한 모습으로 인도받기를 원하십니다.

비둘기, 불, 물, 바람, 비는 성령을 뜻합니다.

비둘기가 날아가는 것은 순결, 평안으로 기름 부어주심을 뜻

합니다.

비둘기가 어깨 위에 앉아 있는 모습은 순결한 주와 연합하기를 원하십니다.

비둘기가 열린 창문으로 들어오는 것은 마음의 문을 열고 성령님을 모시면 삶에 은혜가 있을 것을 말합니다.

비둘기들(수많은 비둘기들)이 나에게 날아오는 모습은 성령의 비둘기 같은 기름부음이 넘치리라고 하십니다.

비둘기들이 두 손바닥에서 날아감은 손에 성령의 기름 부으심이 나타나는 것을 보여주십니다.

비바람 속에 우산이 날아가는 모습은 앞으로도 어려움과 시험이 있으니 잘 이기고 피해갈 수 있는 영적인 힘과 능력을 구하는 기도를 쉬지 말고, 삶에 위기가 있어도 주님을 의지하고 나아가라는 의미입니다.

비석을 보여 주시는 것은 비석에 글을 남기듯 "주님 모습으로 살다 주님 앞에 왔습니다."라고 주님의 이름을 남기고 영화로움을 나타내는데 쓰리라고 하십니다. 다른 의미로는 가계에 흐르는 저주를 끊어야 함을 뜻합니다.

비커에 깨끗한 물을 한 방울 두 방울 떨어뜨리는 모습은 그 심령에 주님의 은혜가 깨끗하게 부어짐을 뜻하는데 더 많은 하나님의 은혜를 사모하고 채워야 하겠습니다.

비커에 물을 담아 끓이는 모습은 마음을 넓고 크게 하기를 원하시며 영적인 그릇을 키우기를 원하십니다.

비커에 물이 차오르는 모습은 매일 생수의 말씀을 붓고 계셔서 넘칠 수 있는 은혜가 임하도록 간구하라고 하십니다.

비행기 날개는 주님이 힘을 공급해 주셔서 날아오르는 은혜가 있으리라는 의미입니다.

비행기(작은 비행기)가 물에 들어가는 모습은 어렵고 힘든 모습이 있음을 말합니다.

비행기가 구름을 뚫고 지나가는 것은 주님이 인도하시는 대로 나아가면 하나님의 영광이 임하여지게 하실 것을 말씀하십니다.

비행기가 날아가는 모습은 영적인 힘과 능력이 커져서 영혼들을 천국 본향으로 인도하라는 의미와 선교적 사명이 있음을 뜻합니다.

비행기가 낮게 날아가는 모습은 영적으로 높이 날아가는 창일한 은혜가 있기를 원하십니다.

비행기가 높이 날지 못하는 모습은 작은 일에 충성하여 넓고, 높게 날아오를 수 있는 은혜가 있기를 원하십니다.

비행기가 이륙하려고 준비하는 모습은 준비단계가 끝나고 영적으로 날아오르는 은혜가 있기를 원한다는 말씀입니다.

비행기를 보여 주심은 비행기를 타고 날아가듯 기쁜 삶을 살게 하리라는 뜻입니다.

비행기를 탈 때 불안한 마음은 모든 일을 주님께 맡기고 평안과 안정된 마음으로 살아가기를 원하십니다.

비행기의 날개 하나가 떨어져 나가는 것은 부족한 부분은 채워서 균형 잡힌 삶을 살기를 원하시고, 복음의 날개 달고 날아오르기를 원하십니다.

빈대떡을 보여주시면서 지금 현재의 삶에 자족하고 감사하며 사는 것을 칭찬하셨습니다.

빌딩(높은 빌딩)을 보여주심은 우리의 심령 성전이 건축되어

질 때에도 그만한 수고와 노력이 있어야 함을 뜻합니다.

빌딩이 45° 각도로 올라가 서로 맞닿은 모습은 서로 균형과 조화를 이루어 서로의 은사로 교회 사역이 든든하게 세워지리라는 뜻입니다.

빌딩이 계속 올라가는 모습은 믿음의 건축이 잘되어 하나님께서 원하시는 분량까지 자라기를 원하십니다.

빗물이 고인 것은 영적으로 아직 많이 열리지 않아서 목이 마르다는 뜻입니다.

빗자루(마당 쓰는 빗자루)를 보여 주심은 심령이 더러운 영혼들을 깨끗이 청소해 주기를 원하십니다.

빗자루는 성전을 청소하고 봉사하라는 의미이며, 본인의 마음도 거룩하고 깨끗하게 하라는 뜻입니다.

빗자루로 청소하는 모습은 교회에 예수님의 보혈을 붓고 교회들이 든든히 세워지도록 기도하는 자가 되라는 뜻입니다.

빗자루와 쓰레받기는 심령을 청소하라는 뜻입니다.

빛 위를 타고 가는 모습은 믿음과 능력과 전진하는 권세를 주셨음을 뜻합니다.

빛(거대하고 동그란 빛)을 보여 주심은 빛 안에서 은혜 충만한 삶을 살라는 뜻입니다.

빛(거대한 빛) 앞에 서 있는 모습은 잠시 후에 하나님 앞에 설 텐데 잘했다 칭찬받는 자가 되도록 힘쓰라는 의미입니다.

빛과 어두움은 환경에 묶이지 말고, 속히 예수님 안으로 들어와 주님의 온전한 빛 안에 거하라는 것입니다. 곧 빛의 자녀로 말씀의 빛 앞에 서서 어둠의 땅은 밟지도 말라는 뜻입니다.

빛으로 된 V자를 보여 주심은 말씀의 빛, 성령의 빛으로 이

겨나가도록 도우시리라는 의미입니다.

빛이 교회 지붕에 둘려져 있는 모습은 성령의 빛으로 주님이 보호하실 것을 알려주셨습니다.

빛이 구름다리에 임하는 모습은 사역을 주님의 빛으로 인도하고 축복해 주리라는 말씀입니다.

빛이 나팔 모양으로 퍼져가는 모습은 먼저 영혼이 잘되고 범사에도 잘되는 은혜가 확대되어질 것을 의미합니다.

빛이 넓게 퍼져 나가는 모습은 말씀의 빛이 넓게 퍼져 나가기 원하시는 것입니다.

빛이 동서남북에서 모아지는 모습은 부부가 하나 되어 은혜의 빛이 세상에 퍼져 나가기를 원하십니다.

빛이 번쩍번쩍 튀어 오르는 모습은 자신의 계획과 상관없이 하나님의 은혜와 계획으로 인도하리라는 의미입니다.

빛이 별모양으로 퍼지는 것은 동서남북으로 영향을 주는 군사로 세우시기를 원하십니다.

빛이 사방에서 들어오는 모습은 하나님의 뜻대로 움직이기를 원하십니다.

빛이 원으로 휙휙 도는 모습은 말씀의 빛 안에서 벗어나지 말라는 뜻입니다.

빛이 위로부터 내려와 마음으로 들어가는 것은 말씀의 빛이 마음으로 들어감을 뜻합니다.

빛이 좁은 길을 굽이굽이 지나가는 것은 가는 길이 굽이굽이 도는 길인 것 같고 고난과 어려운 길이지만 말씀과 성령의 빛으로 인도받기를 원하십니다.

빛이 하늘과 땅에서 같이 올라오는 모습은 믿음과 능력의 권

세를 통해서 땅의 것, 하늘의 것을 구하라고 하십니다.

빛이 한 줄로 왔다가 나팔 모양으로 퍼지는 모습은 성령의 사역이 넓혀지는 은혜가 있으리라는 의미입니다.

빛이 한줄기로 쭉 뻗어나가는 모습은 하던 일을 계속하라는 사인입니다.

빨대는 주님 앞에 기도하면서 주님과 호흡하고 주님이 주시는 은혜로 이겨나가기를 원하십니다.

빨대로 강을 마시는 모습은 내 힘으로 살아가는 것이 아니라 성령님을 의지하고 하나님이 주시는 지혜로 나아가야 함을 뜻합니다.

빨래(깨끗한 빨래)가 성에 걸어져 있는 모습은 주님 앞에 견고하고 굳세게 세워지기 원하시며, 거룩한 행실로 신부단장하기를 원하십니다.

빨래를 냇가에서 하다가 빨래가 떠내려가면 다시 빨래를 집어 와서 빠는 모습은 같은 죄를 짓고 계속 회개를 반복하는 상황에 있음을 뜻합니다.

빨래를 비틀어 짜는 모습은 타인의 마음을 속상하고 아프게 하지 말라고 하십니다.

빨래비누를 보여 주심은 온 가족이 하나님 앞에 거룩한 삶의 옷을 입기를 원하십니다.

빨래집게가 온몸에 꽂혀 있는 모습은 사단이 여러 가지 고통을 주어 그 사람이 신음소리를 내며 살도록 역사하는데 이를 잘 참고 이기라는 뜻입니다.

빨래하는 모습(다리 밑에서 빨래하는 모습)은 하나님 앞에 늘 성결하고 보혈을 붓기를 원하십니다.

빨래하는 모습은 늘 성결한 영으로 채워지길 원하신다는 뜻입니다.

빨랫줄에 많은 빨래들이 널려 있는 모습은 모든 영혼들이 성결해지도록 기도하라는 것입니다.

빵(여러 개의 빵)은 먹을 것, 입을 것으로 염려하지 않도록 은혜를 부어 주심을 말씀하십니다.

빵에 곰팡이가 핀 것은 사람들은 육신의 썩어질 것에 마음을 빼앗기고 살아가지만, 하나님 말씀으로 영혼들에게 먹이라는 뜻입니다.

빵이 절반이 잘려 있고 벌레가 갉아먹는 모습은 목회 사역에 사단이 틈타서 해를 당하지 않도록 깨어 기도하라고 하십니다.

뼈 두 개가 서로 부딪혀서 소리를 내는 것은 모든 일에 부딪히지 말고 주의 사랑으로 어떤 허물이라도 덮어주고 믿음으로 나아가기를 원하신다는 의미입니다.

뼈 마디마디가 굵어지는 모습은 하나님의 말씀을 통해 영·혼·육이 강건해지고 힘과 능력이 부어지기를 원하십니다.

뼈 마디마디를 맞추어 주는 것은 주의 말씀을 잘 대언하고 연약한 자를 돕는 자가 되라는 뜻입니다.

뼈 마디마디를 보여 주심은 교회의 지체 역할을 잘 할 수 있기를 원하십니다.

뼈다귀(개들이 물어뜯고 있는 뼈다귀)를 보여 주심은 열매가 없음을 뜻합니다.

뼈마디가 맞추어지는 것은 하나님의 말씀의 생기로 영혼이

살아남을 뜻합니다.

뽀빠이가 시금치를 먹는 모습은 하나님의 말씀을 먹고 건강하게 살라는 사인입니다.

뿌리 깊은 나무는 환경은 어떨지언정 견고한 믿음 위에 서서 진리를 말할 수 있기를 원하십니다.
뿌리 깊지 않은 나무는 말씀으로 깊은 뿌리를 내려 세상에 흔들리지 않기를 원하십니다.

사각모를 쓰고 있는 것은 지혜와 지식의 영을 부으셔서 세상에서도 높이 쓰임 받도록 하시리라는 말씀입니다.

사거리에서 어디로 가야할지 갈 길을 몰라 방황하는 모습은 그 사람의 마음이 방황하고 있음을 뜻합니다.

사과 반쪽은 온전한 모습의 사과가 아름답듯이 혼자서 하기보다 잘 연합하여 하나 되기를 원하신다는 의미입니다.

사과(다 먹은 사과)를 보여 주심은 지나간 과거에 연연해하지 말고 앞으로 새로 주실 은혜를 기대하며 하나님의 은혜와 말씀으로 채우고 공급받기를 원하신다는 뜻입니다.

사과(빨간 사과)를 맑은 물에 씻는 모습은 말씀의 생수로 죄 씻음 받기를 원한다는 뜻도 있고, 예수님의 보혈이 가득 부어져서 예수님의 은혜를 나타내기를 원하신다는 의미도 있습니다.

사과(빨간 사과)에 화살이 날아와 꽂히는 모습은 화살과 같은 사단의 역사가 있습니다.

사과(썩은 사과)를 보이시는 것은 마음을 상하게 하는 모든 것들을 제해 버리고 뽑아버리라는 뜻입니다.

사과(크고 빨간 사과)를 깨물어 먹습니다. 그리스도의 보혈에 젖은 자이며, 맛을 내는 삶을 살게 하리라는 뜻입니다.

사과가 쪼개지는 모습은 서로 나누어지지 말고 잘 연합하라는 뜻입니다.

사과를 벌레들이 갉아 먹는 모습은 보혈의 능력으로 살고자 할 때 벌레 같은 더러운 영이 훼방하지 않도록 기도하라는 뜻입니다.

사냥꾼이 참새를 쏘는데 참새가 피해서 달아나는 모습은 환경에 사단의 역사가 있을지라도 늘 피할 수 있는 길을 열어주시기 원한다는 의미입니다.

사냥꾼이 총 쏘는 모습은 보이지 않는 영적인 세력을 물리치는 기도를 하라는 사인입니다.

사다리가 있는 차에서 달러가 쏟아져 내리는 모습은 물권을 크게 부어 주신다는 의미입니다.

사다리차가 내려오면서 사람에게 부딪히는 모습은 상처가 크고, 아픔과 괴로움을 주는 사단의 역사를 의미합니다.

사닥다리가 바닥에 눕혀져 있는 것은 내 수고로 움직인다고 되는 것이 아니라, 기도하여 하나님의 뜻대로 성령의 인도함 받기를 원하십니다.

사닥다리는 높이 올라갈수록 위태롭다는 뜻으로 겸손하지 않으면 마음이 불안해지고 초조해지기 때문에 교만한 마음을 버리고 주님 앞에 나아가면 주님이 지켜주실 것을 뜻합니다.

사단(뿔 달린 사단)은 환경 속에 어려운 일을 겪게 하는 사단이 역사함을 의미합니다.

사단과 줄다리기 하는 모습은 그 사람이 영적 전쟁을 치르고 있음을 뜻합니다.

사단과 천사가 싸우는 모습은 공중에 권세 잡은 어둠의 영은 물러가도록 기도시간을 정해서 기도하라고 하십니다.

사단이 독수리를 해치는 모습은 성령의 역사가 강하면 사단의 역사도 강함을 뜻합니다.

사단이 몸에 침을 계속 놓는 모습은 "나에게 고통을 주는 모든 사단 권세는 예수의 이름으로 떠나갈 지어다."라고 기도하세요.

사단이 손과 발을 자꾸 묶는 모습은 환경 가운데 손과 발이 묶이지 않고 사단이 역사 하지 못하도록 물리치는 기도를 하고 하나님께 헌신할 수 있기를 바라십니다.

사단이 손에 수갑을 채우는 모습은 하나님의 일을 하지 못하도록 사단이 방해함을 뜻합니다.

사단이 야구방망이로 영혼을 때리는 모습은 사단에게 묶여 고통당하는 믿지 않는 영혼들을 의미하며 그들을 주께로 인도하라는 뜻입니다.

사단이 야구방망이를 휘두르는 모습은 가정에 보혈의 능력이 부어져서 이길 수 있도록 기도하라는 뜻입니다.

사단이 이를 빡빡 갈며 요동치는 모습은 사단을 예수의 이름으로 결박하고 물리쳐서 하나님의 영광이 나타나도록 이기기를 원하십니다.

사단이 좌우에서 끌어당기는 모습은 적들의 공격을 스스로 이기지 못함을 뜻합니다.

사단이 줄을 잡아당기는 것은 사단이 역사함을 뜻합니다.

사단이 한 길로 왔다가 일곱 길로 도망가는 모습은 그 사람의 기도의 능력으로 사단이 떠나가고 있음을 말합니다.

사단이 휘두르는 모습은 사단이 역사하는 것이므로 대적하라

고 하십니다.

사람 몸에서 진물이 나오는 모습은 상처당하고 고통당하는 이웃들을 섬기고 나누는 자가 되기를 원하십니다.

사람 앞에 여러 개의 줄이 끊어져 나감은 사단의 줄이 끊어져 나감을 뜻합니다.

사람 앞에 큰 산이 서 있는 모습을 통하여 기도하지 않으면 큰 산을 넘어갈 때에 뱀이나 전갈을 만나는 시험이 있으므로 기도로 잘 준비해야 합니다.

사람(다이아몬드로 된 사람)을 보여 주심은 존귀한 사람으로 세워지고, 하나님의 사랑과 존귀를 나타내시길 원하십니다.

사람과 사람이 서로 등을 돌린 모습은 나를 힘들게 한 사람과 등을 돌리기보다는 주의 사랑으로 품고 안아줄 때 삶에 예기치 못한 은혜를 주리라는 의미입니다.

사람들(많은 사람들)을 보여 주심은 사람을 통한 만남의 축복이 있고, 인권이 있음을 뜻합니다.

사람들(많은 사람들)이 바다에서 해수욕하는 모습은 많은 은혜가 부어지길 원하시며, 더 많은 성령의 은사를 구하라고 하십니다.

사람들(많은 사람들)이 원으로 둘려 있는데 그 가운데 서있는 모습은 많은 사람들에게 복음을 전하여 영혼들이 돌아오게 하는 사명을 감당하라는 의미입니다.

사람들(수많은 사람들)이 눈에 안대를 하고 있는 것은 어디가 길이고 진리인지 알지 못함을 말합니다. 영적인 소경이 되지 않고 믿음의 눈을 열어서 살기를 원하십니다.

사람들과 손과 손을 맞잡고 빙글빙글 도는 모습은 하나님의

영광을 위해 함께 쓰임 받고 세워지기를 원하십니다.

사람들로부터 돌에 맞는 것은 세상 사람들로부터 조롱과 아픔을 당함을 뜻합니다.

사람들이 머리를 맞대고 대화하는 모습은 가까운 사람들과 믿음의 공동체를 잘 세워 제자를 세울 수 있도록 하라는 의미입니다.

사람들이 모여 있는 모습은 영혼들을 맡기고 어두움에서 빛이 드러나도록 인도해 주실 것을 말씀하십니다.

사람들이 무자비하게 나를 때리는 모습은 세상 사람들로부터 아픔과 고통을 겪을 수밖에 없는데 하나님의 은혜와 권세로 이겨나가라고 하십니다.

사람들이 있는데 한 사람씩 세마포 옷을 입는 것은 내 주변에 있는 영혼들이 구원받는 자가 되도록 전도하라는 뜻입니다.

사람에게 인사하는 모습은 동네 사람에게 그리스도의 복음을 전하기를 원하십니다.

사람에게 화살이 꽂혀 있는데 구름이 덮이고 화살이 떨어지는 것은 하나님의 말씀으로 회복되고 치유되는 역사가 있음을 뜻합니다.

사람의 걸음걸음마다 옆에 방패막이가 세워지는 모습은 주님이 방패가 되어 주셔서 그 삶을 지키신다는 뜻입니다.

사람의 다리가 말라 있는 모습은 힘이 없고 연약한 모습이 있는데 주님의 치유하심으로 영육이 건강하기를 원하신다는 뜻입니다.

사람의 영적인 속도는 자전거, 자동차, 기차, 배, 고속철도, 비행기, 로켓으로 보여주셨습니다.

사람의 영적인 크기를 다양한 그릇으로 보여주시기도 했고, 여러 가지 물고기(금붕어, 잉어, 고래)로 나타내기도 합니다.

사람이 길바닥에 쓰러져 있는 것을 보여주시면서 어렵고 힘든 영혼을 돌보는 주의 마음을 갖기 원하십니다.

사람이 길에서 두들겨 맞는 모습은 고통과 신음하는 자들을 돕고 구원하는 일에 쓰임 받고 세워지기를 원하십니다.

사람이 달려가는 모습은 주님의 사명을 위해 달려갈 수 있는 충성스런 은혜가 부어지기 원하십니다.

사람이 물속에 들어갔다가 나오는 모습은 영혼들이 물과 성령으로 거듭나는 체험을 가르치라는 뜻입니다.

사람이 어떤 말들을 많이 하는 모습은 지금 하는 말로 인하여 사단의 역사가 있음을 뜻합니다.

사람이 엎드려 있는 모습은 항상 겸손하라는 뜻입니다.

사람이 열심히 뛰어다니며 일을 하는 모습은 성실하게 살고 있다는 뜻입니다.

사람이 의자에 끈으로 묶여있는 모습은 불신의 영이 예수님을 믿지 못하도록 묶어놓고 있음을 보여주셨습니다.

사람이 창문으로 나오는 모습은 그의 삶이 갇혀 있는 것처럼 외롭고 눌리는 삶을 살아 왔으나, 다니엘이 하루에 세 번 기도했듯이 인내의 기도를 통해 길을 열어 주시고 힘들고 어려운 상황에서 빠져나올 수 있음을 알려주십니다.

사마리아 여인을 보여 주시는 것은 주의 은혜와 사랑 안에서 갈급함이 채워져서 하나님의 임재 가운데 살기를 원하십니다.

사막에 꽃이 피는 것은 삶에 어려움이 있지만 하나님 앞에 영광 돌리기를 원하십니다.

사막에 오아시스는 갈증 나고 목마를 때마다 목마르지 않은 생수로 채워주시리라는 말씀이며, 광야의 길을 걸을 때 감사하고 순종하면 가나안의 축복이 임한다는 말씀입니다.

사막에서 낙타가 목말라 하는 모습은 영적으로 목마르지 않도록 늘 성경 말씀을 읽고 묵상하기를 원하신다는 뜻입니다.

사방 네 갈래의 길이 있는데 둘은 막혀 있고, 둘은 열려 있는 모습은 말씀에 순종하고 갈 때에 하나님의 은혜가 더해지리라고 말씀하십니다.

사슴이 시냇물을 찾아가는 모습은 주의 말씀이 생수가 되어 늘 충만한 삶을 살라는 뜻입니다.

사울이 죽인 자는 천천이요, 다윗은 만만이로다(삼상18:7) 말씀은 다윗이 성령의 기름부음으로 이기고 승리했듯 그러한 은혜가 있으리라고 하십니다.

사자(달려가는 사자)는 "악한 사단의 영적 권세가 예수의 이름으로 떠나갈 지어다."라고 기도하세요.

사자가 양을 움켜쥐고 가는데 맞서 싸우는 모습은 사단에게 공격당하여 상하고, 찢기고 고통 받는 영혼들을 위해 쓰임받기를 위해 기도하라는 의미입니다.

사자들을 보여 주심은 우는 사자와 같은 사단의 권세가 있음을 뜻합니다.

사자의 탈을 쓰고 어떤 사람이 춤추는 모습은 사자가 아닌 사단의 영인 것을 알고 물리칠 수 있는 은혜가 부어져 우는 사자 같이 두려움을 준 자가 사람이 아닌 환경에 역사하는 사단임을 깨닫고 물리치는 기도를 하라고 하십니다.

사탕(주먹 크기의 사탕)은 사역에 성령의 달콤한 은혜가 부어

짐을 말합니다.

사탕목걸이를 보여 주시는 것은 축복과 달콤한 은혜를 부어 주심을 의미합니다.

사탕은 예수님의 달콤한 맛을 느끼라는 의미입니다.

사형 형틀을 보여 주심은 순교적인 신앙을 가지고 죄와 맞서 싸우며 나아가라는 말씀입니다.

사형수의 눈을 가리고 나무에 매달아 총으로 쏴 죽이는 모습은 매일 매일의 삶에 나는 죽고 주님이 살아계심을 증거 하는 순교적 신앙으로 살기 원하십니다.

삭개오를 보여 주심은 삭개오가 예수님을 보고 싶어 하는 사모하는 마음을 가졌듯이 주님을 나의 구주로 모셔 들이고 변화 받기를 원하십니다.

산 넘으니 산, 물을 건너니 물인 모습은 어려운 일들이 뒤따름을 뜻합니다. 고난이 겹칠 때도 있지만 오직 주의 말씀을 붙잡고 기도하세요.

산 여기저기서 물줄기가 터지는 것은 어디에 있든지 샘솟는 은혜가 충만하게 나타나도록 은혜 주기를 원하십니다.

산 중턱까지 올라가는 모습은 끝까지 전진하여 하나님의 은혜가 부어지기를 원하십니다.

산(가파른 산)에 있는 바위에서 물이 터져 나옴은 어려운 상황 속에서도 주님의 샘솟는 은혜가 있음을 말합니다.

산(검은 산)을 보여 주시며 어둠의 역사하는 사단을 물리치는 기도를 하고 태산 같은 시험을 이기기 원하십니다.

산(낮은 산)들은 겨자씨만한 작은 믿음을 통하여 하나님이 이루실 것을 믿고 담대히 전진하라는 의미입니다.

산(낮은 산)은 산을 넘어가야 목적지로 갈 수 있듯 힘들고 어려워도 주님 바라보고 믿음으로 극복하라는 뜻입니다.

산(높은 산) 위에 떠있는 달을 보여 주시며 달처럼 세상에 빛을 비출 수 있는 자가 되기를 사모하라고 하십니다.

산(높은 산) 위에서 '야호' 하는 모습은 이 세상을 정복하고 다스리는 권세를 부어주시겠다는 뜻입니다.

산(높은 산) 위에서 기다란 망원경을 보고 있는 모습은 먼 장래를 내다보고 넓은 시야가 열리기를 원하시며, 미래적 꿈과 소망을 가지고 살아가기 원하십니다.

산(높은 산)에서 바위가 떨어지는 것은 사람이나 환경을 통해 애매한 고난을 받지 않도록 기도하라는 뜻입니다.

산(높은 산)에서 흙이 우르르 흘러내려오는 모습은 나를 두렵게 하는 질병의 권세를 뜻합니다.

산(두 개의 산)이 나란히 있는 모습은 서로 협력자, 동역자로 세워지기 원하십니다.

산(먼 산)을 바라보는 모습은 현실을 바라보지 말고, 영적인 미래적 현실을 가지고 바라볼 때 이길 힘을 주시리라는 뜻입니다.

산(먼 산)을 보여 주심은 영적인 믿음의 눈을 더 크게, 넓게 열라는 의미입니다.

산(얼음으로 된 산)은 때론 마음이 차갑고 인생에 추운 일이 있으나, 주님이 함께 하시어 뜨거운 기름부음이 있기 원하십니다.

산(크고 높은 산)을 보여 주시는 것은 산을 옮길만한 엄청난 능력을 부어주시겠다는 의미입니다.

산(험한 산)은 우여곡절 가운데서도 하나님의 은혜와 평강이 임하여 모든 시험을 잘 넘어가길 원하십니다.

산과 산이 서로 싸우는 것은 아는 것으로 서로 싸우지 말고 다툼과 허영을 피하라는 뜻입니다.

산과 산이 이어져 있는 모습은 두 사람이 비슷한 조건으로 만나 세상 앞에, 사람 앞에 우뚝 서도록 은혜를 주리라고 하십니다.

산꼭대기(높은 산꼭대기)에서 깃발이 휘날리는 모습은 높은 정상을 오르는데 수고와 헌신이 필요함을 뜻합니다.

산꼭대기에 십자가가 세워진 모습은 정상을 바라보고 믿음의 길로 주님의 사명을 가지고 나가기를 원하십니다.

산등성이(얕은 산등성이)에 나무가 없는 모습은 내 환경이 궁핍해도 두려워하지 말고 성령의 인도를 받으라는 의미입니다.

산딸기는 보혈의 능력으로 열매 맺는 모습을 뜻합니다.

산봉우리에 안개와 구름이 낀 모습은 하나님의 충만한 임재 가운데 살기를 원하십니다.

산불(크고 강력한 산불)은 성령의 능력이 임함을 말합니다.

산사태가 나는 모습은 내 뜻과 상관없이 시험과 공격을 당하게 됨을 뜻합니다.

산삼(크고 오래된 산삼)은 사람들에게 보약이 되고 진귀하듯이 주님 앞에 진귀하게 쓰임 받는 자로 인도받기를 원하십니다.

산에 귀신들이 바글바글한 모습을 보이시며 예수의 이름으로 물리치는 기도를 하라고 하십니다.

산에 대포가 꽂혀 있는 모습은 영적으로 잘 준비하라고 하십니다.

산에 동이 트는 것은 고단한 가운데 있지만 하나님의 영광이 나타나도록 은혜주실 것을 말씀하십니다.

산에 물줄기를 보여 주시며 흙 안으로 물이 흘러들어가듯이 육의 눈으로는 안보여도 영혼들에게 말씀의 은혜를 부어줄 수 있도록 인도해 주시기 원하십니다.

산에 불이 난 모습은 삶 속에 성령의 뜨거운 은혜가 임하기를 원하십니다.

산에 비가 내리고 초목이 무성하게 자라는 것은 기도의 영적 권세를 통해 위로부터 주시는 은혜로 모든 것이 소생하는 은혜를 뜻합니다.

산에 오색찬란한 꽃들이 만발한 모습은 봄에 하나님이 주실 은혜가 있을 것을 뜻합니다.

산에서 사자와 싸우는 것은 우는 사자와 같이 역사하는 악한 영을 더 강한 하나님의 능력으로 이기기를 원하십니다.

산에서 하산하는 모습은 영적으로 늘 깨어 있어서 늘 승리하고 다시 일어나기를 원하십니다.

산을 기어서 올라가는 모습은 하나님 앞에 엎드려 겸손함으로 나아가라는 뜻입니다.

산을 멀리서 볼 때는 아름답지만 가까이에서 볼 때에 쓰레기와 분비물들이 있는 것은 교회생활, 사람을 가까이 할수록 화평치 못한 모습과 영적으로 더러운 일들을 볼 텐데, 예수님의 보혈을 붓고 목자의 마음을 가지고 영적 지도자가 되기를 원하십니다.

산을 올라가는데 위에서 빛이 내려오는 모습은 늘 주님의 빛을 마시고, 환경과 심령에 하나님의 빛이 부어지기를 원하십니다.

산을 한밤중에 넘어가는 모습을 보여 주시는 것은 그동안 삶의 어려운 일들이 많았다는 의미입니다.

산을 향해 달려가는 모습은 주를 향해 달려갈 때 걸림이 되는 일이 있더라도 사단권세를 밟고 승리해 갈 수 있기를 원하십니다.

산이 물에 비춰지는 것은 산이 물에 그대로 비춰지는 것처럼 믿음의 본을 보이며 살라고 하십니다.

산이 뾰족뾰족한 모습은 문제가 해결되기 어려운 상황을 보여 주시는 것이고, 힘들어서 오르기 힘든 거친 영적고지를 뜻합니다.

산이 절반은 눈에 덮여 있고, 절반은 어두운 모습은 이래도 춥고 저래도 힘든 상황입니다.

산이 점점 커지는 모습은 믿음이 장성해지고 지경이 넓혀질 것을 말씀하십니다.

산중턱에서 아래를 내려다보는 것은 높이 올라간 만큼 아래를 볼 수 있듯이 나에게 은혜가 충만해져서 나보다 아래에 있는 사람을 끌어올릴 수 있도록 잘 준비하라는 의미입니다.

산지(V자 모양의 산지)를 보여 주시는 것은 '이 산지를 내게 주소서.'라는 찬양처럼 구해야 될 것을 구하면 지경을 넓혀 주시겠다는 약속입니다.

산지를 보여 주심은 선교적 사명을 가지고 헌신하고 기도하라는 뜻입니다.

삼각대는 말씀과 성령과 기도가 잘 조화되어 균형 잡힌 믿음생활 하기를 원하십니다.

삼각뿔을 보여 주시는 것은 삼각뿔을 올라가려고 해도 미끄러져서 올라갈 수 없으니 사업을 함에 있어서 하나님이 주시는 지혜로 성령의 인도를 받아야 사업이 잘될 것을 뜻합니다.

삼발이는 예비된 축복이 이루어지도록 인도하리라고 하십니다.

삼팔선(38선)의 무장군인을 보여 주심은 영적인 전투병이 되어서 하나님의 나라를 지키고 성도들을 지키는 사명을 잘하라는 것입니다.

삽(큰 삽)은 농부의 마음을 가지고 씨를 뿌리라는 말씀입니다.

삽(큰 삽)을 메고 가는 모습은 주의 일을 하기 위해 영적으로 큰 은사를 가지고 일터로 가고 있음을 뜻합니다.

삽(큰 삽)을 보여 주시는 것은 삽으로 땅을 파고 열심히 일하는 노동자들처럼 성실과 근면함이 있어야 형체가 나타남을 뜻합니다.

삽으로 땅을 파는 모습은 힘쓰고 애써서 더 많이 주님 앞에 구하라고 하십니다.

삽이 구부러져 있는 것은 일을 할 때 사단의 훼방이 있으나 믿음과 신앙으로 이겨나가라고 하십니다.

삽이 꺾어져 있는 것은 힘이 없고 연약한 삶을 뜻합니다.

삿갓 모자를 보여 주시는 것은 "환경 가운데 물질을 가로막는 가난의 영은 예수의 이름으로 떠나갈 지어다."라고 기도하라고 하십니다.

상가들을 두리번두리번 쇼핑하는 모습은 안목의 정욕을 뜻합니다.

상급으로는 금 면류관, 은 면류관, 밀짚모자, 고깔모자, 두건으로 보여주십니다.

상보를 보여 주심은 파리와 같은 더러운 영이 역사 하지 못하게 예수의 보혈을 붓고 주의 일을 해 나가기 원하신다는 의

미입니다.

새 깃털로 잉크를 축여 글씨를 쓰는 모습은 주님과 사랑의 편지를 쓰며 살아가기를 원하십니다.

새 두 마리가 새끼줄에 꽁꽁 묶여 있는 모습은 사단이 주의 일을 하지 못하도록 부부의 삶을 방해하고 있다는 뜻입니다.

새 두 마리가 서로 싸우는 모습은 맞지 않는 생각과 마음 때문에 다툼이 있음을 뜻합니다.

새 한 마리를 손에 안고 있는 모습은 주님 앞에 내 소유라고 생각했던 부분을 내려놓고 비울 수 있기를 원하십니다.

새(까만 새)가 떠나가는 모습은 교회에 역사하는 어둠의 영이 떠나가도록 기도하라는 뜻입니다.

새(다리가 연약하고 긴 큰 새)를 보여 주심은 영적으로는 그릇이 큰 자이지만 성령의 힘과 능력이 아직 연약함을 말합니다.

새(빛으로 된 새)가 날아오르는 모습은 주님의 은혜의 빛이 빠르고 강하게 부어지기를 원하십니다.

새(어미 새)가 새끼에게 먹이를 물리는 모습은 늘 어미의 마음을 가지고 영혼들에게 좋은 꼴을 먹이라는 뜻입니다.

새(크고 하얀 새)를 보이심은 순결하고 깨끗하여 창일한 은혜로 살기를 원하십니다.

새(큰 새)가 고개 숙인 모습은 희고 순결하며 겸손한 모습으로 일하라는 의미입니다.

새(큰 새)가 날아가는 모습은 마음에 방황과 눌림과 곤고함도 있지만 기쁨의 영을 주셔서 감사와 기쁨 안에서 살기를 원하십니다.

새(큰 새)가 작은 새를 물고 가는 모습은 나보다 더 강한 자들에게 상함과 고통 속에 신음할 수밖에 없으니, 말씀과 기도로 깨어 영적으로 강한 군사가 되어 이기며 나가기를 원하십니다.

새(하얀 큰 새)가 머리 위에 있는 것은 세상은 어떠하든지 하나님이 주신 위엄과 권세로 말씀을 선포하며 하나님의 일을 해 나가라는 의미입니다.

새(흰 새)를 타고 날아가는 모습은 거룩한 모습으로 나아갈 때 축복해 주실 것을 말씀하십니다.

새가 꽁지를 올리고 있는 모습은 어느 순간 새가 꽁지를 내리듯 겉사람으로 판단하지 말고 경계하여 조심하라는 뜻입니다.

새가 높이 날아오르는 모습은 본인 자신이 높이 나는 새처럼 성도들이 보지 못하고 듣지 못하는 것을 성도들에게 알려주라는 의미입니다.

새가 둥지 안에서 편안하게 노래하는 모습은 늘 말씀 안에 거할 때에 인도와 보호의 은혜가 있음을 말합니다.

새가 모래 한 알 한 알 옮기는 모습은 일을 시작할 때 힘든 모습이 있을 것을 뜻합니다.

새가 산을 넘어가는 것은 어렵고 힘든 일들을 하나님의 힘으로 잘 넘어가기를 원하십니다.

새가 입을 벌린 모습은 늘 입술을 벌려 기도하고 찬양하고 전도하며 주님 앞에 견고하고 아름답게 만들어지기를 원하십니다.

새가 입을 최고로 넓게 벌리는 모습은 입을 크게 열어 부르짖는 기도를 통해 하나님의 도우심을 크게 받을 수 있기를 원하십니다.

새가 풀잎을 물고 날아오는 것은 마음에 기쁨의 은혜, 축복의 은혜가 나타나기를 원하십니다.

새가 한 다리로 서 있는 모습은 영적으로 하나님 앞에 똑바로 온전하게 세워져서 달려갈 수 있기를 원하십니다.

새끼줄(다른 사람의 꼬여진 새끼줄)을 풀어주는 것은 사단에게 묶인 자를 풀어주는 일을 하기를 원하십니다.

새끼줄에 한복을 보여 주시는 것은 "가계에 역사하는 조상의 저주는 예수의 이름으로 끊어질 지어다."라고 기도하세요.

새끼줄이 꼬여 있는 모습은 삶에 꼬여 있는 문제가 예수의 이름으로 끊어지도록 기도하라는 뜻입니다.

새는 우리 인생이 연약하므로 하나님을 의지하고 신뢰하라는 뜻입니다.

새둥지를 보여 주심은 늘 주님의 보금자리를 통해서 안식을 취하고 은혜를 누리라는 뜻입니다.

새둥지에 새알들이 들어있는 모습은 영혼들을 품고 있을 때 하나님께서 기뻐 받으시는 은혜를 주신다는 뜻입니다.

새들이 몰려와 있는데 새들을 내쫓는 모습을 보여주시면서 "사랑의 은사를 부어주옵소서." 기도하고, 본인의 감정 기분 때문에 영혼들이 떠나가지 않도록 감정조절을 잘 할 수 있기를 원하십니다.

새들이 새둥지에서 쉬는 모습은 늘 넉넉한 마음으로 영혼들에게 안식을 주는 자가 되기를 원하십니다.

새의 깃털은 깃털처럼 연약하지만 주님이 붙잡아 주시어 주님의 도구로 사용하기 원하십니다.

새의 날개가 젖어서 날지 못하는 것은 세상에 젖어서 살지

않기를 원하십니다.

새의 발을 보여 주시며 새는 가느다란 발로 서 있는데 그와 같은 연약한 모습으로 세워지지 않기를 원하십니다.

새장 안의 새는 첫째, 답답한 삶의 모습이지만 하나님의 일을 잘해 나갈 수 있도록 훈련하고 인도하려는 의도가 있음을 뜻합니다. 둘째, 답답함 속에 거하기보다 뜻과 생각, 비전을 열어서 열린 마음으로 날아오르고 자유하기를 원하십니다. 셋째로, 마음을 답답하게 하는 영들을 예수의 이름으로 대적하라고 하십니다.

새장이 절반으로 잘려져서 새가 날아가는 것은 하나님의 말씀을 통해 주의 영으로 영·혼·육의 자유함을 누리기를 원하십니다.

새총을 보여 주시는 첫 번째 의미는 사단이 아픔과 고통을 지금 주고 있음을 뜻하며, 고통과 상처를 주는 사단을 예수의 이름으로 대적하라고 하십니다. 두 번째는 새총보다 총으로 쏘면 더 정확하듯 성령의 은사를 더 사모하라는 의미입니다.

색동옷을 어른이 입은 모습은 영적으로 어울리지 않은 모습이니 각 사람에게 맞는 가르침을 주시기 원하십니다.

샌드위치는 사람과 사람 사이에 끼어 눌림 당하지 말고 문제가 있을 때마다 기도하여 눌리지 않기를 원하십니다. 다른 의미로는 이리 눌리고 저리 눌리는 환경 가운데 고난 받고 있지만 이것도 하나님의 뜻 가운데 이루어지는 연단이라고 하십니다.

샌드위치를 보여 주시는 또 다른 의미는 온 가족이 주의 사랑으로 섞여 맛내기를 원하는 뜻입니다.

샘(고여 있는 샘)을 보여 주시며 새로운 은혜가 부어져야 함을 말씀하십니다.

샘물은 혼자 목을 축일만한 은혜이므로 좀 더 영적인 그릇을 키우라고 하십니다.

샘물이 빙글빙글 도는 것은 베데스다 연못처럼 하나님 보좌를 움직일 수 있는 믿음과 능력의 삶을 살기를 원하십니다.

샘솟는 모습은 샘솟는 주님의 은혜가 있음을 뜻합니다.

생니가 빠지는 모습은 엉뚱한 일을 통해서 아픔과 억울함을 당하지 않도록 주의 은혜를 구하라는 말씀입니다.

생명 샘물로 영혼들의 눈을 씻어 주는 모습은 볼 것을 보지 못하는 영혼들, 어둡게 살아가는 영혼들의 눈을 씻어주는 사명을 감당하라는 뜻입니다.

생선뼈가 말라 있는 것은 황무지와 같고 에스겔 골짜기의 마른 뼈, 죽은 자와 같은 영혼들이 소생하고 뼈가 맞춰지는 사역 속에 일어나기를 원하십니다.

생선회를 뜨는 모습은 물고기가 죽어서 희생제물이 된 것처럼 주님 앞에 순종과 복종하여 나를 통해 교회와 영혼이 살아나는 희생과 헌신을 하라는 뜻입니다.

생수에 손을 씻는 것은 죄를 씻으라는 의미입니다.

생수의 강은 삶에 생수 같은 은혜, 강물 같은 은혜로 주님을 사랑하고 찬양하며 살아가라는 의미입니다.

생수통에서 물이 콸콸 쏟아지는 것은 그 배에서 생수의 강, 말씀, 지혜의 기름이 더 부어지기를 원하십니다.

생수통에서 불꽃놀이 하는 것처럼 불꽃이 나오는 것은 말씀의 생수가 복음의 능력이 되어 증인으로 사용하리라고 하십니다.

생수통을 보여 주시며 심령 속에 말씀의 기름을 붓고 계십니다.

생수통을 짊어지고 가는 것은 영적인 생수를 목이 마른 자들에게 나누어 줄 수 있는 자가 되라는 의미입니다.

생일 케이크를 보여 주심은 생일은 1년에 한번이지만 날마다 오늘 태어난 것처럼 감사로 시작하고 감사로 마칠 수 있는 삶을 원하십니다.

샤워기는 먼저 말씀으로 자기를 씻고, 영혼들에게 말씀으로 치유와 성결이 부어질 수 있는 은혜가 있기를 원하십니다.

샤워기로 샤워하는 모습은 늘 깨끗한 영혼이 되라는 말씀입니다.

샤워기에서 물이 나오면서 머리 위에 부어지는 것은 늘 말씀의 생수를 머리에 부어 주시고, 성령으로 늘 뜨겁게 인도하시는 은혜를 받기 원하십니다.

샴푸는 생각이 치유되고 거룩해지기를 원하십니다.

샴푸로 머리감는 모습은 내 생각이 깨끗해지고 거룩해지기를 원하십니다.

샴푸로 머리를 감겨주는 모습은 회개시키는 사명을 잘 감당하기를 원하십니다.

서부 영화에 나오는 쌍여닫이문을 보여 주심은 마음만 먹으면 하나님의 은혜를 맛보고 체험할 수 있는 은혜를 주셨음을 뜻합니다.

서치라이트를 비추는 모습은 어두운 곳에서 상대방을 빛으로 추격하듯 눈을 열어 구원할 자를 구원하기를 원하십니다.

서커스에서 공중그네를 훈련하는 모습은 훈련을 통해서 그네에서 떨어지지 않고 하나님의 뜻대로 온전하게 세워지라는 뜻입니다.

석양(바닷가에 석양)은 늘 넓은 하나님 아버지의 그 사랑과 마음을 본받고, 지는 해와 같이 내 마음이 힘들지 않게 기도하라는 뜻입니다.

석양은 하나님 앞에 서게 될 날이 가까운 것을 바라보고 하나님 앞에 충성되게 살라고 하십니다.

석유통(둥그런 석유통)이 굴러가는 모습은 뜨거운 신앙 가지고 둥글둥글 굴러서 불이 붙기를 원하십니다.

석탄들을 수레로 끌고 가서 석탄들을 쏟아 붓는 모습은 사랑으로 불쌍한 영혼들을 돌보는 모습을 말합니다.

석탄을 넣는 난로는 삶에 어려움이 있으니 풍성한 은혜를 구하는 기도를 하라고 하십니다.

선인장을 보여 주시며 그 사람이 가시와 같아서 만지면 상처밖에 없음을 말씀해 주시며, 물(말씀)이 없어도 갈한 줄 모르고 살고 있음을 말씀하십니다.

선인장의 가시는 앞으로 주님의 일을 하는데 작은 가시와 같은 어려움이 있을지라도 이겨나가라고 하십니다.

선지자는 말씀의 가르침을 잘 받아 믿음을 붙잡고 잘 달려나아가길 원하십니다.

선풍기 날개가 고장 나서 떨어진 모습은 영적인 힘을 발휘하지 못하고 있는 모습을 뜻합니다.

선풍기 날개가 물에 젖어 푹 주저앉아 있는 것은 세상에 눌려 축 처져 있음을 뜻합니다.

선풍기가 정지되어 있는 것은 생활이 정체되어 있는데 성령의 바람이 불어 하나님의 은혜와 역사가 나타나기를 원하십니다.

선풍기는 성령의 은혜를 맛보고 시원한 은혜를 주시길 원함입니다.

선풍기의 전기 코드가 빠져 있는 모습은 전기 코드가 꽂혀 있어야 선풍기가 돌아가듯, 기도를 통해 성령의 역사와 나타남이 있어야 하리라고 하십니다.

설계도를 보여 주시며 내 인생이 하나님의 계획하신 설계대로 이루어지고 하나님의 깊은 섭리를 깨닫게 되기를 원하십니다.

설계도와 이정표를 보여 주시면서 주님이 인도하는 대로 따라오라고 말씀하셨습니다.

섬과 섬이 맞닿아 땅이 이어지는 모습은 잘 연합해서 지경이 넓어지기를 원하십니다.

섬은 외롭고 힘들고 고독한 것을 주님 앞에 내려놓고 믿음으로 이겨내며 인도받길 원하십니다.

성(높은 성) 위에서 멀리 바라보는 모습은 영적으로 마음이 주님과 멀어지지 않도록 임재 충만하여 믿음을 잘 지키고 하나님을 바라보고 나아가라는 뜻입니다.

성(큰 성)은 천국의 부르심의 상을 바라보고 달려가고 있는 모습입니다.

성가대를 지휘하는 모습은 영혼들을 지휘하고 다스리라는 뜻

입니다.

성경(두루마리로 된 성경)을 보여 주심은 말씀으로 바로 세워지고 인도받기를 원한다는 의미입니다. 그리고 주의 말씀을 늘 펴놓고 깨달아 알기를 원하십니다.

성경을 뚫어져라 보는 것은 영적인 눈과 영적인 귀가 더 열려서 성경을 잘 풀고 신령한 은혜를 줄 수 있는 자로 세워지기 원하십니다.

성경이 저절로 넘어가는 모습은 말씀의 은사가 강한 분에게 보여주십니다.

성경책(큰 성경책)에 빛이 둘러져 있고 그 빛을 마시는 모습은 말씀에 푹 젖고 빛을 발하여 하나님의 영광을 나타내는 삶으로 인도하리라고 하십니다.

성경책(펴 있는 성경책)을 보여 주심은 말씀을 묵상하고 순종하라는 의미입니다.

성경책과 찬송가를 보여 주심은 늘 말씀과 찬송이 떠나지 않게 하라는 의미입니다.

성경책에 나비가 날아오는 모습은 교회 안에서 배우자를 만들어 주시기 위한 하나님의 계획이 있음을 뜻합니다.

성경책에 불이 붙어 타는 것은 목사님의 말씀의 불을 통해 영혼들을 옳은 길로 인도하는 지도자로 세우기 원하십니다.

성경책에 책갈피가 많이 꽂혀 있는 것은 그때그때마다 말씀을 주셔서 말씀을 먹은 사람들이 배부름을 입을 것을 의미합니다.

성경책을 끼고 하얀 신을 신고 편안하게 복음 전하며 걸어가는 모습은 복음 전하는 일에 쓰임 받고 세워지기를 원하십니다.

성경책이 엎어진 모습은 말씀을 가까이 하고 묵상하라는 경고입니다.

성경책이 차곡차곡 쌓이는 모습은 말씀을 아는 지식이 앞으로 더 많아질 것을 말씀하십니다.

성냥개비를 보여 주시며 성령의 불을 붙이는 사명을 잘 감당하라고 하십니다.

성냥으로 불을 켜려고 하는 것은 영혼들에게 불을 붙이려고 하지만 영혼들이 상실되고 약해지니 더 큰 성령의 불을 사모하라는 뜻입니다.

성도들이 예배드리면서 눈물을 흘리는 것은 성령의 역사, 은혜, 회개케 하심이 있음을 뜻합니다.

성령 검을 높이 드니 검에서 빛이 비춰지는 모습은 말씀의 검을 높이 들고 주위의 영혼들에게 빛을 비추는 사명임을 뜻합니다.

성령의 검으로 뱀의 머리를 치는 것은 말씀의 능력과 성령의 기름 부으심으로 악한 영의 권세를 물리칠 수 있는 은혜를 주기 원하십니다.

성령의 검은 가르치는 은사, 믿음의 은사, 영분별의 은사가 있음을 뜻합니다.

성령의 검을 땅에 꽂는 모습은 승리의 검을 땅에 꽂기를 원하십니다.

성령의 검이 조금 휘어져 있는 것은 말씀을 더 채워서 영혼들을 치유하고 회복하는 사역을 하라는 의미입니다.

성령의 바람이 휙휙 부는 것은 바람 같은 성령의 역사가 있음을 뜻합니다.

성령의 불기둥에 벌레들이 태워지는 모습은 성령의 불이 내게 임하면 벌레 같은 사단을 깨뜨릴 수 있는 은혜를 주실 것을 말합니다.

성령의 불덩이가 벽을 뚫고 지나가는 모습은 영적 지경이 넓혀지기를 원하십니다.

성령의 불로는 그 뜨거움을 성냥개비, 양초, 모닥불, 불, 용광로, 다이너마이트로 알려주셨습니다. 성냥개비와 같은 상태는 믿음이 쉽게 타올랐다가 금방 식어지는 심령입니다.

성령의 불이 꼬리뼈에 붙음은 자기의 의지와 상관없이 성령님께서 밀어 주시겠다는 것입니다.

성령의 불이 달려가는데 뒤에 있는 것은 내가 성령보다 앞서지 않고 주님이 앞장서도록 하기를 원하십니다.

성령의 불이 타오르는 성경책에 호랑이가 뛰어들어 타는 모습은 지역에 역사하는 호랑이 같은 악한 영을 기도와 찬양과 말씀으로 이기라고 하십니다.

성령의 빛으로 묶어서 끌고 가는 모습은 성령의 인도함을 받으며 살라는 뜻입니다.

성령의 전류가 총채 모양으로 퍼져나감은 성령의 나타남이 퍼져나갈 것을 뜻합니다.

성막을 보여 주심은 성막을 묵상하여 하나님의 임재가 임하고 성령의 역사가 나타나기를 원하십니다.

성소로 물이 콸콸 쏟아져 들어가는 모습은 다시 말씀과 기도를 통해 주의 복을 받는 은혜가 부어져야 되리라고 하십니다.

성소에서 흐르는 물이 발목에서 무릎으로 허리로 차오르는 모습은 예배 시간에 말씀이 내 심령에 차올라서 삶이 변화되고

주님의 제자로 온전히 세워지기를 원하십니다.

성의 문을 보여 주시는 것은 목자의 음성을 듣고 성의 문으로 들어가는 양이 되라고 하십니다.

성의를 입은 모습은 신학을 공부하라는 의미입니다.

성전 주위 마당에 불이 붙는 모습은 성령의 불길이 뜨겁게 임해 은혜가 주어지기를 바라십니다.

성탄 트리(가짜 성탄 트리)는 첫째, 영적으로 준비가 더 필요함을 뜻하며, 생활 속에 예수님의 은혜의 향기와 능력이 없음을 뜻합니다. 둘째, 진짜와 가짜를 잘 분별하기를 원하시며, 영 분별의 은사를 구하라고 하십니다.

성탄 트리에서 여러 갈래의 빛이 반짝반짝 비추는 것은 빛 가운데로 인도하는데 무얼 염려하고 근심하느냐고 하십니다.

세마포 옷을 입은 사람을 사단이 끌고 다니는 모습은 미혹의 영이 역사함을 뜻합니다.

세마포(희고 깨끗한) 옷을 입은 모습은 거룩하고 순결한 백성으로 세워지라는 뜻입니다.

세마포(흰 세마포)를 입고 하늘을 둥실둥실 떠다니는 것은 거룩한 신부 옷을 입고 행함 있는 행실로 하나님께 영광 돌리기 원하십니다.

세상을 보여 주시며 세상을 이겨야 세상에 눌림 당하지 않고, 높은 고지에서 다스릴 수 있는 기름이 부어져야 되리라고 하십니다.

세상의 책을 가까이 하는 모습은 세상 학문, 내 지혜, 내 지식을 다 내려놓고 하나님의 지식과 지혜로 나아가라는 뜻입니다.

세상의 책을 보여 주심은 세상의 학문이 수시로 변하므로 하나님의 진리의 말씀으로 충만하라는 뜻입니다.

세숫대야에 물이 담긴 모습은 주님께서 제자의 발을 씻겼듯이 사랑과 섬김의 은혜가 충만하게 부어지기 원하십니다.

세숫대야에서 발을 씻는 모습은 작은 죄라도 회개하고 성결의 영을 부어달라고 기도하라는 의미입니다.

세숫비누는 죄를 버리고 정결하기를 원하십니다.

세탁기가 돌아가는 것은 성결의 영이 부어져서 주님의 임재와 은혜가 나타나기를 원하십니다.

소 여물통을 보여 주시며 겉과 속이 똑같기를 원하신다는 뜻입니다.

소(뿔 달린 소)들의 뿔을 잡고 꺾는 모습은 "나를 들이박는 사단의 뿔들은 예수의 이름으로 꺾어질 지어다."라고 기도하세요.

소가 "음~메" 하고 울 때 여물을 먹여주는 모습은 배가 고프고, 어렵고, 가난한 자를 돕는 사람이 되라고 하십니다.

소가 열심히 일하는 모습은 근면 성실하게 하나님의 일을 하라는 뜻입니다.

소가 제물 되는 것은 하나님 앞에 산제사로 예배하고 경배드리라는 의미입니다.

소가 풀을 뜯는 것은 말씀의 꼴을 잘 먹어 믿음의 배부른 자가 되라는 의미입니다.

소각장을 보여 주시는 것은 삶에 태워야 될 것들은 성령의 불로 다 태워서 새 기름을 받으라는 의미입니다.

소금 기둥을 보여 주시며 과거를 돌아보지 말고 미래에 소망을 주시는 주님을 바라보며 앞으로 나아가라고 하십니다.

소금 산을 보여 주심은 사업장에 열매가 없고 힘들고 어려운 상황인데 말씀으로 이겨나가기를 원하십니다.

소금을 길에 뿌리는 모습은 세상에 소금과 같은 맛을 내라는 것입니다.

소금이 산처럼 쌓여있는 모습은 많은 이들에게 맛내는 자로 사용하리라고 하십니다.

소금이 짠지 안 짠지 맛을 보는 모습은 삶에 소금의 맛이 나고, 예수의 맛이 나도록 은혜를 부어 주리라고 하십니다.

소나무 숲을 보여 주심은 소나무에서 솔향기가 나듯이 예수 그리스도의 향기가 물씬 풍기기를 원함이고, 영혼들에게 쉼과 안식을 줄 수 있는 삶으로 인도받기 원한다는 의미입니다.

소나무(큰 소나무)를 보여 주심은 잘 훈련받으면 큰 재목으로 쓰임 받을 수 있음을 말합니다.

소나무들을 보여 주시며 마음이 신실하고 건전하고 사시사철 소나무같이 변함없는 믿음의 신실한 배우자를 주시기 원하십니다.

소나무에 바람이 부는 모습은 믿음이 깊어져서 흔들리지 않기를 원하십니다.

소낙비가 내려서 강이 불어나는 모습은 하늘 문을 열어서 가정에 창일한 은혜를 부으시리라고 하십니다.

소낙비는 영적 프로정신으로 주님의 일을 행하기를 원하십니다.

소들이 서로 들이박는 모습은 성도들 간에 다툼을 피하고 사

단의 공격을 이기라는 말씀입니다.

소들이 자기 집안에서 들이박는 모습은 목회자와 성도, 성도와 성도 간에 다툼과 분쟁이 없기를 원하시는 것입니다.

소라를 보여 주심은 소라를 귀에 대면 바다의 소리가 들리듯 신령한 은혜 속에 살기를 원하십니다.

소를 앞세우고 밭을 가는 모습은 부지런히 주의 일을 감당하고 있는 것을 주님이 기뻐하십니다.

소방관이 물을 뿌리고 있는 모습은 영적으로 더러워져 있는 영혼들을 예수님의 보혈로 씻어주라는 말씀이고, 또 주위에 어려운 이웃들을 도와주고 보살피라는 의미입니다.

소방대원은 위기에 처한 자들에게 뛰어가 도와주고 예수님의 사랑을 나타내는 마음을 주셨음을 뜻합니다.

소복 입은 귀신을 보여 주시며 질병으로 역사하는 귀신의 영이 있음을 뜻합니다.

소에 뿔이 달린 모습은 환경 가운데 악한 영이 역사함을 의미합니다.

소의 고삐를 끌고 가는 모습은 주님이 이끄시는 대로 순종하며 나아가는 모습입니다.

소쿠리에 담긴 하얀 계란들은 복음 사명을 의미합니다. 알, 병아리, 닭이 되려면 시간이 걸리는 것처럼 인내와 오래 참음이 필요합니다.

소파(정금으로 만든 2인용 소파)는 정금 같은 믿음과 신앙으로 하나님의 일을 하며 나아가기를 원하십니다.

소풍가서 보물찾기 놀이를 하는 모습은 찾기 어려운 기도의 간구가 있는데 주님께 지혜를 구하라는 뜻입니다.

소화기는 어려운 시험을 당한 자를 위해 기도해 주라는 뜻입니다.

속옷은 속마음이 주님 앞에 아름다워지기를 원하심이고, 겉사람보다 속사람이 더 아름다워져서 자기 자신을 통해 날마다 예수님의 모습을 나타내라는 뜻입니다.

손 모양이 그대로 있는 것은 아무 열매가 없을 것을 뜻합니다.

손(두 손)을 꼭 잡은 모습은 부부나 다른 사람들과 잘 연합하라는 의미입니다.

손(큰 손)을 보여 주심은 그 사람의 삶에 하나님의 도우시는 은혜와 축복이 있다는 의미이며, 사업을 하면 번성할 것을 말합니다.

손(큰 손)을 보여주면서 예수님의 손과 겹치는 것은 내 뜻대로가 아닌 예수님의 뜻 안에서 살기를 원하십니다.

손(큰 손)이 갓난아이를 들어 올리는 모습은 하나님의 도우심과 보호하심이 있음을 뜻합니다.

손(희고 큰 손)은 주님 앞에 거룩한 손으로 그 손에 능력을 부으셔서 쓰시기를 원하십니다.

손가락 끝에서 불이 나가는 모습은 손으로 하는 일에 은혜 주기를 원하십니다.

손가락 하나를 깨무는 모습은 성도들을 내 자녀로 여기고, 영적인 자녀와 함께 아파할 때 주님이 칭찬하실 것을 말씀하십니다.

손가락(다섯 손가락)은 하나님께서 모양은 다르지만 모든 자녀를 사랑하고 계시므로 하나님의 마음을 아프게 하지 말라는

의미입니다.

손가락만한 통로에 빛이 비치는 모습은 마음이 좁고 답답함을 뜻합니다.

손가락으로 가리키는 모습은 주님이 가라고 하신 곳으로 가라는 뜻입니다.

손가락은 주님의 마음이 부어져서 한 영혼 한 영혼의 아픔이 내 아픔인 것처럼 어린 영혼들을 잘 양육하기를 원하십니다.

손과 발(큰 손과 발)은 복음을 전하는 발과 능력을 행하는 손을 주기를 원하시는 것입니다.

손과 손이 마주치는데 부딪치지 않는 모습은 합력하여 선을 이루지 못하고 마음과 생각이 맞지 않는 것입니다.

손목시계를 보여 주시며 하나님 앞에 기도의 양을 드리라고 하시며, 세월을 아껴서 주님을 사랑하고 믿음의 부요한 자가 되라는 뜻입니다.

손바닥 가운데서 불이 나옴은 손에서 능력이 나옴을 뜻하고, 입에서 불이 나옴은 입술에 성령의 권세를 강하게 주신 것을 말합니다.

손바닥 양손을 내미니 거기에 비가 내리고 비둘기가 날아가는 것은 주님이 기도하는 것에 응답하시고 성령의 기름부음이 있게 하리라고 하십니다.

손바닥에 죽은 파리 한 마리가 있는 모습은 손으로 주의 일을 행할 때 사단을 통해 주님의 일을 하지 못하도록 방해함을 뜻합니다. 성결의 영, 거룩한 영을 부어 달라고 기도하세요.

손바닥은 주님의 손안에 함께 하심과 동행하심을 잊지 말고 믿음이 흔들리지 않기를 원하시며, 늘 손뼉 치면서 하나님께

기뻐하며 영광 돌리라고 하십니다.

손바닥을 탁탁 치는 모습은 주변 사람들과 부딪히지 말고 잘 연합하라고 보여주셨습니다.

손바닥이 서로 붙어있다 오른쪽 손이 오른쪽으로 쭉 넓혀지는 것은 기도의 양이 채워질 때 지경이 넓혀지고 자기의 힘이 아닌 주님의 힘으로 하게 하실 것을 말합니다.

손뼉을 칠 때 손에 불이 나는 것은 손뼉을 치며 주님을 찬양하고 경배할 때 성령의 기름을 부어주십니다.

손뼉이 부딪히는 모습은 부부간에 부딪히지 말고 순종하며 마음과 뜻을 같이 하라는 뜻입니다.

손수건(흰 손수건)을 보여 주시며 주님을 위해, 자녀를 위해 울 수 있는 은혜가 있기를 원하십니다.

손수건을 접어서 리본을 만드는 모습은 순리대로 풀어 나가라는 말씀이십니다.

손에 구름이 둘러진 모습은 기도할 때 성령의 임재를 체험할 수 있습니다.

손에 불이 붙은 모습은 주님 안에 거하고 깨끗하게 살면 그 하는 일에 은혜를 주신다는 의미입니다.

손에 손을 맞잡는 모습은 나보다 남을 낫게 여기고 다른 사람들과 협력하라는 의미입니다.

손에 큰 금덩이를 들고 있음은 장래에 물권이 크게 열릴 것을 말합니다.

손에서 비둘기가 날아가는 모습은 순결하고 성결한 영이 나타나도록 은혜 주시고 치유의 손으로 인도하리라는 뜻입니다.

손으로 바윗돌을 치니 갈라지는 모습은 믿음과 능력의 은사

를 주셨음을 말씀하십니다.

손으로 박수를 치니 샘물이 터져 나오는 것은 손뼉치고 찬양할 때 샘이 터져 나오는 은혜를 주리라고 하십니다.

손으로 아코디언을 연주하는 모습은 주님 앞에 늘 찬양하고 춤추고 감사하며 살라는 환상입니다.

손으로 옷을 만드는 모습은 영혼들에게 말씀의 옷을 입히는 사명이 있음을 뜻합니다.

손을 깍지 낀 환상은 서로 연합하기를 원하십니다.

손을 번쩍 들었는데 두 배 정도의 큰 손으로 변화되는 모습은 은혜를 구하면 내 생각보다 더 많은 은혜로 채워 주시길 원하신다는 뜻입니다.

손을 어긋나게 꼭 잡고 있는 모습은 항상 누구든지 잘 연합해 주고 동역해 줄 수 있는 은혜가 더 부어지도록 기도하라는 뜻입니다.

손을 툭툭 터는 모습은 미련한 생각들을 털어버리고 하나님 은혜 안에서 살기를 원하십니다.

손이 X자로 어긋난 모습은 합당치 못함이 있습니다.

손이 점점 더 커지는 모습은 손에 기름 부어 주시어 손으로 하는 일에 축복주시기 위함입니다.

손이 펴진 모습은 늘 말씀 안에, 주님 안에, 성령 안에 거하라는 뜻입니다.

손전등은 방황하는 마음을 버리고 주님의 빛 가운데 거하라는 의미입니다.

손톱과 발톱의 때를 빼고 잘 소제하는 모습은 거룩하지 못한 지극히 작은 죄라도 하나님 앞에 고백하고 거룩함과 정결함을 입기를 원하십니다.

손톱깎이는 생활 속에 더럽고 지저분한 죄들을 끊어 버리고 정결하게 살라는 환상입니다.

솜(많은 솜)은 예수님으로 인해 둥실둥실 떠다니는 은혜를 부어주시길 원하신다는 의미입니다.

솜뭉치가 커지는 모습은 하나님의 따뜻한 사랑으로 감싸주기 원하십니다.

솜뭉치는 솜을 밟는 것처럼 주님으로 인해 기쁘게 살기 원하시며, 배우자를 위해 기도할 때 보여 주시는 솜뭉치는 마음이 푸근하고 따뜻한 배우자를 만나게 하리라는 뜻입니다.

솜이 점점 부푸는 모습은 하나님의 은혜와 사랑이 점점 더 커지도록 도울 것을 말씀하십니다.

솜이불은 따뜻한 보금자리와 같다는 뜻과 또 다른 의미로는 '좀 더 자자.' 하지 말고 늘 깨어서 기도하라는 뜻입니다.

솜털이 모여 큰 구름같이 커지는 것은 작은 일에 충성하면 큰일도 맡기실 것을 뜻합니다.

송곳니는 주의 일을 할 때 아픔을 주는 모든 이들을 용서하라는 뜻입니다.

송이버섯들이 피어나는 것은 내가 선 땅이 축복의 기름진 땅이 되도록 기름을 부어 주시기 원하십니다.

송이버섯이 동산에 많이 퍼져있는 모습은 많은 사람에게 은혜의 진한 맛을 드러내길 원하십니다.

송충이가 솔잎을 먹는 모습은 송충이는 솔잎을 먹듯, 우리는 하나님의 말씀을 먹고 살아야 한다는 뜻입니다.

송충이는 소름끼치는 사단의 역사가 있을지라도 믿음으로 이

겨나가라는 의미입니다.

솥이 뜨거워져 있는 모습은 뜨거운 신앙과 은사를 전가하는 자로 사용하기 원하십니다.

쇠로 만든 연장을 조이는 모습은 영육이 삶에 묶여 있음을 뜻합니다.

쇠붙이를 제련하는 모습은 연단과 훈련을 통해 주님의 귀한 도구로 쓰시기 위함입니다.

쇠사슬 고리는 환경을 바라보지 말고 주님만 바라보며 맡기는 믿음이 필요함을 뜻합니다.

쇠사슬은 흉악의 결박에 묶인 자들을 기도와 믿음과 능력으로 변화시키고 고치는 일에 앞장서서 일할 수 있기를 원하십니다.

쇠파이프가 V자로 굽어진 모습은 영적인 힘과 능력이 사단을 통해 굽혀지지 않도록 훈련하기 원하신다는 의미입니다.

쇳덩이를 머리에 이고 있는 모습은 시험과 걱정, 근심을 주님 앞에 내려놓으라는 환상입니다.

수건(하얀 수건)으로 영혼들의 눈물을 닦아주시는 모습은 영혼들을 위로하고 치유하는 일에 헌신하세요.

수건과 비누는 사랑과 섬김의 은사가 있음을 뜻합니다.

수건을 깨끗이 빨아서 너는 모습은 교회와 가정이 깨끗해지기를 원하십니다.

수건을 반듯반듯하게 쌓아두고 필요한 자들에게 나누어 주는 것은 주님의 사랑이 필요한 자에게 은혜 주기를 원하십니다.

수금과 비파를 다루는 모습은 늘 즐거워하며 찬양하며 살라는 뜻입니다.

수도 파이프(교회 벽에 있는 수도 파이프)를 보여 주시며 성소에 말씀의 생수의 강이 넘치기를 기도하기 원하십니다.

수도 파이프는 주님이 주시는 말씀의 은혜, 말씀의 통로가 열리기를 원하십니다.

수도계량기를 보여 주심은 하나님 앞에 기도한 만큼 기도의 양이 올라가서 그 기도의 분량을 통해 막힌 담이 허물어지는 치유 회복의 역사가 나타날 것을 말씀하십니다.

수도꼭지(마당의 수도꼭지)에서 녹물이 나옴은 가정에 더러운 영이 역사함으로 성결의 영을 받아야 한다는 뜻입니다.

수도꼭지가 방에 틀어져 있는 것은 나를 통해 하나님의 복이 가정에 부어지도록 기도하라는 뜻입니다.

수도꼭지와 계곡을 보여 주시며 수도꼭지의 물보다 계곡의 물이 더 많듯이 내 수고보다는 입을 크게 더 벌리고 위로부터 성령의 단비가 부어지도록 기도하라는 뜻입니다.

수돗물을 떠서 항아리에 담는 모습은 지금은 하나님의 말씀을 저장하는 단계임을 말합니다.

수돗물이 나오려고 하는데 수도꼭지가 잠겨 있는 것은 주님께 마음을 활짝 열고 감사의 찬양이 흘러넘치기를 원하십니다.

수렁(깊은 수렁)에서 부르짖고 있는 모습은 깊은 수렁에 빠진 것 같은 어려운 삶이지만 주님을 의지하고 나아가면 장차 요셉처럼 높이 세워주실 것을 약속하십니다.

수렁(깊은 수렁)이 두 사람 사이에 있는 모습은 다른 준비된 배우자를 만나게 하실 것을 말씀하십니다.

수레(무거운 수레)를 끌고 가는 모습과 역기를 들고 있는 모습은 내 힘으로는 감당하기 어려우므로 주께 맡기는 삶을 살라는 뜻입니다.

수레가 거꾸로 뒤집혀 있는 모습은 영적으로 가라앉아 있어서 진보하지 못하고 있는 상태를 뜻합니다.

수레가 저절로 굴러가는 모습은 하나님이 미시는 힘으로 주의 일을 할 수 있도록 하나님이 도우신다는 환상입니다.

수레는 동역자, 협력자와 함께 하라는 뜻입니다.

수레를 끌고 가는데 수레 위에 구름이 있는 것은 내가 힘들게 사는 것 같지만 주님이 함께 해 주심을 뜻합니다.

수레를 끌고 언덕을 오르는 모습은 내 힘으로는 수고롭고 힘들 뿐임을 말합니다.

수레에 많은 쓰레기를 싣고 가는 모습은 자기의 사명이 괴롭고 냄새나는 힘든 일일지라도 십자가를 지고 잘 감당하기를 원한다는 의미입니다.

수레에 흙을 담아 쏟아내는 모습은 교회를 더욱 든든하게 세우는 역할을 감당키 원하십니다.

수레에서 무거운 짐을 내리는 모습은 주님의 은혜로 참 평안과 기쁨과 감사가 넘치기를 원하십니다.

수류탄은 영적 권세와 능력을 주셔서 주님이 사용하라 하실 때 사용하면 성령의 진동하는 역사가 나타날 것을 뜻합니다.

수류탄이 물속에 들어가서 펑 터지는 모습은 때로는 기적같이 역사하시는 성령 하나님의 은혜를 바라보며 주님 앞에 나아가길 원하십니다.

수박 겉핥기는 주님의 일을 하면서 수박 겉핥기처럼 하면 맛

도 없고 목마를 수박에 없습니다. 속사람, 영의 사람으로 그리스도의 능력을 나타내기를 원하십니다.

수박(잘 익은 수박)이 쪼개져 있는 것은 예수의 보혈의 피에 젖는 자로서 맛을 내고 그 은혜를 나누어 줄 수 있는 자가 되기를 원하십니다.

수박밭과 참외밭을 보여 주시며 내가 선하게 살면 선한 열매를 맺을 수 있도록 하리라고 하십니다.

수박을 먹는 모습은 삶이 배고프지 않도록 하나님께서 인도해 주셨음을 뜻합니다.

수박화채를 보여 주심은 삶에 시원한 은혜가 나타나기를 원하신다는 의미입니다.

수상 스키를 타는 모습은 주님을 즐거워하며 사는 은혜를 주기 원하시며, 어떤 어려움과 고난에도 감사하며 이길 수 있는 능력을 주셨음을 뜻합니다.

수세미는 꺼끌꺼끌한 삶을 살고 있음을 알려 주셨고, 고추는 색깔에 따라서 영적 상태가 다름을 보여주셨습니다.

수영장(깨끗한 수영장)에서 수영하는 모습은 영적으로 맑은 은혜가 있어서 거룩하게 주님의 말씀으로 씻어지는 은혜가 있음이고, 삶의 은혜가 강과 바다처럼 열려지도록 사모해야 합니다.

수영하는 모습은 주님께서 어려운 시험이 없도록 보호하시고 인도하심을 뜻하고, 은혜의 강가에서 살기 원하신다는 의미입니다.

수영하려고 준비하는 모습은 앞으로 주의 은혜 안에 들어가 수영을 잘할 수 있는 은혜가 드러나기를 원하십니다.

수족관(대형 수족관)을 보이심은 수족관에는 작은 물고기는 살 수 있어도 큰고래와 같은 물고기는 살지 못하므로, 사람의 마음이 큰 그릇으로 바다같이 넓어져서 많은 영혼들을 품을 수 있기를 원하신다는 의미입니다.

수족관에 물이 올라가는 모습은 산소가 공급되어 물이 올라가는 것처럼 내면세계에 산소와 같이 생명력 있는 하나님의 말씀이 채워지기 원하십니다.

수족관에 있는 어항 속에 물고기를 더 부어주시는 것은 "우리 교회에 영혼을 더 보내주세요."라고 기도하라는 의미입니다.

수족관의 물고기는 늘 주님 안에서 말씀을 먹으며 자유롭게 헤엄치며 살라는 환상입니다.

수채화 그림이 엉망으로 그려진 모습은 사단이 생각으로 혼돈케 하고 복잡하게 하여 아름다운 삶이 되지 못하게 함을 뜻합니다.

수채화 물감은 하나님 앞에 아름다운 작품으로 그려지길 원하시는 것입니다.

수판은 계산력이 빠르고 이치를 잘 따지니 이과 계통으로 진로를 열라고 하십니다. 또 다른 의미로는 주님 앞에서는 세상적인 계산을 하지 말고, 주의 일을 행하기를 원하십니다.

숟가락, 젓가락, 나이프, 포크를 보여 주시며 온 가족이 자기의 역할을 잘 감당하기를 원하십니다.

숟가락과 젓가락은 연합을 잘하라는 뜻이며, 배우자를 위해 기도하라는 의미입니다.

숟가락으로 밥 한술 뜨는 모습은 하나님 말씀이 '아~ 배부르다.' 할 정도로 사모하라는 뜻입니다.

술과 담배를 보여 주시는 것은 본인도 술과 담배를 끊기 원하시고, 세상에 젖어서 사는 사람들을 불쌍히 여기고 그들의 이름을 불러가며 기도하라는 것입니다.

술에 취한 듯 비틀비틀 걷는 모습은 지금은 방황하는 모습이 있으나, 하나님 앞에 온전한 모습으로 세워지기를 원하십니다.

숨 쉴 때마다 몸에 물주머니가 부풀었다 가라앉는 모습은 때마다 주님이 주시는 힘으로 살아감을 뜻합니다.

숫돌에 칼을 가는 모습은 날마다 말씀으로 잘 조명 받아 고쳐져야 할 것과 갈아져야 할 것이 고쳐지고 갈아져서 영혼들을 치유하는 말씀이 선포되기를 원하십니다.

숫돌을 보이심은 성령의 검을 숫돌에 잘 갈아서 능력 있는 삶을 살라고 하십니다.

숫자 7을 보여 주시며 세상 사람들처럼 행운과 요행을 바라지 말고, 하나님 앞에 수고하고 심은 대로 거둘 수 있는 은혜가 나타나기 원하십니다.

숭늉 끓이는 모습은 하나님의 구수한 은혜가 나타나고, 다른 사람에게도 하나님의 은혜를 나눠주기 원하십니다.

숭늉을 먹는 모습은 생활 가운데에 많은 은혜가 아닐지라도 그 삶에 구수한 은혜가 있기를 원하신다는 의미입니다.

숲(나무가 우거진 숲)은 숲처럼 하나님의 맑고 청아한 은혜가 넘치기를 원하십니다.

숲(큰 숲)에 불이 붙는 모습은 사역에 한 영혼 한 영혼이 모여 복음의 진보가 나타나는 은혜를 주시기를 원하십니다.

숲에 불이 붙어있는 모습은 그 사람을 통해서 그 환경에 성령의 불이 임하기를 원하시는 것입니다.

숲에 새들이 날아다니는 것은 영혼들이 쉬고 싶고 안식하고 싶어서 모여드는 모습을 보여주십니다.

숲을 보여 주시면서 숲에서 나오는 향기는 그와 같은 넓은 마음을 가지고 죽어가는 영혼들을 살리고, 세상에 영향력과 도움을 줄 수 있는 자가 되라는 환상입니다.

쉼터를 보여 주심은 영과 육이 쉼을 얻을 은혜가 필요하다는 뜻입니다.

스데반이 돌에 맞는 모습은 순교적 신앙을 가지라는 뜻입니다.

스카프가 휘날리는 것은 성령님이 밀어주시는 힘과 능으로 나아갈 수 있는 은혜를 주셨음을 뜻합니다.

스커트를 보여 주시며 주님께 찬양하며 영광 돌리는 삶을 살라고 하십니다.

스케이트를 타고 열심히 달려가지만 제자리인 모습은 나름대로 수고하고 노력하지만 전진은 안 되고 변화되지 않는 모습을 뜻합니다.

스크린(대형 스크린)을 보여 주시는 것은 하나님이 비디오로 나를 촬영하는 것처럼 시간 관리, 생활 관리를 잘하여 부지런히 주의 일을 하면 은혜를 부어주시겠다는 뜻입니다.

스키를 배우려고 걸음마 하는 모습은 작은 훈련을 통해서 영적으로 지각이 넓혀지고, 주님의 평강을 맛보며 의와 진리로 인도하기 위함이 있습니다.

스키를 타고 내려가는 모습은 첫째, 목회를 스키 타는 것처럼

즐거운 마음으로 하라고 하십니다.

스키를 타고 내려오는 모습은 위험하고 아슬아슬한 상황을 말하는데 어렵고 힘들어도 잘 극복하길 원하십니다.

스키를 타고 붕 떠오르는 모습은 마음이 지나치게 부풀려 있어서 자기 생각과 다르게 움직이고 있음을 뜻합니다.

스탠드에 불이 켜지는 것을 보여 주시며 지역을 옮긴다고 해서 갑자기 큰 은혜가 부어지는 것이 아니라 어느 곳에 있든지 주님 앞에 영적인 그릇이 커져가기를 원하십니다.

스프링 노트는 학업을 계속할 수 있는 은혜를 주실 것을 말씀하십니다.

스프링은 눈높이를 맞추어 조절할 수 있는 은혜를 주시겠다는 뜻입니다. 그리고 스프링이 튕겨나갈 때처럼 믿음이 영적인 힘을 타고 강하게 전진할 수 있는 은혜를 주실 것을 뜻합니다.

스프링클러로 잔디밭에 물을 주는 모습은 영혼들이 잘 자랄 수 있도록 말씀을 골고루 뿌려주는 것을 뜻합니다.

스피커는 복음의 나팔을 불라는 뜻입니다.

슬리퍼(실내에서 신는 슬리퍼)가 뒤집어져 있는 것은 평안을 입지 못하게 방해하는 악한 영을 예수의 이름으로 대적하라는 뜻입니다.

슬리퍼가 엎어져 있는 모습은 늘 복음을 전하며 말씀 전하는 것을 쉬지 말고 선포하길 원하시는 것이며, 영육 간에 바로 세워지길 바라시는 것입니다.

슬리퍼가 포개져 있는 모습은 힘들더라도 주의 일에 힘쓰기를 원하신다는 의미입니다.

슬리퍼를 보여 주심은 물질이 어렵고 힘들어서 살기가 괴롭

다는 뜻입니다.

시계 가게에 시계들이 쭉 진열되어 있는 모습은 세월을 아끼고 성령 충만하여 주의 일을 해 나가기를 원하십니다.

시계가 10시를 가리키는 것은 조금만 기다리면 하나님 마음에 합해서 은혜를 줄 터이니 조금만 참고 기다리라는 뜻입니다.

시계가 물속에 잠겨 있는 모습은 현재 어렵고 풀지 못하는 시험 가운데 처해 있음을 뜻합니다.

시골의 허술한 집을 보여 주심은 어려운 환경에 처해 있어도 늘 감사하라는 뜻입니다.

시궁창의 쥐를 보여 주시며 세상의 더러운 자리, 하나님과 상관없는 자리에 앉지도 말고 먹지도 말라고 하십니다.

시금치나물을 보여 주시며 먹어야 할 음식을 먹을 때 힘을 얻듯이 하나님의 양식을 먹고 강하게 이길 수 있도록 능력을 입어야 하리라고 하십니다.

시냇가를 건너는 모습은 교회 안의 시험, 교회 밖의 시험을 잘 통과할 수 있는 은혜가 있기를 원하십니다.

시냇가에서 방망이로 빨래를 두드리며 빠는 모습은 하나님 앞에서 성결의 옷을 입기를 원하십니다.

시냇가의 뿌리 깊은 나무는 내가 선 그곳에서 믿음의 결실을 얻으라는 의미입니다.

시냇물을 그냥 건너면 되는데 밧줄을 매달고 밧줄로 통과하려는 모습은 말씀 따라 쉽게 지나갈 수 있는 길을 힘쓰고 애써 지나려하는 모습임을 뜻합니다.

시멘트로 건물을 건축하는 모습은 천국의 집, 심령 성전이 세

워지고 있다는 뜻입니다.

시멘트로 된 아스팔트를 도끼로 깨는 모습은 수고로움과 헌신으로 말미암아 자손 후대로 하나님의 은혜가 클 것을 뜻합니다.

시멘트를 인조대리석 물갈기로 평평하게 가는 모습은 나를 가꾸고 만들어서 주의 일에 쓰임 받도록 기도하라는 의미입니다.

시소가 균형을 이룬 모습은 말씀, 은혜, 생명이 균형 잡힌 신앙생활을 유지하기 원하십니다.

시소는 영적 씨름에서 영권이 더 강해지기를 원하시는 것이며, 자기와 비슷한 믿음의 소유자를 만나게 하실 것을 말씀하십니다.

시소를 타는데 널뛰기 하는 것처럼 펄쩍 뛰는 모습은 성령의 강한 능력이 부어져서 영혼을 살리는 역사가 나타나기 원하십니다.

시위할 때 쓰는 화염병을 보여 주시며 복음을 위해 충성할 수 있는 제자가 되게 하시리라고 하십니다.

시장을 봐서 음식을 만드는 모습은 영혼들에게 영적인 배부름을 줄 수 있고 구제하며 살고자 하는 마음을 아신다는 뜻입니다.

식빵을 자르는 것은 주의 말씀이 생명의 떡이 되어 영혼들에게 먹이기를 원하십니다.

식탁 다리가 한 개 빠진 모습은 서로 협력하여 가족 간에 균형을 이루라는 뜻입니다.

식탁에서 차를 마시는 모습은 영적인 안식도 필요하고 안정감도 갖기를 원하시는 의미입니다.

신(꽃신)은 늘 예쁘고 아름다운 모습으로 주님 앞에 살아가기

를 원하시고, 삶이 보배롭고 존귀하게 되기를 원하십니다.

신랑 신부를 보여 주심은 좋은 배우자를 만날 수 있는 축복을 뜻합니다. 하나님은 배우자의 관계도 믿음과 은혜의 가정을 이루시기를 원하십니다.

신문과 뉴스는 날마다 세상의 뉴스 소식이 나오듯 날마다 복음 전파에 힘쓰기를 원하십니다.

신문에 불이 붙은 모습은 지난 과거는 성령의 불로 다 태우고, 좋지 않은 과거는 다 지우기를 원하십니다.

신문은 세상에 귀 기울이지 말고 복음의 말씀에 귀 기울이라는 뜻이 있으며, 영적으로는 말씀의 지식을 더 채우라는 것입니다.

신문지를 펴놓고 대변을 보는 모습은 사역에 있어 지저분하고 악취 나고 해로움을 주는 고통이 있을지라도 허물과 죄를 용서하라는 뜻입니다.

신발 한 짝만 있는 것은 신발 한 짝을 잃어버린 것 같은 마음으로 잃은 양을 찾기를 원하십니다.

신발(고급 신발)은 물권을 주셔서 주님의 영광을 위해 존귀하게쓰임받기를 원하십니다.

신발(빨간 신발)은 예수님의 보혈에 젖어서 전도하라는 의미입니다.

신발(큰 신발)을 보여 주심은 전도하라는 것이고, 큰 장갑을 보여 주심은 손에 능력이 있음을 알려주셨습니다.

신발(큰 신발)을 신으려는 모습은 내 분량, 내 처지에 맞지 않는 일을 좇아가지 말고 내 분수에 맞게 나아가라는 뜻입니다.

신발에 바퀴가 달려서 쭉 나가는 모습은 내가 사는 것이 아니고, 주님이 내 걸음을 인도해 가심을 뜻합니다.

신발을 닦아 주는 모습은 교회 안에서 지극히 작은 일에 충성하고 봉사하라고 하십니다.

신발을 신었는데 신발에 구름이 달려 있는 모습은 내가 가는 길에 늘 주님의 임재와 평안이 있음을 뜻합니다.

신발이 거꾸로 놓여있는 모습은 인생이 거꾸로 놓인 것처럼 어렵게 살아가고 있음을 뜻합니다.

신발이 마구 뛰어가는 모습은 발바닥에 불이 나게 사역에 힘쓰는 것을 아신다고 하십니다.

신발이 많이 있는데 영혼들에게 신발을 신겨주는 모습은 평안이 없는 자들에게 하나님의 평안을 나눠주는 자로 사용하시기를 원하십니다.

신발이 한 짝만 있는 것은 그 사람의 마음이 허전해 있고 불안함을 말합니다.

신부 옷을 입은 성도들의 모습은 성도들이 신부 단장되어 혼인예식 같은 교회가 되기를 원하십니다.

신생아를 보여 주시며 새 신자와 같은 어린 영혼에게 생명의 양식을 주는 자로 쓰임받기를 원하십니다.

신앙서적들이 쌓이는 모습은 믿음, 능력의 기름부음이 차곡차곡 쌓여 믿음대로 행하면 책임져 주실 것을 뜻합니다.

신앙서적을 보이심은 책과 말씀을 통해 심령에 양식이 채워지길 원하신다는 의미입니다.

신호등은 하나님의 신호와 음성을 듣고 인도함을 받으라는 뜻입니다.

실(가느다란 실)을 잡고 있는 모습은 하는 일이 힘이 없고 연

약함을 뜻합니다.

실(긴 실)은 기도의 끈을 놓치지 말고 늘 주님과 교제 나누기를 원하십니다.

실(엉킨 실)을 보여 주심은 삶에 엉키고 묶인 문제들을 예수의 이름으로 끊으라고 하십니다.

실내화는 복음의 신을 신고 내적 성장을 이루라는 뜻이고, 말씀의 기름부음의 은혜를 주시겠다는 의미입니다. 그리고 가정이 평안과 안식과 쉼 속에 살고 있다고 하시는 것입니다.

실눈을 뜨고 있는 모습은 영적인 눈이 크게 열리기를 사모하여, 더 넓은 영적인 시야가 열려야 함을 말합니다.

실로폰으로 아름다운 소리를 내는 모습은 악기를 통해 경배하기를 원하시는 것입니다.

실로폰은 온 가족이 각자의 위치에서 아름답게 소리 내어 아름다운 가정으로 세워지게 해달라고 기도하라는 뜻입니다.

실로폰이 쳐지는 모습은 주님으로 인해 사역이 활발하게 이루어지기 원하십니다.

실오라기는 작은 문제를 바라보고 고통스러워하지 말라는 환상입니다.

실을 보여 주심은 사역에 있어 어려운 문제가 주님으로 인해 쉽게 풀릴 은혜가 있음과 작은 일에도 감사하라는 뜻입니다.

실을 잡아당겼다 풀어줬다 하는 반복된 모습은 남편을 너무 잡아당기려고만 하지 말고 성령이 주시는 지혜대로 잘하기를 원하십니다.

실타래(흰 실타래)를 보여 주시는 것은 찢기고 상한 영혼들을 치유하고 회복시켜 주라는 뜻입니다.

실타래가 감겨진 모습은 감아놓은 실만큼 쓸 수 있는 것처럼 더욱 기도에 힘쓰면 기도한 양만큼 응답이 주어집니다.

실타래가 엉켜있는 모습은 잘 풀리지 않으면 끊고 나가는 결단의 모습이 필요함을 뜻합니다.

실타래는 영적인 옷을 많이 만들어 영혼들을 잘 가르치고 포근하게 양육하라는 뜻입니다.

실탄을 보여 주심은 총이 있어야 무기가 됨을 나타냅니다.

심방을 다니는 모습은 영혼들에게 상담과 치유와 복음의 은혜를 주기를 원하십니다.

심벌즈가 마주쳐 소리 나는 모습은 믿음 안에서 잘 맞는 배우자를 만나도록 기도하라는 의미입니다.

심벌즈가 서로 반대쪽을 향하고 있는 모습은 서로 등지지 말고 협력하여 선을 이루고 마음을 합하라는 뜻입니다.

심벌즈는 손뼉 치며 찬양하라는 뜻도 있고, 두 손뼉이 마주쳐야 소리가 나듯 부부가 한마음, 한뜻으로 연합하라고 하십니다.

심장과 폐부를 보여 주심은 말씀 권세로 영혼들을 고치는 일을 하라는 뜻입니다.

심장이 박동하는 것은 예수 그리스도의 심장으로 말하고 행동하기를 원하십니다.

십계명은 주의 말씀과 계명을 잘 지켜 주님을 나타내기를 원하십니다.

십자가 모양으로 물이 퍼져 나감은 예수의 사랑이 퍼져 나가기를 원하십니다.

십자가 모양의 꽃은 예수님의 사랑을 꽃과 같이 그리스도의 향기를 나타내기를 원하십니다.

십자가 모양의 나무 두 그루를 헬리콥터가 서로 연결해 주는 것은 믿음 안에서의 결혼을 의미합니다.

십자가 위에 누워있는 모습은 그리스도와 함께 정과 욕심, 감정을 주님 앞에 내려놓고 평강의 도구로 쓰임받기 원하십니다.

십자가 탑을 보여 주심은 교회를 위해 중보기도 하라는 뜻입니다.

십자가 탑이 세워진 모습은 주님을 바라보고 하나님께 초점을 맞추라는 의미입니다.

십자가(나무로 만든 큰 십자가)를 짊어지고 가는 모습은 자기의 십자가를 잘 지고 가라는 의미입니다.

십자가(빛나는 십자가)는 말씀의 빛으로 풍성히 채워지고 광명한 은혜가 부어지기를 원하신다는 의미입니다.

십자가(큰 십자가)가 길에 놓여 있는데 십자가 위를 걸어가는 것은 십자가의 길이 고난의 길이지만 순종해 가면서 많은 영혼들을 인도하는 영적인 지도자가 되라고 하십니다.

십자가가 공중에서 성령의 검으로 바뀌는 모습은 말씀 권세가 더 강하게 임해서 공중 권세를 이기는 신앙으로 세워지기 원하십니다.

십자가가 동서남북에 있는 모습은 어디를 가든지 주님이 함께 하심을 간증하라는 뜻입니다.

십자가가 서 있는 성전의 모습은 교회의 입장에서 바라보며 잘 참고 인내하며 주님을 섬기기를 원하십니다.

십자가를 보여 주심은 십자가를 지고 주님의 군병으로 담대하고 씩씩하게 나아가 부활의 축복을 나타내며 살기를 원하시는 것입니다.

십자가를 부부가 함께 지고 가는 모습은 힘들더라도 함께 하여 하나님 앞에 인정받는 삶을 살라고 하십니다.

십자가에 주님의 피 묻은 손은 거룩하고 성결함으로 부으시길 원하시는 환상입니다.

십자가에서 빛이 나오는 모습은 말씀의 빛 가운데로 온전히 들어오기를 원하시는 것입니다.

십자수를 놓은 작품은 하나님의 은혜로 인생을 수놓아 영광 돌리도록 인도하시리라고 말씀하십니다.

싹이 나려 하면 누군가가 밟아버리는 모습은 사단의 공격, 마귀 권세를 물리치라는 뜻입니다.

싹이 난 모종은 복음을 듣고 믿음의 싹이 나려는 영혼들에게 말씀의 생수를 먹이라는 뜻입니다.

싹이 올라오는 모습은 때와 기한이 되면 은혜를 부어주시길 원하신다는 의미입니다.

싹이 자라서 50cm 정도로 자란 식물을 보여 주심은 새신자를 잘 양육하고 키우라는 뜻입니다.

쌀 항아리에 쌀을 붓는데도 쌀이 새어나가는 모습은 물질의 손실이 있을 것을 뜻합니다.

쌀가마니가 많이 쌓여있는 환상은 물질의 축복을 통하여 하나님께 헌신하기 원하신다는 의미입니다.

쌀가마니에 쌀이 넘치는 것은 영적, 육적인 은혜가 넘쳐서 모든 일에 부족함이 없기를 바라십니다.

쌀과 곡식을 많이 보여 주심은 생활 속에 많은 축복이 있음을 뜻하고, 물권이 있음을 의미합니다.

쌀바가지에 맑은 물이 담겨 있는 모습은 씻겨주시고 회복하고 치유하길 원하심이며 이것이 말씀으로 이루어지길 바라시는 것입니다.

쌀밥과 보리밥은 같이 섞어 먹으면 맛과 영양이 있는 것처럼 우리의 모습이나 생각들은 다르지만 주님 앞에 가치와 능력을 드러낼 수 있도록 협력자를 붙여달라고 기도하라는 뜻입니다.

쌀밥은 생명의 양식을 풍성하게 줄 수 있도록 기름이 부어지길 원하십니다.

쌀벌레는 그 사람의 삶을 훼방하는 사단의 역사가 있음을 말합니다. 영적으로는 하나님의 생명의 말씀을 사단이 갉아먹는 모습을 뜻하기도 하고, 육적으로는 그 삶에 물질의 손해가 나고 질병의 아픔이 있고 환경이 점점 어려워지는 모습을 뜻하기도 합니다. 하나님으로부터 말씀의 빛이 충만하게 임하여져서 생활과 환경에 역사하는 더러운 사단의 영이 떠나가야 될 줄 믿습니다.

쌀을 쏟아 붓는 모습은 수고한대로 수확이 있을 것을 의미합니다.

쌀이 하늘로부터 떨어지는 이상은 복음 전하는 삶을 살면서 영혼을 추수하라는 의미입니다.

쌍둥이불이 색깔은 다르나 양쪽으로 퍼져가는 모습은 교회와 기도원 사역이 조화를 이루기 원하십니다.

쌍무지개는 배우자의 축복이 있다는 뜻입니다.

쌍무지개를 보여 주시는 것은 하나님으로부터 삶의 은혜가 흘러나듯이 순교적 신앙과 믿음의 실상을 가지고 행해 나가라는 뜻입니다.

쌍쌍바(아이스크림)는 몸은 둘이지만 서로 한 몸같이 같은 마음과 뜻을 품으라고 하시는 것입니다.

썩은 이(다른 사람의 썩은 이)를 펜치로 빼주는 모습은 상한 영혼들을 고치고 치유하고 말씀으로 가르칠 수 있도록 기름 부어 주리라는 의미입니다.

쓰레기가 불에 타는 것은 쓰레기와 같이 더러운 환경을 성령의 불로 태워지도록 기도하세요.

쓰레기를 안고 있는 모습은 부질없고 쓸데없는 생각이나 걱정, 근심 등을 버리고 성령의 생수가 부어지도록 기도하라고 하십니다.

쓰레기통은 죄와 세상의 더러운 것들이 내 안에 오염되지 않도록 마음을 다스리기를 원하십니다.

쓰레받기로 모래를 퍼 올리는 모습은 심령성전이 잘 세워지도록 주님의 인도를 잘 받으라는 뜻입니다.

씨를 땅에 심었는데 돌 된 아이만큼 자란 모습은 영적으로 어린 자들을 말씀으로 양육하여 자랄 수 있도록 때를 기다리라는 의미입니다.

씨름하는 모습은 영적으로 힘이 강해져야 사단의 공격을 이길 수 있다는 환상입니다.

씨앗을 땅속에 심는 모습은 씨앗을 심으면 싹이 나오듯 하나님의 일을 하면 열매가 맺힌다는 뜻입니다.

아골 골짜기는 아무리 힘들고 괴로워도 복음 들고 주님 앞으로 나아가라는 것입니다.

아군이 이겨서 만세를 부르는 모습은 영적 전쟁에서 승리하여 승리의 개가를 부를 수 있기를 바라십니다.

아궁이(가마솥이 있는 아궁이)에 불이 붙은 모습은 과거에 연연해하지 말고 미래를 바라보며 계획 있는 삶을 살라는 뜻입니다.

아궁이에 불이 붙은 모습은 뜨거운 열정, 첫 믿음, 첫사랑을 회복하기 원하신다는 의미입니다.

아궁이에 장작불이 타는 모습은 영혼들에게 따끈한 은혜를 줄 권세가 있음을 말합니다.

아기 등에 여러 개의 주머니들이 달려있는 모습은 축복의 주머니를 뜻하며, 부모의 헌신을 통해 자녀가 필요할 때마다 꺼내어 쓸 수 있는 축복을 주셨음을 의미합니다.

아기 발바닥을 보여 주시며 아직은 영적으로 어린아이 같은 신앙 수준이므로 사랑받고, 보호받고 말씀 먹고 잘 세워지라는 의미입니다.

아기(광주리 안에 많은 아기)들을 보여 주심은 영적으로 어린 영혼들을 사랑과 양육으로 보살피기를 원하십니다.

아기가 가지고 노는 딸랑이 장난감은 엄마의 심정으로 어린 영혼들을 잘 인도하라는 뜻입니다.

아기가 강보에 쌓인 모습은 내 힘, 내 능력, 내 지혜로 살아가는 것이 아닌 성령의 힘으로 안아 주시고 품어주는 은혜를 주시기 원하십니다.

아기가 보행기를 타고 재롱부리는 것은 어린 영혼들을 어리다고 무시하거나 실망하지 말고 영혼들이 자라나는 것을 보고 즐거워하며 사명 감당하라는 의미입니다.

아기가 태어났을 때 손뼉 치며 기뻐하는 모습은 영혼을 낳는 일에 힘쓰라는 의미입니다.

아기들에게 물리는 노리개 젖꼭지를 아기에게 물리는 모습은 영혼들에게 하나님의 사랑을 잘 베풀 수 있기를 원하십니다.

아기들이 보행기를 타고 있는 모습은 어린 아기와 같이 되지 말고 영적으로 철들기를 구하라는 의미입니다.

아기들이 보행기를 타는 모습은 어린 영혼들을 맡겨주시겠다는 의미입니다.

아기를 다독거리면서 잠을 재우는 모습은 어린 영혼들을 주의 사랑으로 잘 섬기기를 원하십니다.

아기를 등에 업은 모습은 작은 일에 충성하고, 어린 영혼들을 잘 양육하라는 뜻입니다.

아기를 예수님이 안고 이리저리 흔드는 모습은 주님께서 영혼을 사랑하는 마음을 표현하는 환상입니다.

아들이 아버지를 닮은 모습은 성도님에게 하나님의 성품이 나타나기를 원하시는 것입니다.

아령과 역기를 보여 주심은 영적인 힘을 키워야 된다고 말씀

하십니다.

아령으로 운동하다가 역기를 들고 운동하는 모습은 능력이 모아지면 크게 쓰임 받을 것을 말씀하십니다.

아론과 훌을 보여 주시며 섬기는 교회의 목사님에게 힘이 되는 자가 되라고 하십니다.

아론의 싹난 지팡이를 보여 주시며 많은 영혼들에게 기적 같은 성령의 역사가 나타날 수 있기를 원하십니다.

아이들이 허리에 계속해서 붙는 모습은 아이들을 말씀과 사랑의 띠로 잘 인도하라는 뜻입니다.

아이스크림 같은 빙과류를 얼리는 기구는 재료가 부어지는 대로 작품이 만들어지듯, 우리도 하나님의 부으시는 은혜대로 하나님의 작품으로 만들어집니다.

아이스크림을 먹는 모습은 심령에 시원함을 주시려는 의미입니다. 부채, 선풍기, 에어컨은 다른 사람의 마음을 시원하게 해 주는 은사가 있습니다.

아이스크림을 먹으며 가는 모습은 삶의 작은 은혜에도 감사하며 살기를 원하십니다.

아치풍선(가게를 개업할 때 장식하는 아치풍선)은 영적으로 주님의 아름다운 모습을 나타내기를 사모하고, 주님이 축복하시리라는 뜻입니다.

아침 이슬을 보여 주시는 이상은 그 사람이 아름답고 청아한 모습으로 하나님 앞에 드려지고 있음을 뜻합니다.

아코디언은 주님을 찬양할수록 힘과 용기가 더 커지리라고 하십니다.

아파트 거실을 보여 주심은 평안히 주 안에 거하도록 인도하시리라는 뜻입니다.

악기(여러 가지 악기)를 보여 주시며 달란트를 사용하라는 의미입니다.

악기들이 스스로 연주하는 모습은 온가족이 가정예배를 통해서 하나가 되기를 원하십니다.

악수하는 모습은 옆에 있는 사람과 손을 잡고 잘 협력하기를 원하십니다.

악어는 붙잡아 삼키려는 사단의 역사가 있음을 뜻합니다.

악어의 입에 사람이 물려 있습니다. 죽어가는 영혼을 살리는 일에 힘쓰십시오.

안개는 현재의 삶이 앞이 안 보이도록 희미하고 답답함을 말합니다.

안경(검은 안경)을 보여 주심은 말씀이 없이 살면 소경이 길을 가는 것과 같다는 의미로 영적인 눈이 어두워져 있음을 뜻합니다.

안경(여러 가지 색깔의 안경)을 보여주셨는데 허물, 시기, 다툼의 안경을 벗어 버리고 예수님의 사랑의 안경을 끼라고 말씀하셨습니다.

안경이 뒤집혀 있는 모습입니다. 영적으로 바른 눈을 가지고 세상과 영혼들을 바라보라는 말씀입니다.

안대(검은 안대)를 벗는 모습은 영적으로 눈이 어두운 자를 하나님이 살리시는 역사를 위해 기도하라는 의미입니다.

안대를 끼고 길을 엉금엉금 걸어가는 모습은 영적인 눈이 더 열려야만 어두움에 헤매지 않을 것을 일러주심입니다.

안대를 두른 모습은 앞이 캄캄하고 방황하는 삶을 살고 있음

을 뜻합니다.

안락의자를 보여 주심은 일할 때는 열심히 일하고, 쉴 때는 편히 쉬길 원하십니다.

안수기도해 주는 모습은 아픈 사람에게 손을 얹고 기도해 주면 치유의 은혜가 있음을 말합니다.

안전벨트는 안전하게 살 수 있도록 보호하실 것을 말씀합니다.

안테나를 보여 주시며 믿음의 말씀을 듣고 보고자 할 때 하나님이 항상 나와 함께 하심을 기억하기 원하십니다.

앉아 있는 모습은 영적으로 주저앉아 있지 말고 주를 위해 일어나라고 하십니다.

앉아 있다가 벌떡 일어나는 모습입니다. 앉은뱅이 같은 신앙이 아니라 일어서는 신앙생활을 하기 원하십니다.

앉아있는 사람을 일으켜 주는 것은 영적으로나 육적으로 앉아있는 영혼들을 믿음과 말씀으로 일으켜 주라는 의미입니다.

알곡과 쭉정이를 보여 주시며 하나님 앞에 알곡 신앙이 되어 하나님께 영광 돌리고 참된 그리스도인으로 세워지라는 뜻입니다.

알밤(잘 익은 큰 알밤)은 축복의 열매입니다.

알을 품음은 주님 안에 품어 주심을 뜻합니다.

알통이 팔에 불룩 나온 모습은 주님의 일을 하면 할수록 하나님의 능력이 더 부어지고 있음을 말씀하십니다.

암탉이 병아리를 품는 모습은 성도에게 회개를 가르쳐 하나님의 은혜가 부어지도록 하고, 주의 품안에 영혼들을 품으라는 뜻입니다.

압력 밥솥에 뜸이 드는 모습은 인내하고 참고 기다리며 기도하라는 뜻입니다.

압력 밥솥의 뜸 들이는 모습을 보이시며 인생의 맛을 내는 자가 되기를 원하십니다.

압력솥은 신앙의 뜸이 들어야 함을 뜻하며, 참고 인내하기를 원하십니다.

압정은 그 사람에게 압정으로 찌르는 것 같은 고통이 있음을 말합니다.

앙금이 가라앉아 있으나 휘저으면 물이 흐려집니다. 그와 같은 사단이 역사해도 변함없는 믿음을 가지기를 원하십니다.

앞사람이 도망가고 뒷사람이 쫓아가는 모습은 앞으로 하는 일을 통해서 쫓고 쫓기는 불안한 일들이 일어날 것을 말합니다.

앞치마(깨끗한 앞치마)는 심령이 고쳐지는 사역을 감당하기 원하십니다.

앞치마는 사랑과 섬김의 은사를 주셔서 남을 배려하는 마음을 부어주셨습니다.

애드벌룬을 보여 주심은 애드벌룬을 사람이 타면 불안하듯 두려움, 걱정, 근심은 주님께 맡기라는 뜻입니다.

애벌레를 보여 주시면서 애벌레가 곤충으로 부화하듯 성도가 잘 변화되어지도록 때를 기다리라는 의미입니다.

애벌레에서 나방으로 바뀌는 모습은 날마다 새롭게 거듭나고 변화되어지는 역사가 드러나기를 원하는 의미입니다.

앨범이 넘어가는 환상은 좋지 않은 것은 잊고, 좋은 것만 기억하라는 뜻입니다.

앵두는 보혈에 젖어 있기를 원함이고, 열매 맺기를 원함입니다.

앵무새 한 쌍을 보여주십니다. 부부가 한 마음으로 하나님의 말씀대로 살 때 그들을 통하여 영혼들이 소생하는 역사가 있을 것을 말씀하십니다.

앵무새 한 쌍이 서로 안고 있는 모습은 부부가 늘 영육 간에 붙어서 서로 이해하고 감싸주어 서로 열매 맺기를 원하십니다.

앵무새를 보여 주심은 말하기보다는 행동으로 옮기라고 하셨습니다. 또 한 가지는 성령님의 음성을 잘 듣고 순종하라는 뜻입니다.

야곱이 천사와 씨름하는 모습은 영적 싸움에서 예수 그리스도의 이름으로 승리하기를 원하십니다.

야구공과 야구방망이를 보여주십니다. 프로가 되기 위해서 힘든 훈련 과정들이 있듯이 나의 부족함을 깨닫고 잘 훈련받아서 높은 단계에 이르기를 원하십니다.

야구공이 빠르게 움직이는 장면은 세월이 빠르게 지나감을 뜻합니다.

야자수 나무들은 예수님의 사랑과 은혜를 가진 사람을 뜻합니다.

야자수 열매를 빨대로 먹는 것은 하나님께서 주시는 영생수가 맛이 있지 않느냐고 하시며, 과일의 맛처럼 다른 사람에게 그 맛을 주는 자가 되라고 하십니다.

약도는 내가 무엇을 할지 성령님께서 감동 주시고 알려주시는 대로 이끌림 받도록 기도하라는 뜻입니다.

약수터에서 큰 빨간 바가지를 들고 물을 떠 마시는 그림입니다. 세상이 줄 수 없는 깨끗하고 신령한 생수를 마시면 영혼이 소생되고 치료되는 역사가 나타날 것을 말씀하시는 것입니다. 대체로 빨간 색은 예수님의 보혈을 의미합니다.

약을 넘어진 사람에게 발라 주는 모습은 사랑과 섬김의 은사로 영·혼·육의 치료자가 되기를 원하십니다.

약재료를 사발에 넣고 가는 모습입니다. 병든 영혼들에게 하나님의 말씀으로 잘 가르쳐서 생명의 말씀을 통해서 그들의 질병과 문제들이 치유되고 회복되기를 원하십니다.

약탕기는 성령으로 자신이 잘 다스려져서 영혼들에게 시원한 은혜를 공급하기를 원하시는 것입니다.

양 팔을 벌려서 조금 날다가 떨어지는 모습은 말씀과 성령의 날개를 통해 영적으로 넓고 높은 은혜가 더 깊어지기를 원하십니다.

양(한 마리의 잃은 양)을 찾으러 돌아다니시는 예수님의 모습은 우리가 늘 아흔아홉 마리 양보다 한 마리의 잃은 양을 찾는 심정으로 신앙생활하기를 원하십니다.

양각 나팔(큰 양각 나팔)은 복음의 나팔을 부는 주의 큰 종으로 세우리라는 뜻입니다.

양각 나팔이 불어지는 모습은 사역의 길이 넓혀지고 창일한 은혜가 나타날 것을 의미합니다.

양계장의 닭들을 보여 주시는 것은 이 가정에 하나님께서 은혜를 주시고 수확을 주시어 더 많은 은혜가 드러나기를 원하십니다.

양궁 하는 모습은 신령한 눈이 열리고 귀가 열려 하나님의

음성을 듣고 볼 수 있는 안목이 깊어지기를 원하십니다.

양동이 같은 그릇을 보여 주시며 지금은 보잘 것 없지만 앞으로 큰 그릇으로 바뀌어 은혜가 부어지길 원하시는 것입니다.

양동이에 먹물이 담겨져 있는 것은 먹물보다 더 검은 죄를 회개하라는 말씀입니다.

양동이에 물을 받아 자신에게 붓는 모습은 말씀을 통해 치유되는 역사가 있기를 원하십니다.

양들이 모여 있는 울타리는 하나님의 말씀 안에 거하라는 뜻입니다.

양들이 울타리 밖으로 뛰어넘으려 하는데 울타리 안에 붙들어 놓은 모습은 양을 기를 때 목자의 마음, 그리스도의 마음으로 영혼들을 사랑하면 그들이 하나님은 신실한 분임을 고백하게 될 것을 말씀하십니다.

양들이 포동포동 살이 쪄서 푸른 동산을 힘있게 뛰어다니는 모습은 그 교회가 영적으로 풍성함을 뜻합니다.

양반의 위엄 있는 모습은 양반의 겉모습이 중요한 것이 아니라 양반의 덕목을 지켜 겉사람 보다는 속사람이 견고히 세워지고 채워져야 된다는 뜻입니다.

양발을 밖으로 내놓고 서 있는데 안으로 모아주는 모습은 온전치 못한 영혼을 바로 세워주기를 원하십니다.

양복 단추를 잘못 끼워서 다시 끼우는 모습은 새롭게 다시 시작하여 하나님 앞에 영육 간에 바르고 단정한 삶으로 세워지기를 원하십니다.

양복 입은 모습은 하나님 앞에, 사람 앞에 바른 모습으로 세워지며 은혜를 나타낼 수 있도록 도우리라고 하십니다.

양손이 부케처럼 꽃으로 변하는 것은 양손에 성령의 기름을 부으셔서 하는 일에 복을 주시고 예수님의 향기를 드러내도록 하심입니다.

양어장에서 물고기를 기르는 모습은 영혼을 잘 양육하라는 의미입니다.

양은 착하고 선함을, 개미는 부지런히 주의 일을 하라는 뜻입니다.

양을 보여 주시며 예수님이 잃어버린 영혼을 찾으러 두루 다니시고 나를 그렇게 찾으신 것처럼 목자의 마음으로 영혼들을 끝까지 사랑하라고 하십니다.

양의 울타리 문이 자동으로 열리는 것을 보여 주시며 내 눈으로 볼 때 막힌 담 같고, 닫힌 문 같지만 열고자 하면 주님이 열어주실 것을 뜻합니다.

양의 울타리는 양이 울타리 안에 있어야 평안하듯, 우리가 주님 안에서 평안히 목자의 음성을 듣고 순종하며 누리며 살기를 원하시는 것입니다.

양의 털을 빗는 모습은 사랑과 섬김으로 영혼을 잘 기르고 훈계하기를 원하십니다.

양의 털이 비에 젖어있는 것은 피할 데가 없어서 세상에 눌린 가운데 살아가고 있는 모습을 뜻합니다.

양이 배고프다고 신음하는 것은 영적으로 배고프고 힘든 영혼을 주님의 사랑과 말씀으로 보살피기를 원하십니다.

양이 비에 젖어서 비실거리는 모습은 목자 없는 양처럼 시름시름 살고 있음을 뜻합니다.

양이 포동포동 살찐 것을 보여 주시며 주의 종을 위해 기도

하고 헌신하기를 원하십니다.

양쪽에서 서로 끌어당기는 모습은 이 길로 가야할지 저 길로 가야할지 모르는 방황하는 모습입니다.

양초(사과 모양의 양초)는 예수의 보혈의 피가 성령의 열매로 나타나기 원하십니다.

양초(장식용 기다란 양초)에 불이 꺼져 있음을 보여 주시면서 성령의 불로 다시 피어올라 세상에 빛과 소금의 역할을 잘 감당할 수 있기를 원하십니다.

양초(큰 양초)는 세상에 큰 빛이 되어 어두운 곳을 밝히고, 나의 희생을 통해서 주님의 빛과 향기가 나타나기를 원하십니다.

양초(큰 양초)에 촛농이 녹아지는 모습은 하나님과 사람 앞에 희생하고 헌신하라는 뜻입니다.

양초가 누워있는 것은 일어나 빛을 발하기를 원하십니다.

양초에 불이 꺼져가는 모습은 상한 갈대를 꺾지 않고 꺼져가는 심지불이 꺼지지 않게 지키시고 보호하기를 주님께서 원하십니다.

양초에 불이 꺼진 모습은 성령의 은혜가 소멸되지 않게 자기 자신을 잘 살피고 은혜를 구하기 원하십니다.

양치질하는 모습은 항상 청결하고 깨끗하길 원한다고 하셨습니다.

양탄자가 날아가는 모습은 사역지를 옮기려는 하나님의 뜻도 있고, 그가 뜻을 정하면 가고자 하는 곳으로 주님이 인도해 주실 것을 약속하신다는 의미도 있습니다.

양털 옷을 입은 모습은 예수님은 나의 목자가 되고, 나는 주

님의 양이 되어 주님만 따라가라고 하십니다.

양털을 빗질해 주고, 안아주는 것은 주님의 양을 사랑하고 잘 섬기며 세우는 일에 쓰임받기를 원하십니다.

양털이 입혀지는 모습은 우리가 주님의 양이듯 목자의 음성을 잘 듣고 푸른 초장으로 인도받기 원하십니다.

양털이 커지는 모습은 하나님의 사랑이 더 커져서 하나님의 품안에 즐거워하며 살 수 있는 은혜를 주시리라고 말씀하십니다.

양파, 마늘은 그것에 독특한 맛이 있듯이 사역에 있어서 예수님의 진한 향기를 나타내기를 원하십니다.

양팔 저울을 보여 주심은 하나님의 마음을 시험치 말라는 뜻입니다.

양팔 저울의 양쪽 무게가 평행인 것은 내 인생에 큰 변화가 없음을 뜻합니다.

양푼에서 여러 가지 과일들을 씻고 있는 모습은 내게 주신 작은 은혜도 감사하고, 앞으로 맛있는 과일 열매를 더 맺게 해 달라고 기도해야 합니다.

어금니는 교회에서 중추적인 사명이 있음을 보여주셨습니다.

어깨동무하며 찬양하는 모습은 주위 사람과 한 마음으로 주님을 찬양하라는 뜻입니다.

어깨를 보여 주심은 하나님의 능력이 임해 있음을 의미합니다.

어깨에 미사일이 달린 것은 앞으로 영적 믿음과 능력의 권세가 부어지게 하실 것을 말씀하십니다.

어깨와 팔에 힘이 들어가는 모습은 복음의 힘과 능력을 부어주셔서 약한 자를 강하게 회복하는 일에 쓰임 받을 수 있도록 도우시리라는 뜻입니다.

어두움, 캄캄함은 그 사람이 어둠의 영에 묶여 있는 것입니다.

어묵 꼬치가 계속 끼워지는 모습은 하나님을 의지할 때 더 큰 은혜로 채워지는 은혜를 의미합니다.

어버이날 자식들이 부모님께 카네이션을 달아드리는 모습은 복음의 사명을 잘 감당하여 하나님께 효도하라는 의미입니다.

어부를 보여 주시며 베드로와 같이 전도하여 추수하라고 하십니다.

어항에서 물이 끊임없이 나오는 것은 작은 그릇이지만 내안에서 주님의 생수의 강이 끊임없이 나오도록 성령의 기름을 부어주십니다.

어항은 주신 은혜가 지극히 작을지라도 기쁨으로 감사하고 자족하는 마음으로 살아가라는 뜻입니다.

어항의 산소 방울은 영혼이 죽지 않게 예수님의 생명력을 불어 넣는 은혜가 나타나기를 원하십니다.

어항이 좁고 긴 것을 보여 주시며 속이 좁다고 하십니다.

언덕(평평한 언덕)은 인생을 평탄하게 살아갈 수 있는 은혜가 있음을 의미합니다.

언덕에 꽃이 핀 모습은 영적으로 육적으로 잘 인도받아 풍성한 은혜를 입으라는 의미입니다.

언덕은 시험이 있지만 언덕을 넘어가는 것처럼 원만하게 넘어갈 수 있는 은혜가 있음을 말합니다.

언덕의 폭포수는 작은 은혜를 의미합니다.

얼굴에 주근깨가 많은 것을 보여 주심은 거룩하게 살기를 원하시는 것입니다.

얼굴을 베일에 가린 신부의 모습은 거룩한 신부로 영적 단장할 은혜를 부어주시겠다는 의미입니다.

얼굴이 거꾸로 보이는 것은 지금 영적으로 바로 서 있지 못함을 의미합니다.

얼굴이 창백한 모습은 심신이 회복되는 은혜가 있기를 원하십니다.

얼굴이 커지면서 광채가 나는 것은 주님의 영광이 더 비춰져서 내 모습이 주님의 모습이 되어 성령의 빛을 나타내기를 원하십니다.

얼룩말을 보여주시면서 삶이 정결치 못하고 죄악의 줄이 보이는 자들에게 순결하기를 원하십니다.

얼음덩어리를 깨는 모습은 춥고 어려운 고난을 주님의 능력으로 깨부수고 나가기를 원하시며, 나의 과거를 통해 아프고 상한 영혼들의 마음을 헤아리고 싸매주는 자가 되라는 뜻입니다.

얼음산이 깨어지는 것은 믿음의 기도를 통해 냉랭한 영혼들의 마음이 깨어지고 하나님의 따뜻함으로 회복되어질 것을 말씀합니다.

얼음은 주님 앞에 심령이 뜨겁든지 차든지 살아가라고 하십니다.

얼음을 깨서 빨래하는 모습은 주의 일을 하는 것이 이처럼 어렵고 힘들지만 복음의 능력으로 아버지의 일을 해 나갈 수 있는 은혜가 부어지기를 원하십니다.

얼음이 녹아져 나가는 것은 기도의 권세를 통해 인생의 어려운 문제를 당하는 자들에게 그런 은혜를 주실 것을 말씀하십니다.

얼음이 사르르 녹는 모습은 겨울 같은 어려움과 고난이 떠나가게 하시고 성령의 능력으로 회복되기를 구하라는 의미입니다.

엄마가 아기에게 젖 주는 모습은 어린 영혼에게 젖을 먹이듯이 영혼을 양육하고 세워주는 자가 되기를 원하십니다.

엄마와 아기 사이에 탯줄을 보여 주심은 우리와 주님의 관계가 부모와 자녀의 관계인 것처럼 이와 같이 하나님께서 우리를 돕고 길러주시기 위한다는 의미입니다.

엄마의 젖을 보여 주심은 어미의 마음을 가지고 영혼을 양육하라는 뜻입니다.

엄지손가락으로 '최고'라고 치켜세우는 모습은 최고가 되기보다는 최선을 다하는 은혜가 있기를 원하십니다.

엉거주춤 앉아 있는 모습은 주님이 손을 잡아주시고 다시 일어나 주를 위해 충성할 수 있도록 은혜 부어주기를 원하십니다.

엉덩이를 밀어 주시는 것은 주님이 가라는 방향으로 가면 주께서 밀어 주실 것을 뜻합니다.

엉덩이에 불이 붙은 모습은 뜨겁게 신앙생활 할 수 있게 도와주기를 원하십니다.

엎드려 뻗쳐하는 모습은 삶의 환경이 하나님 앞에 훈련받는다고 생각하고 잘 감당해 나가라고 하십니다.

엎드려서 기어가는데 남편이 등에 타고 있는 모습은 엎드려 더 기도하면, 기도의 희생을 통해 남편이 구원 받도록 도와주실 것을 뜻합니다.

에스컬레이터 앞에 서있는 모습은 때를 기다리며 준비하라는 의미입니다.

에어컨(대형 에어컨)은 그 삶에 시원한 성령의 은혜를 부어주기 원하신다는 뜻입니다.

엠마오로 가는 제자들의 사진을 보이심은 주님이 옆에 계셔도 모르고 있는 모습을 뜻합니다.

여리고성은 세상의 시험이 있더라도 무너뜨리고 정복하여서 가나안을 정복하는 은혜를 부어주기 원하십니다.

여성복을 보여 주시는 것은 정적인 마음이 능력이 되어 영혼들을 깨우고 살리는 일에 기름 부어주시고, 영혼들을 살리는 일에 힘쓰게 하리라고 하십니다.

여우는 가정과 교회 사역에 주님의 은혜를 갉아먹는 사단의 역사가 있으므로 조심하라는 뜻입니다.

여우를 보여 주시는 것은 마음속에 기도하지 못하게 하고, 세상 생각을 하며 살도록 사단이 역사하고 있음을 의미합니다.

여자 친구와 머리를 맞대는 모습은 같은 생각, 같은 마음을 품은 여자 친구를 만나는 은혜가 있으리라고 하십니다.

여자가 앞치마를 두른 모습은 소심하고 부끄러운 마음이지만 더 넓고 광활한 마음, 어진 마음을 갖도록 구하라고 하십니다.

여행 가방을 끌고 가는 모습은 첫째는 목적과 방향이 없이 떠나고 싶은 마음을 뜻하고, 둘째는 많은 곳에 가서 말씀을 전하는 사역이 이루어질 것을 뜻하기도 합니다.

여호수아 1장 8절 말씀은 여호수아 장군처럼 하나님의 말씀

의 법궤를 앞세우고 늘 영적전쟁에서 이기라는 것입니다.

여호수아, 갈렙을 보여 주심은 믿음의 눈을 뜨고 볼 것을 본 것처럼 영의 눈을 뜨라고 하십니다.

역기를 들려고 하는데 들리지 않는 모습은 할 수 없는 일은 내려놓고 할 수 있는 일로 하나님께 영광 돌리라는 의미입니다.

역기를 번쩍 드는 모습은 더 큰 성령의 능력이 부어지기를 기도하라는 뜻입니다.

연 날리는 실패를 보여 주시는 것은 부모의 기도와 헌신이 하나님 앞에 쌓아놓은 은혜의 양을 의미하는데, 마치 은행에 저축해 놓은 돈처럼 필요할 때에 공급받을 수 있다는 뜻입니다.

연기가 나는 모습은 더 많은 기도의 향을 주의 제단에 드리라는 뜻입니다.

연기가 올라가는데 하얀 비둘기들이 날아가는 모습은 기도의 향을 통해 순결하고 거룩한 은혜를 부어 주시기 원하십니다.

연기를 보여 주시며 불이 붙으려면 확 붙어서 성령의 불이 꺼지지 않도록 성령의 충만하심과 믿음으로 주의 일을 해 나가기를 원하십니다.

연날리기를 보여 주심은 높은 곳에 살기를 원하지만 힘이 없고 연약하여 은혜가 끊어질 수도 있음을 말합니다.

연막소독차는 영적으로 환경을 잘 소독해서 건강한 신앙생활을 하기 원하신다는 의미입니다.

연못(작은 연못)을 보여 주심은 하나님의 새로운 은혜와 능력의 기름이 부어져서 심령 안에 회복되어지는 역사가 있음을 뜻합니다.

연못은 영적인 은혜가 크지 못하여 우물 안의 개구리이므로

여러 문제가 야기되고 있음을 말합니다.

연못의 다른 의미는 올해는 연못만큼의 은혜가 부어져 있지만 앞으로 강, 바다처럼 확대되어지는 은혜를 구하고 하나님의 영광이 나타나기를 원하십니다.

연못이 고여 있는 것은 답답하고 죽어있는 물 같지만 때마다 일마다 새 단비를 부어 주셔서 하늘로부터 내려오는 은총 속에 살아왔음을 뜻합니다.

연이 날아오르지 못하게 누군가 가위로 끊는 모습은 환경 속에 역사하는 사단의 권세를 뜻합니다.

연이 높이 날다 실이 장애물에 걸리는 것은 주의 일을 할 때 환경에 역사하는 사단의 권세를 예수의 이름으로 끊는 기도를 하라고 하십니다.

연이 높이 날아오르는 것은 기도의 은혜를 통해 높이 날아오르는 은혜를 주기 원하십니다.

연이 엉덩이에 달려 있는 모습은 주님이 주시는 기도의 힘으로 그 삶이 높게 날아오를 것을 보여주십니다.

연장을 만지는 모습은 손재주가 있어서 하는 일에 은혜를 부어 주실 것을 말씀하십니다.

연장을 한 손에 들고 있는 것은 말씀과 지혜의 은사를 통해 가르칠 것을 말씀합니다.

연탄은 그 사람의 마음이 어두운 것을 뜻하고, 가난의 영이 역사함을 뜻합니다.

연탄은 물질을 가로막는 가난의 영이 역사함을 뜻합니다.

연필과 팔뚝만한 큰 무와 당근을 보여 주심은 앞으로 말씀과 지혜의 가르치는 은사를 통해 영혼들을 가르칠 때 내 인생에

거둘 수 없는 수확과 은혜를 주실 것을 말합니다.

연필깎이는 주의 말씀과 성령으로 겉 사람을 깎고 속사람으로 세워지고 쓰임받기를 원하십니다.

연필깎이로 연필 깎는 모습은 연단과 시험과 훈련을 통해 다듬는 과정에 있음을 말합니다.

연필로 글을 쓰는 모습은 작은 봉사로도 하나님의 나라가 확장되고 쓰임 받는 모습입니다.

연필은 잘못 쓰면 지우개로 지우듯, 아니다 싶으면 다시 한 번 생각하고 다시 시작할 수 있기를 원하시는 것입니다.

연필이 깎아지는 모습은 연필이 깎아진 만큼 쓸 수 있는 것처럼 희생하고 헌신된 만큼 은혜와 역사가 나타나리라 하십니다.

연필이나 볼펜을 손으로 굴리는 모습은 자기의 생각이 많다는 뜻이고, 하나님께 초점을 맞추어야 된다는 뜻입니다.

열 손가락은 그 모임 안에서 중심 일꾼으로 세우시겠다는 것을 말합니다.

열 손가락은 한 영혼을 내 자식처럼 생각하고 그들의 아픔이 내 아픔이 되기를 원하십니다.

열 손가락을 쫙 펴는 모습은 성령의 은혜를 손에 부어주시어 하는 일에 복을 주시기를 원하십니다.

열린 문은 막힘이 없이 앞으로 전진할 수 있는 영적인 은혜를 의미합니다. 그 문으로 들어가 주님과 가까이 만나고 교제하라는 뜻이며, 묻고 대답하는 훈련을 하라는 뜻입니다.

열매(광주리에 여러 가지 열매)를 가득 보여 주심은 앞으로의 삶에 열매를 많이 주시겠다는 뜻입니다.

열매(많은 열매)를 보여 주심은 환경과 자녀에게 큰 축복을 주시기 원하십니다.

열매가 익기 전에 떨어지는 모습은 결실이 없고 열매가 없음을 뜻하며, 주 앞에 더 겸손하여 은혜 입기를 원하십니다.

열쇠 하나를 보여 주시며 성령의 지혜를 부어 주시어 문제마다 잘 풀리는 은혜를 주시기 원하십니다.

열쇠는 성령의 지혜와 권세를 주시어 문제를 잘 해결할 수 있는 지혜의 영을 부어 주시겠다는 의미입니다.

열심히 뛰어가는 모습은 끝까지 주님께 충성하기를 원하시는 것입니다.

염소(뿔 달린 염소)는 뿔 달린 사단의 들이박는 역사가 있으므로 기도하라는 사인입니다.

엽서 같은 편지봉투는 예수님과 연애편지를 쓰는 마음으로 사랑하며 살라는 것입니다.

엽전을 보여 주시는 것은 옛적 일에 마음을 두지 말고 현재, 장래 일에 소망을 두고 부요함을 가지라고 하십니다.

엽전이 끈에 꿰어 있는 모습은 가난의 영이 역사함을 뜻합니다.

엽전이 한 잎, 두 잎 모이는 모습은 내 힘으로, 내 능으로 모을 수가 없으므로 하나님의 힘으로 모을 수 있도록 영 권, 인권, 물권을 부어 주시기를 원하시며, 또 다른 의미로는 적은 소득을 통해서도 주님 앞에 영광 돌릴 수 있기를 원하십니다.

영의정이 입는 한복에 벼슬 모자를 보이심은 자기가 처한 형편에 상관없이 권위를 가지고 살아가라는 뜻입니다.

영적인 나이는 아기, 어린이, 청년, 장년으로 키를 보여주셨

고, 나무의 크기에 의해서도 그 사람의 믿음의 분량을 알 수 있습니다.

영정 사진과 채찍을 휘두르는 모습을 보여 주시며 그 사람과 결혼을 하면 내가 죽어져서 살아야 됨을 알려주십니다.

옆모습을 보여 주시는 것은 우물 안의 개구리 같은 답답한 마음을 벗어 버리고, 창일한 그리스도의 은혜 안에서 감당하며 나가기를 원하시는 것입니다.

예방 주사를 맞는 장면은 기도로 미리 예방하라는 뜻입니다.

예복이 내려오는 것은 믿음의 행실을 통해 그리스도의 신부 된 자로 잘 세워져 나가기를 원하십니다.

예쁜 옷을 입고 무도회장에서 춤을 추는 모습은 환경이 어떠하든지 늘 춤추듯 하나님께 영광 돌리며 기쁘게 살기를 원하십니다.

예수님과 두 강도가 십자가에 못 박힌 모습은 한 편 강도가 예수님의 말씀을 믿고 구원받은 것처럼 나의 죄를 위해 죽으신 그리스도의 사랑과 능력이 채워지기를 원하십니다.

예수님과 똑같이 행동하는 모습은 하나님의 말씀을 따라서 예수 그리스도의 향기와 발자취를 나타낼 수 있기를 원하십니다.

예수님과 손목이 쇠사슬로 묶인 모습은 예수님이 이끄시는 방향과 목적으로 나아가고, 의의 길로 인도하시리라고 하십니다.

예수님과 함께 배를 타고 가는 모습은 모든 것을 주님께 맡기고 안식하며 주님을 따라 가라고 하십니다.

예수님께서 하하 호호 웃는 모습은 주님의 기쁨이 되길 원하십니다.

예수님은 밀어 주시는데 사단은 반대로 당기는 모습은 주님이 밀어주시지만, 사단이 방해하며 역사할 때 사단을 이길 권세를 주시기를 원하십니다.

예수님의 손과 팔을 보여 주심은 예수님의 손과 팔을 잡고 걸어가라는 뜻입니다.

예수님의 얼굴과 내 얼굴이 마주보는 모습은 사랑의 관계를 회복하며 하나님이 쓰시는 사람이 되기를 원하십니다.

예수님이 곧고다 가신 길을 보여 주시며 내가 가는 길이 힘들고 어려울지라도 항상 주님만 바라보고 나아가도록 은혜를 부어주기 원하십니다.

예수님이 높은 산에서 부르시는 모습은 영적으로 주님이 원하시는 높은 수준까지 올라갈 수 있도록 분발하라고 하십니다.

예수님이 눈물 흘리는 모습은 주님처럼 영혼을 위해 울 수 있는 마음으로 영혼들을 구원하기를 원하십니다.

예수님이 두 팔을 벌려 교회를 안고 계신 모습은 부족하고 연약해도 주님은 교회를 사랑하심을 뜻합니다.

예수님이 마음에 손을 넣으시는 모습은 과거의 모든 아픔들이 치유되고 회복되기 원하십니다.

예수님이 마주 나오시면서 내게 포옹하시는 모습은 나를 택하여 주시고 동행해 주시는 예수님의 사랑을 깨닫기 원하십니다.

예수님이 맨발로 걸어가시는 모습은 늘 심령에 가난함을 가지고 아버지의 뜻을 이루어 나가라는 뜻입니다.

예수님이 머리에 안수해 주시는 모습은 예수님이 축복하실 것을 뜻합니다.

예수님이 멀리 서 계신 모습은 내 눈에 예수님이 안 계신 것 같지만 믿음 안에서 살아갈 수 있는 은혜를 주셨음을 의미합니다.

예수님이 목사 가운을 입고 계신 모습은 하나님의 뜻대로 인도함을 받아 사명의 길을 가는데 늘 기쁨으로 가기를 원하십니다.

예수님이 복중에서 뛰노는 모습은 신령한 기쁨으로 찬양할 일이 있음을 뜻합니다.

예수님이 세숫대야에 제자들의 발을 씻기는 모습은 사랑과 섬김의 은사가 있음을 말합니다.

예수님이 십자가를 지신 모습은 나에게 있는 문제를 내 십자가라고 생각하고 담대히 나아가기를 원하십니다.

예수님이 십자가에 못 박히신 모습은 "그가 찔림은 우리의 허물 때문이요 그가 상함은 우리의 죄악 때문이라 그가 징계를 받으므로 우리는 평화를 누리고 그가 채찍에 맞으므로 우리는 나음을 받았도다."(사53:5) 말씀을 묵상하고 마음에 새겨서 성령으로 치유받기를 원하십니다.

예수님이 십자가에서 큰 대못에 박히신 모습은 나를 위해 십자가에 못 박히신 주님을 생각하며 감사하며 살아가라는 의미입니다.

예수님이 온 하늘을 뒤덮은 환상은 늘 예수님을 의식하고 예수님의 사랑 안에 거하라고 하십니다.

예수님이 팔짱을 껴주신 모습은 늘 주님과 동행하여 주의 마음을 가지고 주님을 따라가라고 하십니다.

예수님이 하얀 옷을 입고 서 계신 모습은 주님 앞에 순결한 옷을 입고 늘 감사의 고백을 하며 살아가라는 뜻입니다.

오뚝이가 뒤뚱뒤뚱 걷는 모습은 나의 바르지 못한 모습이 믿음으로 바로 세워지기 원하십니다.

오뚝이는 쓰러질듯 하면서 쓰러지지 않듯이 이기며 살아가기를 원하십니다.

오락게임 중에서 겔러그라고 하는 게임을 보여 주심은 영적 전투가 심하고 치열함을 말합니다. (겔러그는 싸움하는 게임 프로그램입니다.)

오르막길을 보여 주시며 한걸음 한걸음씩 영적으로 성장하기를 원하십니다.

오른손을 번쩍 들고 행군하는 모습은 그리스도의 군사로 주님의 길을 가고자 할 때 승리하는 주님의 은혜를 받으리라고 하십니다.

오른손이 하는 일을 왼손이 모르게 하는 모습은 은밀한 가운데 보시는 하나님 앞에 늘 감사함으로 일하기를 원하신다는 의미입니다.

오른쪽 왼쪽을 번갈아 가며 보는 모습은 과거에 연연해하지 말고 주님을 바라보라는 뜻입니다.

오리가 구토하는 모습은 더러운 죄들을 회개하라는 뜻입니다.

오리가 꽥꽥거리는 모습은 시끄러운 소리에 가슴 아파하는 내가 수치스럽게 여겨지지만 핍박을 감수하며 잘 감당하기를 원하십니다.

오리가 꽥꽥거리며 뒤뚱뒤뚱 걸어가는 모습은 그 환경에 더러운 영이 역사 하지 못하게 기도하기를 원하시는 것이며, 하나님 앞에 온전한 모습으로 똑바로 살기를 원하시는 것입니다.

오리들(수많은 오리들) 가운데 서 있는 모습은 어떻게 해야 할지 몰라서 방황하는 모습을 뜻합니다.

오리들을 보여 주시는 것은 믿음과 능력의 은사를 통해 영혼들의 심령을 옥토 밭으로 기경하여 열매 맺기를 원하십니다.

오리를 보여 주시며 오리처럼 뒤뚱뒤뚱 걸어가는 영혼들을 잘 가르치고 세워주는 사명을 감당하라고 하십니다.

오리주둥이에 만 원권이 물려있는 모습은 물질을 주시고자 하는 은혜가 있음을 뜻합니다.

오솔길같이 좁은 길을 걷고 있는 모습은 지금처럼 그렇게 살면 인생이 별로 달라지지 않을 것을 뜻합니다.

오솔길에 바람이 부는 것은 가는 길이 협착하지만 때마다 일마다 성령의 바람이 불어서 마음을 시원하게 해주심을 뜻합니다.

오아시스는 영의 말씀을 듣고서 메마른 나의 심령이 기뻐하는 모습입니다.

오이와 참외를 들고 흥얼거리며 노래하는 것은 영적인 만나와 은혜에 감사하며 살고 있음을 말합니다.

오장육부(다른 사람의 오장육부)를 쳐다보는 모습은 사람의 겉 사람을 바라보지 말고, 내면의 속사람을 바라보며 나갈 때 하나님의 은혜가 임할 것을 말씀하십니다.

오장육부는 영혼들의 속사람을 고치기를 원하시는 것과, 또 다른 의미는 몸을 이루려면 오장육부가 필요하듯 지체된 사명

을 잘 감당하기를 원하십니다.

오징어를 굽는 모습은 예수님의 맛을 내며 살기를 원하신다는 것입니다.

오징어를 보여 주시는 것은 먹물로 자꾸 끼얹고 어지럽게 하여, 거룩함을 훼방하는 모습이 있습니다.

오징어와 문어의 모습은 뼈대 없는 것처럼 살지 말고 뼈대 있는 신앙생활을 하며 살아가기 원하십니다.

오징어잡이 배는 밤새도록 오징어를 잡아 소득을 얻는 것처럼, 하나님 앞에 충성된 삶을 살 때 지치고 힘들 때도 있겠지만 좋은 결과가 있음을 뜻합니다.

오토바이 뒷자리에서 헬멧도 쓰지 않고 타고 가는 모습은 그 사람의 영적 상태가 참으로 위험하다는 뜻입니다.

오토바이가 달려오는 것은 살다보면 생각지도 못한 여러 가지 일을 겪는 것처럼 세상 환경을 통해 사단의 눌림 가운데 있으니 세상을 이길 수 있는 그리스도의 능력과 사랑이 입혀지도록 기도하라는 뜻입니다.

오토바이를 타고 과속으로 달려가는 모습은 사람이 인생의 속도를 자기 마음대로 할 것이 아니라 성령 안에서 조종 받으며 살기를 원하신다는 의미입니다.

오토바이를 타고 달려가는 것은 성격이 급하고 내 맘대로 살려는 모습이 있습니다.

오토바이에 너무나 큰 짐을 실어서 쓰러진 모습은 인생이 힘들고 삶의 짐이 무거움을 뜻합니다.

오토바이에 부딪쳐서 어려움을 당하는 모습은 심한 중병으로 고통당하고 있음을 뜻합니다.

옥상의 태양열은 성령의 빛을 받고 반사하는 능력으로 세상을 이기라는 뜻입니다.

옥수수나무에 옥수수가 보이는 것은 많은 열매들을 거두게 하실 것을 의미합니다.

옥합을 깨뜨린 여인은 나의 귀한 것을 주님 앞에 깨뜨려 드릴 수 있듯이 하나님 앞에 기억될 만한 그리스도의 향기를 드러낼 수 있기를 원하십니다.

옥합을 보여 주심은 옥합을 깨뜨려서 그리스도의 향기와 헌신을 나타내는 어진 마음을 부어주셨음을 말합니다.

온도계를 보여 주시며 열이 뜨거울수록 온도가 올라가듯 성령의 충만한 은혜가 부어지기를 원하십니다.

온도계의 눈금이 밑에 내려가 있음은 영적인 주님의 사랑의 온도가 뜨겁게 올라가 하나님의 사랑과 믿음이 회복되기를 원하십니다.

온도계의 온도가 오르락내리락 하는 것은 신앙이 오르락내리락 하지 말고 시험들을 잘 이겨나가기를 원하십니다.

온몸에 먼지를 뒤집어쓰고 있음은 성결해지기를 원하시는 것입니다.

온몸을 벌레들이 물어뜯는 것은 간음죄를 회개하라는 의미입니다.

온실 안에 꽃이 피지 않은 난초는 주님이 인도하고 돌보시고 은혜를 주셔야 그 인생에 꽃이 피는 아름다운 일이 있을 것이라는 의미입니다.

온실 안에 화초는 심령의 연약함을 뜻합니다.

온천수에서 목욕하는 모습은 날마다 뜨거운 신앙으로 주님의 일을 해 나가라고 하십니다.

온천탕에 뜨거운 김이 올라오는 모습은 자신뿐만 아니라 다른 영혼들에게도 시원함과 회복됨이 있도록 도와주기를 원하십니다.

올챙이를 보여 주심은 영적으로 어린 자를 돌보라는 의미입니다. 또 다른 의미로는 시간이 지나면 개구리가 되듯이 앞으로 영적, 육적으로 자랄 수 있는 은혜가 있음을 뜻합니다.

옷(검정 옷)을 입고 얼굴에 흑 가면을 쓰고 있는 모습은 지금의 모습이 본연의 모습이 아니고 어둠의 권세가 덮고 있어 모든 것을 제대로 바라보지 못하게 함을 뜻하고, 영혼을 지옥으로 끌고 가기 위해 마귀가 역사함을 알려주십니다.

옷(더러운 옷)을 벗기고 흰 옷을 입혀주는 모습은 알고 지은 죄, 모르고 지은 죄, 모두 거룩한 보혈로 용서해 달라는 회개기도를 하라는 의미입니다.

옷(여러 가지 색깔의 옷)은 빨주노초파남보 색깔이 조화를 이루어 무지개를 이루듯 교회 안의 성도들이 서로 다르지만 주님 안에서 협력하여 선을 이루기를 원하십니다.

옷(입고 있는 옷)에 불이 붙어 활활 타고 있는 모습은 성령의 불이 강하게 타오름을 알려주셨습니다.

옷걸이(빈 옷걸이)는 삶이 어려울지라도 믿음으로 잘 극복하여 영적으로 부요해지기를 원하십니다.

옷과 단추는 서로 돕는 관계를 의미합니다.

옷솔로 먼지를 털어 내는 것은 거룩한 영과 보혈의 피를 부어 주셔서 하나님께 인정받고 칭찬받는 삶으로 존귀하게 여김 받는 은혜가 부어지기를 원하십니다.

옷솔은 작은 죄라도 예수님의 보혈로 거룩하고 성결하게 살기를 원하시는 것입니다.

옷에 단추가 잘못 끼워져 있는 모습은 올바르지 못한 영혼들을 바른 신앙으로 잘 세워 주어서 똑바른 모습으로 준비되어지길 원하시는 것입니다.

옷에 먼지가 묻어있는 모습을 보여 주시는 것은 청결한 삶을 살라는 것입니다.

옷에 풍선이 달려있는 환상은 아름다운 모습이 더 나타나기를 원하십니다.

옷은 영적인 말씀의 옷을 입어서 자기의 세마포 옷을 아름답게 준비하라는 말씀이며, 진실과 공의를 다해서 하나님을 사랑하며 이웃사랑을 실천하며 살라는 뜻입니다.

옷을 찢는 것은 상한 심령을 회개하고 거룩한 삶을 살라는 뜻입니다.

옷이 찢어지는 모습은 육신의 것보다 마음을 찢듯이 하나님께 회개하라는 뜻입니다.

옷핀(큰 옷핀)이 잠겨있는 모습은 문제가 닫혀 있는 것 같지만 어려운 문제들이 쉽게 풀려지는 은혜가 있음을 뜻합니다.

옷핀, 압정, 핀을 보여 주심은 마음에 상처받은 영혼들이 치유되기를 원하신다는 의미입니다.

와이셔츠를 보여 주심은 목사님을 잘 섬기고 세워드리라는 뜻입니다.

와이셔츠와 넥타이를 보여 주심은 겉모습을 단장을 잘해야 하듯, 내면세계도 잘 준비하고 단장하여 영적인 은혜가 풍성히 흘러나오기를 원하십니다.

와인 잔이 눕혀있는 모습은 몸과 마음이 연약하여 깨지기 쉬운 상태에 있다고 말씀하십니다.

완행열차와 고속열차를 보여 주시며 완행열차처럼 쉬어가기보다 고속열차처럼 주의 길을 갈 때 빨리 달려가는 일꾼이 되라고 하십니다.

왕이 쓰는 면류관을 보여 주시며 주님 앞에 열심히 충성하라고 하셨습니다.

외길을 보여 주시는 것은 좌우를 돌아보지 않고 한길로만 가라고 하는 계시입니다.

왼손과 오른손에 큰 그물을 잡고 강으로 나아가고 있습니다. 왼손과 오른손에 기름을 부어 주셔서 영혼들을 살리는 일에 쓰시고자 하십니다.

왼쪽, 오른쪽, 뒤쪽에 담이 있고, 앞만 트여있는 것은 좌, 우, 뒤를 돌아보지 말고 생명의 길 되신 주님만 바라보고 나아가라고 하십니다.

왼쪽과 오른쪽을 번갈아 바라보는 모습은 이런저런 생각들로 고민이 많음을 이릅니다.

요강에 오물을 버리는 모습은 심령의 가난함을 가지고 고통 가운데 있는 자들을 도우라는 의미입니다.

요강에 있는 소변을 버리는 모습은 과거의 모든 아픔과 상처를 버리고 성령의 새 기름이 부어지는 주님의 역사가 있기를 원하십니다.

요강은 사도 바울이 자신이 가진 것을 배설물처럼 여겼듯 세상 것보다 주님을 더 귀히 여길 것을 말씀하십니다.

요강은 영적인 생활에 있어서 더러운 일과 타협하지 말고 깨끗한 성령의 역사가 나타나기를 간구하라는 뜻입니다.

요나가 물고기 뱃속에 있는 모습은 지금은 힘들고 고통스럽지만 잃어버린 시간, 물질, 환경을 회복하기 원함입니다.

요단강을 밟으려 하는 모습은 믿음과 결단을 통해 앞으로 전진 해 나갈 때에 기적 같은 은혜를 주리라는 의미입니다.

요단강을 보여 주심은 믿음의 결단을 내리고 주님의 땅을 밟아서 영토가 넓혀지는 은혜가 나타나야 합니다.

요리사는 영적으로 맛을 내기를 원하십니다.

요리하는 것을 보여 주시며 작은 일에도 큰 기쁨을 가지기를 원하십니다.

요리하는 모습(가스레인지에 요리하는 모습)을 보여 주시며 행함 있는 삶으로 먼저 가정의 사랑이 회복되기를 원하십니다.

요셉이 빠진 웅덩이를 보여 주심은 지금은 웅덩이에 빠진 것 같은 모습이지만 앞으로 쓰실 것을 믿고 나아가기를 원하신다는 의미입니다.

요트를 타고 노를 젓고 가는 모습은 그 사람에게 선교의 사명이 있음을 알려주셨습니다.

요트를 타고 바다를 가는 모습은 인생을 즐겁게 살아가기를 원하십니다.

용, 악어, 호랑이, 코뿔소, 뱀을 보여 주심은 악한 영의 역사가 있음을 뜻합니다.

용광로는 앞으로 성령으로 뜨겁게 활활 타올라서 성도들에게

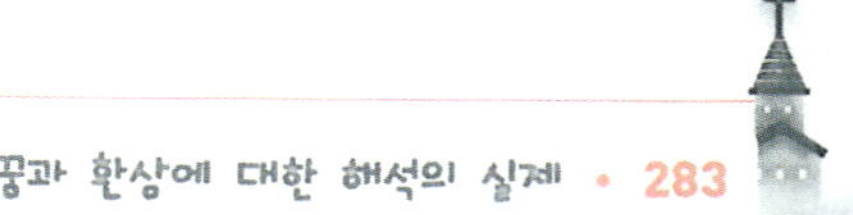

그 불을 전가시키라는 의미입니다.

용광로를 보여 주시며 믿음의 은혜가 부어져서 하나님 앞에 믿음으로 살아가길 원하십니다.

용수철(큰 용수철)은 주님이 이끌어가는 대로 튕겨져 나가는 은혜를 말합니다.

용수철을 보여 주심은 작지만 탄력의 힘이 있듯 주님의 은혜와 능력이 부어지길 원하십니다.

용암을 보여 주심은 영적으로 뜨거운 신앙생활을 하기 원하신다는 의미입니다.

용의 벌린 입에서 줄이 줄줄 나오는데 사람이 잡고 당기는 모습은 용과 같은 사단이 끊임없이 공격해 오지만 두려워하지 말고 강하고 담대하라고 하십니다.

우리나라 지도가 불에 타는 모습은 나라와 민족을 위해 기도하고, 남북이 성령의 불로 태워지도록 기도하라는 뜻입니다.

우물 안에 누가 돌을 던지는 모습은 사단이 마음을 아프고 상하게 하고 마음을 흩어 놓으니 피곤하고 힘들어도 기도 시간을 가지라고 하는 것입니다.

우물 안의 개구리가 밖으로 나오는 모습은 자기 자신을 이기며 시야를 넓혀 주님 앞에 힘차게 전진해 나가기 원하십니다.

우물 안의 개구리는 더 열린 마음으로 더 넓고 크게 바라보고 소유하라는 의미입니다.

우물(깊은 우물)에 물고기가 모이는 모습은 영적으로 깊어지면 많은 영혼을 이끄는 사명을 주시리라고 하십니다.

우물(깊은 우물)은 첫째, 말씀의 영적인 샘이 깊다는 뜻이고,

둘째, 물은 깊지만 그 속에는 물고기가 없으니 물고기를 잡으려면 강이나 바다로 가야 하듯, 주님이 그물을 내리라고 하는 곳에 내려야 수확이 있을 것을 뜻하며, 셋째, 한결같은 마음으로 하나님을 사랑하고 교회를 사랑하는 마음을 아시고 지금은 샘물 같은 은혜이나 나중엔 강물 같은 은혜가 부어지게 하리라는 뜻입니다.

우물(깊은 우물)을 들여다보는 것은 말씀을 찾고 있는 것을 아시며, 손에서 성경이 떠나지 않게 하라는 의미이며, 또 다른 의미는 좁은 시야를 버리고 깊고 높게 하나님의 은혜를 바라보라는 의미입니다.

우물(작은 우물)이 넓고 큰 강물로 바뀌는 모습은 사역이 넓어지길 원하신다는 것입니다.

우물에 두레박을 내리는 모습은 더욱 깊이 있는 말씀을 통해 신앙의 진보를 갖기를 원하십니다.

우물에 밧줄을 내려서 올릴 때 사람이 올라오는 모습은 사역에 제한적인 모습은 벗어 버리고, 믿음의 눈을 열어서 바라보고 나가라는 뜻입니다.

우물에서 벌레들이 기어 나오는 모습은 삶 속에 말씀의 빛이 더 강하게 부어져서 더러운 영들은 제해 버리고 하나님의 은혜의 생수를 공급받아야 함을 이릅니다.

우물에서 숭늉 찾기는 세상에서 은혜를 얻으려고 하지 말고, 하나님 안에서 모든 것을 소유하고 회복하라는 것입니다.

우물은 생각으로 좁게 한계를 짓지 말고 하나님의 원대하신 비전을 품고 중보기도 사명을 감당하라는 의미입니다.

우물을 펌프질해서 올리는 것은 힘들고 곤고한 삶을 뜻합니다.

우산 여러 개가 우산꽂이에 꽂혀 있는 모습은 어려울 때마다 돕는 은혜가 있었다는 것입니다.

우산(빨간 우산)은 예수님의 보혈에 젖기 원하시며, 어려울 때마다 주님께서 피할 길을 주시고 보호하신다는 뜻입니다.

우산(큰 우산)이 펼쳐있는 모습은 연약하고 힘이 없으나 주님이 어려운 일을 피할 은혜를 주신다는 뜻입니다.

우산(하얀색, 빨간색, 검정색의 우산)이 펴지는 것은 성결, 보혈의 능력으로 때로는 어두운 마음이 오나 물리치기를 원하십니다.

우산과 양산은 비가 오고, 뜨거운 햇볕이 내려도 해를 받지 않도록 하나님께서 도우실 것을 말씀하십니다.

우산들이 계속해서 펴지는 모습은 인생을 살아갈 때 영적인 은혜가 깊어질 수 있도록 인도해 주시리라고 하십니다.

우산은 어려운 일을 피할 수 있는 은혜를 주셨습니다.

우산이 뒤집혀 있는 모습은 내 인생이 뒤집혀질 줄을 몰랐음을 의미합니다.

우산이 망가져 있는 모습은 망가진 우산은 쓸 수 없듯이 예전에 하나님을 알았어도 다시 하나님을 믿기를 원하십니다.

우산이 망가진 모습은 피할 길과 살 길을 구하기를 원하지만 어려운 상황 속에 있음을 말합니다.

우산이 바닷가에 많이 펼쳐져 있고, 비가 오는데 우산을 사람들에게 한 개씩 들려주는 모습은 남을 돕는 사역을 하라는 의미입니다.

우산이 자동으로 펴지는 것은 어렵고 힘들 때마다 하나님이 도우시고 계심을 말씀하십니다.

우산이 접어졌다 펴졌다 하는 모습은 필요할 때마다 은혜를 주실 것을 말씀하십니다.

우산이 접힌 모습은 평안한 마음이 없고 방황하는 마음이 있다는 의미입니다.

우상(마리아상, 불상 등)을 보여주시면서 우상숭배 죄를 회개하라고 하셨고, 이 땅에 우상의 단이 무너지게 해 달라고 기도하라고 하셨습니다.

우상들을 불에 태우는 모습은 하나님보다 더 사랑하는 우상을 무너뜨리는 사역을 감당하라는 뜻입니다.

우유를 보여 주심은 우유를 먹으면 키가 크는 것처럼 말씀의 젖을 먹고 장성한 은혜를 나타내라는 의미입니다.

우유를 쏟아 붓는 모습은 하나님께서 말씀의 젖을 먹이신다는 뜻인데 잘 먹고 소화해서 쑥쑥 자라야 될 것입니다.

우유에 빨대가 꽂아진 모습은 주님의 말씀이 양식이 되어 배가 부르기를 원하십니다.

우주 공간 같은 곳에서 쇠문을 여는 모습은 말씀과 기도를 통해 놀라운 은혜를 부어 주시기 원하신다는 것입니다.

우주를 보여 주시며 모든 만물이 주께 있듯, 모든 것을 품고 나가기를 원하시며, 넓은 마음으로 주의 일을 하라는 뜻입니다.

우주복은 영적인 특별한 은혜를 주시어 귀한 것을 체험케 하시며 큰 은혜가 있게 하리라고 하십니다.

우주선을 보여 주심은 신기하고 놀라운 일이 사역에도 나타나길 원하십니다.

운동을 해서 팔에 알통이 생긴 것은 기도할 때 믿음, 능력의 권세를 부어 주시고 능력의 팔로 영혼들을 안아주심을 뜻합니다.

운동하는 모습은 건강을 잘 살피라는 뜻입니다.

운동화 끈을 묶는 모습은 평안의 복음의 신을 신고 주의 길을 행보하기를 원하십니다.

운동화 끈이 풀려져 있음은 아직 준비가 덜 되었다고 하셨습니다.

운동회 날 축제 분위기는 마음이 늘 축제 분위기 같은 기쁨이 부어지기를 원하십니다.

운동회를 할 때 박이 터지는 모습은 늘 생활이 기쁘고 즐거운 잔치이기를 원하십니다.

운전 중에 비가 많이 내려 와이퍼가 움직이는 모습은 그의 인생이 험난하고 힘든 상황임을 보여주십니다.

운전대 기어를 넣는 모습은 영적인 방향, 속도를 잘 잡아야 함을 뜻합니다.

울타리(흰 울타리)를 보여 주시는 것은 양이 울타리 안에 있어야 안전하듯, 주님의 울타리 안에 거할 때에 평안의 은혜가 있으리라는 말씀입니다.

울타리는 성령, 말씀, 기도의 울타리 안에서 주님의 보호하심과 인도하심으로 좋은 꼴을 먹고 자라기를 원하는 뜻과, 다른 의미로는 주님이 가라는 곳은 가고, 가지 말라는 곳은 가지 않는 순종이 필요함을 뜻합니다.

울타리를 뛰어넘는 모습은 내 생각, 내 뜻에서 벗어나 영적인 지경이 넓혀지라는 뜻입니다.

움막(작은 움막)은 예배를 통해 말씀을 듣고 기도하며 치유와 회복이 나타나도록 은혜를 입어야 할 것을 말씀하십니다.

웃고 있는 사람 옆에서 웃고, 울고 있는 사람 옆에서 우는 모

습은 그리스도의 심장으로 주의 일 하기를 원하십니다.

웃는 모습은 늘 기쁜 마음을 가지고 살아가라는 의미입니다.

웅덩이(허리만큼 잠긴 웅덩이)는 시험을 이길 힘으로 훈련하심을 뜻합니다.

웅덩이가 길에 파진 것은 믿음으로 나아가는데 사단이 시험함을 뜻합니다.

웅덩이는 주의 길을 갈 때 웅덩이에 빠질 때가 있으나 두려워말고 앞으로 전진하여 주님을 더 가까이 하며 시험을 이기라는 말씀입니다.

웅덩이에 더러운 물이 고여 있는 모습은 잠시 겪는 환란과 시험이 있으나 훌훌 털어 버리라고 하십니다.

웅덩이에 빠졌다가 나와서 다시 길을 걸어가는데 빛으로 둘러싸이는 모습은 앞에 어려운 시험이 있을지라도 빛 가운데로 주님이 인도하실 것을 뜻합니다.

원 두 개가 하나로 합쳐지는 것은 남편과 같은 마음으로 사역을 감당하라는 의미입니다.

원더우먼은 영적파워가 더 강하게 부어져서 주를 위해 그 영적인 힘이 발휘되어 충성 봉사하기를 원하십니다.

원숭이들이 흉내 내는 모습은 예수님의 모습을 닮아가며 은혜를 나타내기 원하십니다.

원을 보이심은 그 자리가 그 자리인 것처럼 진보가 없음을 뜻합니다.

원의 반은 굵고, 반은 가는 모양은 성품이 반대되는 배우자를 만나서 자신의 부족함이 채워지기를 원하십니다.

원이 75% 채워진 모습은 아직은 부족하니 부족한 25%를 채우라고 말씀하십니다.

원이 비어있는 것을 보여 주시며 모양과 겉모습은 있으나 내용이 없음을 뜻합니다.

원이 빙글빙글 도는 모습은 보이지 않고 잡히지 않게 성령님께서 운행하고 인도하는 다스림이 있으리라고 하십니다.

원피스(공주들이 입는 원피스)는 늘 아름다운 모습으로 세움받고 쓰임받기를 원하십니다.

위성을 보여 주시며 위성도 자기의 위치에서 자기의 본분을 감당하는 것처럼 내가 선 자리에서 본분을 잘 감당하라고 하십니다.

위와 장을 보여 주심은 힘든 일들을 통해서 스트레스를 받지 말고 자기의 건강을 지키기를 원하십니다.

유람선과 같은 배가 가는 모습은 영혼을 방주에 태우는 역할을 감당키 원하시는 것입니다.

유령은 보이지 않는 귀신의 영에 속고 있음을 뜻합니다.

유리 공에 물이 30% 차 있는 모습은 심령이 유리처럼 연약하며, 말씀의 은혜가 30% 차 있습니다. 은혜가 더 차오르기를 원하심을 뜻합니다.

유리그릇(계란 모랑의 유리그릇)은 강한 것처럼 보이나 실제로는 자신의 연약함을 보아야 한다는 것입니다.

유리병은 눈물 병이라고 하시면서 눈물을 흘리면서 기도해야 한다고 말씀하십니다.

유리잔을 보여 주시는 것은 모습은 아름답지만 금방 깨질 것 같은 연약함이 있음을 말합니다.

유리창(거실 유리창)을 깨끗이 닦는 모습은 밝고 거룩한 가정이 되도록 기도하라고 하십니다.

유리창(거실 유리창)을 닦는 모습은 항상 깨끗한 심령으로 주의 일을 하고 있는 것을 주님이 알고 계신다는 뜻입니다.

유리창(깨끗한 유리창) 너머로 많은 별들을 보여 주심은 많은 영혼들을 인도하는 영적 지도자의 사명을 잘 감당하기를 원하십니다.

유월절은 늘 섬기는 교회에 예수의 피를 붓고 말씀의 양식을 먹으며 믿음으로 세상 권세, 마귀 권세를 넘어가기를 원하십니다.

유조선은 성령의 기름을 강하게 부어 주셔서 세상에서 존귀하게 하나님 앞에 헌신하는 역사가 나타나리라는 뜻입니다.

육지 가까이에 있는 바닷물 속에서 상어가 올라오는 모습은 나의 삶에 내가 받아야 할 은혜를 가로 막는 사단을 대적기도하라는 말씀입니다.

육지가 서로 연결되어 붙어 있는 모습은 말씀과 성령이 잘 연합하여 지경이 넓혀지길 원하신다는 의미입니다.

육지를 보여 주심은 육지를 벗어나고 싶은 힘들고 어려운 일이 있어도 은혜의 바다에서 영의 사람으로 살아가야 함을 뜻합니다.

육지에서 다른 육지로 넘어가는 모습은 다른 나라에 가서 사역을 감당해도 좋다는 의미입니다.

육지에서 수영하는 모습을 보여 주심은 물에서 수영해야 하듯 주님이 주신 사명 안에서 일하기 원하십니다.

육지와 바다는 밀물이 있고 썰물이 있듯 삶에 우여곡절이 있으나 우울하고 어려운 일은 다 잊어버리고 성령의 충만을 입기를 원하시는 것입니다.

육체미 선수들의 모습은 하나님의 능력과 권세로 건강하게 세우시려는 뜻을 의미합니다.

융단(하얀 융단)은 밝고 거룩한 길을 갈 때에 축복해 주시고 은혜가 드러날 것을 말합니다.

융단(하얀 융단)이 걸어가지 못하도록 세워져 있는 것은 배우자를 위해 기도할 때에 같이 동행하지 못할 상황임을 뜻합니다.

윷놀이의 윷을 보여 주시는 것은 요행을 바라기보다 한걸음 한걸음이 은혜의 발걸음이 되기를 원하십니다.

은 대접은 그릇의 크기에 따라서 더 넓고 큰 그릇으로 빚어지기 원하심을 뜻하며, 금 대접은 물권도 함께 있음을 뜻합니다.

은비녀가 금비녀로 변하는 것은 믿음이 정금같이 되어져서 하나님의 일을 앞장서서 할 수 있는 주님의 기둥이 되기를 바라는 것입니다.

은비녀는 기도에 힘쓰고 말씀에 순종해 갈 때 환경이 열리는 은혜가 있으리라고 하십니다.

은행나무에서 은행들이 우수수 떨어지는 모습은 믿음의 결실이 있을 것을 의미합니다.

은행에서 돈 넣는 주머니를 보여 주심은 물권을 주시기 원하십니다.

음식을 만들어서 먹는 모습은 무슨 일을 하든지 맛을 낼 수 있는 은혜가 있음을 말합니다.

음악 악보가 날아다니는 모습은 늘 찬양하는 삶을 살기를 원하신다는 의미입니다.

음지에 있는 사람을 양지로 데려가서 앉히는 모습은 불쌍한 사람들을 따뜻한 주님의 자리에 앉힐 수 있는 주님의 사랑을 나타내기를 원하십니다.

음지와 양지는 음지에 있는 춥고 어두운 영혼들에게 생명의 빛을 줄 수 있는 자로 쓰임받기를 원하십니다.

음표를 보여 주시는 것은 그 박자와 음표에 맞게 성령의 지혜로운 삶으로 조화를 이루기를 원하십니다.

의사 가운을 입고 있는 모습은 영·혼·육의 치료자로 쓰임받기를 원하십니다.

의사가 쓰는 도구들을 보이심은 영적인 치료자가 되게 하리라는 뜻입니다.

의사봉(재판장이 들고 있는 의사봉)은 타인을 자기 감정기분으로 판단하고 재판하지 말라는 뜻입니다.

의자(동그란 의자)의 다리가 세 개인 모습은 말씀과 기도와 성령으로 균형 잡힌 신앙생활을 하라는 뜻입니다. 또한 의자는 사랑과 섬김을 통해 본인과 다른 사람이 쉬고 안식할 수 있도록 도우라는 것입니다.

의자에 앉아 있는 모습은 주의 일에 근면과 성실함으로 하여 하나님의 손길이 삶에 나타나기를 원하십니다.

의자에 편하게 앉아 있는 모습은 안일함을 버리고 긴장된 마

음으로 나아가라는 뜻입니다.

이 재앙을 보여 주심은 그 사람의 삶이 뜯기고 상처받는 이와 같은 모습이 있음을 보여주십니다.

이(썩은 이)를 보여 주심은 제할 것을 제하고 뽑을 것은 뽑아 버려서 세상을 이기기를 원하십니다.

이가 몇 개 빠져 있는 것은 삶에 고통이 있음을 뜻합니다.

이가 빠진 톱을 보여 주심은 이가 빠진 톱은 사용할 수 없듯이 말씀과 기도로 모든 것이 준비되어 하나님 앞에 쓰임 받도록 준비되기를 원하십니다.

이를 악물고 깨무는 모습은 지금까지도 참고 인내해 왔으니 기도하며 새로운 은혜를 구하여 끝까지 참고 잘 이기며 나가기 원하십니다.

이리가 양을 도적질하는 모습은 사단의 역사가 있음을 뜻합니다.

이리가 입을 벌린 모습은 사단의 역사가 있어서 하나님의 돌보심이 필요함을 말합니다.

이리와 늑대는 사단의 권세를 의미하는데 예수의 이름으로 물리칠 수 있는 은혜를 구해야 합니다.

이마에 감겨진 붕대가 풀어지는 모습은 생각 때문에 어려워지지 않기를 원하십니다.

이마에 망원경이 달린 것은 자기가 걸어가는 것 같지만 주님이 믿음의 눈으로 보게 하시고 인도해 주고 계심을 뜻합니다.

이마에 십자가가 있는 것은 예수 그리스도의 보혈로 하나님 앞에 늘 회개하고, 주님께 영광 돌리는 그리스도의 은혜가 나

타나기를 원하십니다.

이마에 흰 끈을 묶고 있는 모습은 인생의 삶이 너무도 괴로워서 죽고 싶은 마음을 갖고 있는 것입니다.

이부자리를 보여 주시는 것은 외롭고 힘들어도 주님을 신랑 삼아 살아가라는 뜻입니다.

이불(따뜻한 이불)을 사람들에게 덮어주는 모습은 주의 마음과 주의 사랑을 나타내며 그런 삶의 자세로 하나님의 일을 해 주길 원하시는 것입니다.

이불(해어진 이불)을 헝겊으로 기운 상태를 보여 주심은 가계에 흐르는 가난의 저주를 끊는 기도를 하라고 하십니다.

이불을 덮고 자는 모습을 보여 주시며 깨어서 기도에 힘쓰며 나아가라고 하십니다.

이불을 덮고 자다가 벌떡 일어나는 모습은 영적으로도 일어나기 원하시고, 육적으로도 부지런하기를 원하십니다.

이불을 뒤집어쓰고 기도하는 모습은 은밀한 가운데 불꽃같이 살피시는 주님 앞에 무릎 꿇어 기도하라고 하십니다.

이불을 햇빛에 말리는 모습은 가정에 성결의 영과 거룩한 영이 임하도록 기도하라는 의미입니다.

이삭들은 기도의 은혜를 통해 가족들이 주님의 은혜와 축복을 받으리라는 말씀입니다.

이삭들을 많이 보여 주심은 오래 참고 견딜 때에 주의 예비한 복을 많이 받을 수 있음을 뜻합니다.

이삿짐을 쌓아 놓고 있는 모습은 우리의 인생이 나그네와 같다는 것입니다.

이슬비가 내리는 모습은 이슬비에 옷이 젖듯 날마다 잔잔하고 은은한 성령의 기름이 부어지고 있음을 뜻합니다.

인감도장은 소중한 물건으로 여기듯이 우리 삶에도 주님의 사랑을 소중하게 간직하여 보배롭게 쓰임받기를 원하십니다.

인공위성, 달나라를 보여 주심은 뽑혀진 사람이 가는 것처럼 수고와 기도와 헌신을 통해 특별한 사람에게 볼 수 있는 은혜가 열릴 것이라는 말씀입니다. 또한 달나라에 가보지는 않았으나 달나라가 있는 것을 알듯 천국에 가보지는 않았으나 천국에 대한 믿음을 가지고 복음을 전하고 있음을 뜻합니다.

인두는 뜨거운 신앙을 갖기 원하시고, 영혼들이 뜨겁게 신앙생활할 수 있도록 도우라는 뜻입니다.

인디언의 추장을 보여 주심은 영적, 육적으로 많은 사람을 다스리고 인도할 수 있는 능력이 부어지기를 원하십니다.

인삼 물을 끓여주는 모습은 아프고 병든 사람들에게 생명의 말씀을 통해 회복시켜 주는 은혜가 나타나기를 원하십니다.

인삼은 교회의 영혼들에게 귀한 것을 줄 수 있는 복음의 사명을 감당하기를 원하시며, 건강을 위해 기도하라고도 하십니다.

인삼을 캐는 모습은 매사에 성령님을 인정해 드리고 모셔 들일 때 나의 발걸음을 인도하셔서 만날 자를 만나게 하시는 축복이 임할 것을 뜻합니다.

인장 반지를 보여 주시며 요셉같이 하나님께서 함께 하심으로 하나님의 언약의 말씀을 통해서 형통한 은혜를 주시길 원하십니다.

인형(기계로 작동되는 인형)을 보여 주시는 것은 배터리가 있으면 움직이고, 없으면 멈추는 것처럼 늘 기도의 힘으로 능력

있는 삶을 살라는 것입니다.

인형(작은 인형)을 보여 주시며 때로는 자신이 연약해 보이기도 하지만 주님은 약한 자를 들어 쓰시는 것처럼 여호와의 능으로 하나님의 일을 해 나가게 하십니다.

인형들이 입는 몸에 맞지 않는 작은 옷을 보여 주심은 몸은 어른인데 영적으로 어린아이와 같은 자를 말씀하시며, 성경 공부를 통해서 신앙의 장성한 옷을 입을 수 있어야겠습니다.

인형을 보여 주심은 보기엔 아름답지만 그 속에 생명이 없음을 뜻합니다.

일곱 등대(촛대)가 온전히 켜있지 않고, 반이 꺼져있는 모습입니다. 그 가정에 성령의 불이 모두 켜져 있기를 원하십니다.

일곱 촛대는 성령의 빛이 온전히 켜져서 하나님 앞에 합당한 온전한 삶을 살라는 뜻입니다.

일기장은 하루하루 삶이 기록되어지는 것처럼 주님이 기억할 만한 행동으로, 교회 지체로 아버지 앞에 더 신실하고 진실한 모습으로 나아가기를 원하십니다.

일반 서적이 엎어져 있는 모습은 세상 지식, 세상 이론을 믿고 따라가는 삶을 버리고 오직 말씀이 구름 기둥이 되어서 따라가기를 원하십니다.

임산부의 모습은 말씀의 배가 부르니 전도하여 잘 양육하라는 뜻입니다.

입김은 말의 권세를 주시기 위함인데 성령의 기름부음을 통해서 자기의 입술을 잘 다스려야 하겠습니다.

입속(벌린 입속)으로 물이 방울방울 떨어지는 것은 시험이 너무 커서 힘들고 어려운 상황 속에 있음을 뜻합니다.

입술(붉은 입술)은 예수님의 보혈로 말씀의 능력과 권세가 부어질 것을 말하는 것입니다.

입술을 크게 보여 주심은 말에 권세가 있음을 말씀하시고, 복음을 위해 입술이 크게 사용되기를 원하십니다.

입안에서 구름이 나오는 것은 주님의 임재와 하나님의 은혜들을 증거 하는 일에 쓰시리라고 하십니다.

입에 깔때기가 있는 모습은 성령의 기름 부으심이 있음을 뜻합니다.

입에서 물이 콸콸 나오는 모습은 말씀의 강이 콸콸 흘러나올 수 있는 은혜가 넘치기를 원하십니다.

입에서 생수가 나오는 것은 말씀으로 잘 훈련받아 그 배에서 생수가 나오기를 원하십니다.

입에서 연기가 나오는 것은 기도의 향이 하늘로 올라감을 뜻합니다.

입을 '아' 하고 벌리니 입에서 꽃잎들이 날아가는 모습은 예수 사랑 주셔서 그 입술을 통해서 예수님의 사랑, 복음을 전파하는 자로 세우리라고 하십니다.

입을 금붕어처럼 뻐끔뻐끔 벌리는 모습은 입을 크게 넓게 열어서 하나님의 은혜를 크게 구하라는 뜻입니다.

입을 아~ 하고 크게 벌리니 구름이 다른 사람에게 가는 것은 말씀과 지혜와 가르치는 은사를 주셔서 다른 사람에게 성령님이 깨닫게 하시는 말씀이 되게 하십니다.

입을 크게 벌린 모습은 기도하고 간구한 이상의 복을 받을 수 있게 사모하라는 뜻입니다.

입이 계속 움직이는 것은 그 입술에 능력을 주실 것을 뜻합

니다.

잉꼬를 보여 주시며 화목하고 사랑을 나타내는 가정을 세우리라고 하십니다.

잉크가 편지에 쏟아지는 모습은 세상에 마음이 어둡지 말고 거룩하게 살아가라고 하십니다.

잉크를 물에 떨어뜨리는 모습은 작은 사단의 역사를 통해 거룩함이 깨어지지 않기를 원하십니다.

잎이 무성하나 열매가 없는 모습은 자기의 수고에 비해 결실이 별로 없음을 말합니다.

자갈을 깨뜨려 옥토로 만드는 것은 말씀으로 영혼들의 마음이 옥토로 변화되는 은혜를 뜻합니다.

자나 깨나 불조심 포스터를 보여 주심은 전도인으로서 사명을 자나 깨나 잘 해나가라는 뜻입니다.

자동차 기어를 1단부터 4단까지 보여 주시며 성령의 조명을 잘 받아서 영적인 움직임이 하나님의 뜻에 합당하게 잘 움직여지기를 원하십니다.

자동차 타이어 네 개가 온전하지 못한 모습은 사업에 성령의 바람을 통해 잘 굴러가는 은혜가 있기를 원하십니다.

자동차가 마냥 서 있는 모습은 성령의 기름이 있어야 굴러갈 수 있다는 말씀입니다.

자동차가 빵빵 경적을 울리는 것은 영혼을 깨우며, 영혼을 살리는 일에 움직이도록 기름 부어 주리라고 하십니다.

자동차를 세차하는 모습은 늘 거룩하고 깨끗하고 정결한 삶을 살라는 뜻입니다.

자동차를 운전하고 가는데 이리저리 부딪히는 모습은 여러 고통과 눌림이 있는데 하나님의 힘으로 운전을 잘해 훈련과정을 잘 마치기를 원하십니다.

자루(돈 넣는 자루)를 보여 주심은 주의 일을 열심히 하면 물

권을 부어주시겠다는 의미입니다.

자물쇠가 잠겨 있거나, 문이 닫혀 있음은 주님께 열어달라는 기도를 해야 된다는 의미입니다.

자물쇠를 열려고 불을 붙이는 모습은 내가 해 보려고 해도 되지 않은 상태를 뜻합니다.

자물통(잠긴 자물통)이 반으로 쪼개지는 모습은 문제가 풀려질 것을 말합니다.

자물통에 열쇠가 돌아가고 있는 모습은 문제의 키를 주님이 열어 주셔야 함을 뜻합니다.

자물통을 열려고 톱으로 자르는 모습은 하나님께서 지혜와 능력을 주시면 어려운 문제를 잘 해결해 나갈 수 있으리라고 하십니다.

자물통이 잠겨있는 모습은 자물통과 열쇠의 관계처럼 자신이 열쇠임을 알고 상대방의 자물통처럼 잠긴 마음을 열라고 하십니다.

자바라(커튼)는 많든지 적든지 간에 조화를 이루라는 뜻입니다.

자살하려는 사람을 구해주는 모습은 매여 있는 영혼들에게 생명의 말씀을 통해 사망에서 생명으로 옮기기를 원하십니다.

자석의 크기에 따라서 그 사람의 영적인 능력을 보여주십니다.

자석이 서로 밀어내는 모습은 부딪치려는 사람과 침묵을 하여 주님이 그들의 마음을 바꾸어 가실 것을 뜻합니다.

자식의 등에 손을 올리고 버팀목처럼 잡아주고 있는 모습은 자녀들의 버팀목처럼 힘이 되어주길 원하십니다.

자전거 바퀴에 바람을 넣는 것을 보여 주시며 늘 내 안에 성령의 바람을 불어 넣어서 내 힘으로가 아닌 성령의 힘으로 나아가라고 하십니다.

자전거를 끌고 가는 모습은 힘이 들지만 잘 이기고 극복하라는 뜻입니다.

자전거를 묶는 번호 열쇠는 영적으로 달려가지 못하도록 사단이 묶고 있음을 뜻합니다.

자전거를 타고 가는데 "끽~"하고 소리가 나는 것은 주의 길을 가는데 사단이 방해할 때 성령의 기름이 부어져 하나님 말씀에 순종하며 살아가라고 하십니다.

자전거를 타고 가다 자전거가 두 동강이가 나는 모습은 열심히 살고자 하지만 세상길이 험난하고 힘든 가운데 내 힘으로 안 되는 자포자기 상태의 모습을 뜻합니다.

자전거를 타고 가면서 넘어지는 모습은 환경이 어려워도 잘 훈련받고 극복하기 원하십니다.

작은따옴표는 내 생각, 내 느낌이 많지만 하나님의 음성을 따라서 일하고 행해 나가라고 하십니다.

작은북을 치고 있는 모습은 그 삶을 통해서 하나님께 영광과 기쁨을 돌리라는 의미입니다.

잔(같은 모양으로 된 두 개의 잔)은 결혼하여 함께 동역하는 삶을 살아가는 것이 더 좋음을 뜻합니다.

잔디(푸른 잔디)에서 성도들이 뒹구는 모습은 푸른 초장에서 성도들이 만나를 먹고 뒹굴며 쉼과 안식과 평안을 누릴 은혜가 부어지고 함께 하리라고 하십니다.

잔디에 불이 붙은 모습은 밟는 그 땅에 성령의 불이 놓여 활활 타오르는 역사가 있기를 원하십니다.

잔칫집에서 잔치 음식을 준비하는 모습은 항상 예배가 축제가 되고, 교회가 늘 잔칫집처럼 되기를 원하십니다.

잠수함은 우리 눈에는 안보이나 사명이 있음을 말하기도 하고, 자신감을 갖고 폭 넓게 움직이기 원하신다는 의미이기도 하고 힘들어서 숨고 싶은 연약함을 가지고 있음을 뜻합니다. 또 다른 의미로는 남들 모르게 한 일을 주님이 다 아시고 갚아 주리라고 하십니다.

잠자리 떼는 교회에 방황하는 영들이 역사함을 뜻합니다.

잠자리가 날아가는 모습은 영적으로 작은 자 같지만 크게 쓰임받기 원하시며, 마음이 요동치 않고 아버지 앞에 살아가라고 하십니다.

잠자리가 날지 못하는 모습은 영적으로 날지 못하는 연약함이 있음을 뜻합니다.

잠자리가 쌍으로 보이는 것은 결혼하라는 뜻입니다.

잠자리가 여기저기 날아다니는 모습은 교회를 여기저기 옮기는 모습을 의미합니다.

잠자리채로 허공을 가르는 모습은 내 능과 내 힘으로는 아무 결과가 없음을 하나님 앞에 고백하고 바람 같은 성령이 내 삶에 임하도록 간구해야 함을 뜻합니다.

잡곡을 보여 주시며 교회 안에 여러 사람이 모여 있으니 나와 다르다고 생각하지 말고 하나님의 나라를 위해 아름답게 쓰임 받으라고 하십니다.

잡초 위에서 뒹구는 모습은 세상에 속해 살지만 세상에 끌려

다니지 않고, 세상을 잘 끌고 갈수 있는 은혜가 부어지기를 원하십니다.

잡초를 낫으로 자르는 것은 마음 가운데 잡초와 같은 헛된 생각들은 뽑고 제하여 옥토 밭이 되기를 원하십니다.

장갑(흰 장갑)을 끼고 있는 것은 늘 거룩하고 성결을 통해 성령의 기름부음을 받기를 원하십니다.

장구는 기쁨과 감사로 경배하라는 뜻입니다.

장기판과 바둑판을 보여주며 이렇든지 저렇든지 목적한 바를 이루듯 주님을 위해 필요한 부분을 채우고 나아가기 원하십니다.

장난감 비행기는 영적, 육적인 은혜가 부족하고 힘없는 모습을 뜻합니다.

장난감 악어는 겁만 주는 악어이니 현실 문제를 너무 두려워 말라고 하십니다.

장난감 자동차를 보여 주심은 세상에 보이는 것은 장난감 차 같이 힘이 없으므로 보이는 권세에 눌림 당하지 말고, 하나님의 자녀로서 담대히 주의 일을 행하기를 원하십니다.

장난감 자동차의 태엽이 다 풀린 모습은 내 힘과 내 능으로 세상을 살아가다 보면 지칠 수밖에 없음을 뜻합니다.

장난감 총알이 나오는 모습은 사단이 고통과 아픔을 통해 가정을 훼방하고 있음을 뜻합니다.

장대 끝이 보자기로 쌓인 모습은 주실 은혜가 있으니 믿음으로 나아가라고 하십니다.

장대가 휘어져도 부러지지 않는 것은 주님의 사랑과 능력이 임해서 어려운 일을 당했어도 굴복치 않고 견고하게 세워져 나

가는 사람입니다.

장대높이뛰기 하는 모습은 영적으로 높이 뛰어오르기를 원하십니다.

장대로 사단이 양쪽에서 넘어뜨리려고 하는 것은 그 사람에게 시험이 있음을 뜻합니다.

장대를 들고 높이 올라가는 모습은 성령의 힘으로 날아오르는 은혜가 있음을 말합니다.

장대를 뚝뚝 부러뜨리는 모습은 결단할 수 있는 믿음과 능력을 주셨음을 뜻합니다.

장대에 뱀이 감겨서 불에 타고 있는 것은 사단의 권세를 성령의 불과 믿음으로 이겨나가기를 원하십니다.

장대에 불붙은 모습은 마른가지와 같지만 성령의 불이 붙으면 모든 일을 감당할 수 있는 은혜를 부어주시리라 말씀하십니다.

장대에 불을 붙여 집집마다 불을 붙이는 것은 나를 통해 다른 가정에 하나님의 살아계심을 나타내 보이도록 하라는 의미입니다.

장대에 붙은 불을 바람이 불어서 끄려고 하는 환상은 하나님의 뜻대로 성령의 인도를 받지 못하도록 사단이 역사함을 뜻합니다.

장대에 사람이 매달려 있는 모습은 위태위태하고 불안한 상태를 뜻하는 것인데 하나님의 도움이 아니면 살 소망이 없음을 말합니다.

장대에 작은 뱀이 감겨있는 모습은 뱀과 같은 사단이 환경 속에 역사함을 뜻합니다.

장대에 큰 바위가 매달려 있는 모습은 험하고 무거운 모습이 있지만 늘 성실히 주의 일을 해 나가기를 원하십니다.

장독대에 눈이 내리는 모습은 겨울처럼 춥고 어려울 때도 있지만, 봄이 올 것을 기대하며 믿음과 감사로 나아가라고 하십니다.

장독대에 항아리의 뚜껑이 덮여 있는 모습은 마음 문을 열고 주님께 은혜 받기를 사모하라는 뜻입니다.

장미 가시에 손을 찔리는 모습은 세상이 겉보기에는 아름답지만 찔림이 있음을 뜻합니다.

장미꽃은 아름답지만 가시가 있는 것처럼 사람을 바라보고 상처 당하지 말고 믿음으로 나아가라고 하십니다. 장미꽃을 보여 주시는 또 다른 의미는 겉모습보다 속사람을 볼 수 있도록 영분별의 은사를 사모하라는 뜻입니다.

장벽이 갈라져서 길이 열리고 길 가운데 불이 붙은 모습은 앞으로 그 삶에 그러한 은혜가 있을 것을 이르는 것입니다.

장승(나무로 된 장승) 2개가 불에 타는 것은 기도할 때 가계에 흐르는 악한 우상의 저주들이 성령의 불에 태워질 것을 뜻합니다.

장애물을 뛰어 넘는 것은 어려운 시험을 잘 이기라는 뜻입니다.

장애물이 아스팔트길에 돌무더기처럼 있는 모습은 자신의 뜻과 계획으로 나아가고 있지만 하나님의 인도함 없이는 힘들고 어려움을 의미합니다.

장작(마른 장작)에 불이 붙은 모습은 뜨거운 신앙생활을 할 수 있도록 은혜를 부어주신다는 것입니다.

장화(검정 장화)는 복음을 가로막는 사단의 공격이 있음을 뜻하며, 사역을 정체시키려는 모습이 있지만 정도의 길을 걸어가라고 하십니다.

장화가 거꾸로 엎어져 있는 모습은 하나님께 닫혀 있는 마음문을 열어야 한다는 것입니다.

장화를 보여 주시며 비가 오나 눈이 오나 어떤 날씨에도 복음의 열정이 식지 않고 주의 일에 힘쓰기를 원하십니다.

재단기(종이를 자르는 기계)는 인생에 주님과 상관없는 것을 끊어버리고 조정하라는 뜻으로 잊을 것과 지울 것은 버리고, 긍정적이고 소망적인 마음을 가지라는 말씀입니다.

재래식 화장실은 영적으로 쓸데없고 더러운 일에서 벗어나라는 의미입니다.

재봉틀로 옷을 만드는 것은 말씀, 지혜, 가르치는 은사를 주셔서 교사와 구역장으로 영혼들을 세우는 일에 힘쓰기를 원하십니다.

재주를 부리는 것은 여러 가지 달란트를 통해 하나님께 영광 돌리며, 사람에게 기쁨을 주는 은혜를 주셨음을 말씀하십니다.

재판관 가운을 입고 있는 모습은 내가 재판관이 되려 하지 말고, 하나님이 재판장이 되셔서 하나님의 말씀에 먼저 순종하는 자가 되기를 원하십니다.

재판관이 쓴 모자는 주의 말씀의 법을 가르치고 죄를 회개시키기를 원하십니다.

쟁기가 구부러져 있어서 농부가 밭을 갈지 못하는 것은 영적으로 재충전하여 성령의 다양한 은사로 복음 사명을 감당하기

원하십니다.

쟁기를 들고 있는 모습은 뒤를 돌아보지 말고, 과거에 연연하지 말고, 앞만 보며 하나님께 나아가라고 하십니다.

쟁반(금 쟁반)을 들고 가는 것은 늘 사랑과 섬김의 은사로 영혼들을 정금 같은 믿음으로 세우기 원하십니다.

쟁반에 구슬이 굴러가는 것은 목소리를 통해 주님께 영광 돌리라는 뜻입니다.

쟁반에 불이 붙어 있는 것은 사랑, 섬김의 은사로 영혼들을 섬기고 주님 사랑하는 마음으로 실천해 나가라는 의미입니다.

쟁반이 비어있는 모습은 공허하고 빈 마음을 뜻합니다.

저녁이 다 되어 가는데 일하는 모습은 농부의 마음으로 성실하고 부지런하게 일하는 은혜를 주셨음을 뜻합니다.

저수지 같은 곳을 빙글빙글 뛰어다니는 모습은 그 자리가 그 자리인 것처럼 분주히 하지 말고 가르침과 교육함으로 진보가 나타나기를 원하십니다.

저수지가 가득 차지 못한 모습은 말씀과 기도로 더 채워져서 하나님의 은혜가 넘치기를 원하십니다.

저수지에 물이 고여 있는 것은 그의 인생이 이 세상의 영으로 혼탁한 삶을 살고 있다는 뜻입니다.

저수지의 물이 맑아지는 모습은 거하는 곳에 좋지 않은 일이 사라지고, 거룩함과 성결의 영이 부어지기를 원하십니다.

저울에 바윗돌이 올라가는 것은 무거운 것을 주께 내려놓고, 깨뜨릴 것은 깨뜨려 균형 있는 삶을 살기를 원하십니다.

저울은 무게가 많을수록 많이 나가듯 영적으로 더욱 무게가

많이 나가서 주의 일을 감당키를 원하십니다. 그리고 저울은 잴 수 있는 한계가 있는 것처럼 사업도 한계가 있으니 미래적으로 바라보라고 하십니다.

저울의 다른 의미로는 무슨 일을 하든지 저울질하지 말고 계산하지 말라는 뜻이며, 주님의 사랑으로 섬기고 물질을 드리라는 의미입니다.

저울의 숫자가 올라가는 모습을 보여 주시며 내가 영적인 힘이 강해질수록 세상을 이길 힘을 부어 주리라고 하십니다.

저울이 작은 모습에서 커지는 모습은 날마다 은혜의 분량이 커지기를 원하십니다.

저울추가 내려오는 모습은 내가 무엇을 하고자 할 때 내 뜻대로 되는 것보다, 무엇을 하든 항상 하나님의 뜻과 하나님의 인도하심으로 나아가라고 하십니다.

저울추가 점점 커지는 것은 믿음과 능력을 주셔서 영력이 더 키워질 것을 말씀하십니다.

적군과 아군이 싸우는 모습은 사단과 영적 전쟁을 치루는 것을 말합니다.

적색 파이프가 녹이 슬어 이물질 때문에 기름이 흘러내려가지 못하고 막혀있는 것은 "성령의 기름부음을 막고 있는 사단의 권세는 예수의 이름으로 떠나갈 지어다."라고 기도하세요.

전갈은 모든 원수를 제어할 수 있는 힘을 주기를 원하십니다.

전구(작은 전구)를 보여 주시는 것은 신앙의 밝기가 많이 침침하고 답답함을 뜻합니다.

전구를 물에 담그는 모습은 마음에 상처가 있고 고통도 받을 수 있음을 뜻합니다.

전기 콘센트를 보이심은 성령님께 주파수를 맞춰야만 빛을 낼 수 있다는 것입니다.

전기밥솥에 밥이 끓고 있는 모습은 지금의 영적 상태가 하나님의 사람으로 만들어져 가고 있는 과정에 있다고 말씀하시는 것이고, 뜸을 들이는 모습은 조금 더 인내하며 기다리라는 뜻입니다. 밥솥에 뚜껑이 열려서 밥이 잘된 모습은 영적으로 준비가 다 되어 하나님 앞에 쓰임 받는 때가 되어졌음을 말하고, 또 다른 사람들에게 영적인 양식을 공급해줄 수 있는 때가 되었음을 의미합니다.

전깃줄은 그 사람을 통해서 다른 사람에게 성령의 전류가 흐르기를 원함입니다.

전도 가방 안에 맛있는 음식들이 있는 것은 복음의 말씀이 생명의 양식이 되어 그들이 배부름을 얻고, 은혜와 향기를 드러내는 일에 쓰리라고 하십니다.

전등이 찬란한 모습은 주님 앞에 아름답게 살 수 있는 은혜를 주셨는데 나와 우리 가정만을 위해서가 아니라 주님을 위해 선교하며 구제에 힘써서 복음의 진보를 통해 믿음 안에 살라는 의미입니다.

전류가 찌릿찌릿 흘러나가는 모습은 영혼들에게 성령의 전류가 흘러나가기 원한다는 의미입니다.

전류는 더 사모하는 마음으로 기도하여 성령의 기름부음이 전기 흐르듯 흐르기를 원하십니다.

전봇대가 높이 올라가는 모습은 영적으로 높은 고지에 오르고, 영혼과 영혼들에게 줄이 되어주라는 뜻입니다.

전봇대가 인사하는 모습은 영적으로 뿌리가 깊이 박히고

견고한 신앙을 가져서 하나님과 사람 앞에 겸손한 모습을 뜻합니다.

전봇대는 흔들리지 않는 믿음으로 보여 주셨고, 전봇대는 전깃줄을 잘 연결해 주는 사명이듯 성도들과 하나님과의 줄을 잘 이어주는 역할을 할 수 있기를 원하십니다.

전봇대를 붙들고 울고 있는 것은 지금 현재 처한 상황이 힘들고 어려움을 뜻합니다.

전봇대를 올라가려면 두렵고, 올라가도 두려운데 이는 삶이 힘들고 수고로움을 나타내는 것입니다.

전봇대에 매미가 많이 붙어 있는 것은 본인의 뜻과 상관없이 환경에 시끄러운 일이 있음을 뜻합니다.

전봇대에 머리를 박는 것은 부질없는 생각, 부질없는 마음을 예수님의 보혈로 씻어 버리고 정결한 마음을 드리기를 원하십니다.

전봇대에 새끼줄 같은 끈들이 묶여 있는데 손으로 끊는 것은 믿음과 능력의 기름을 부어 주셔서 영적으로 묶여있는 자들에게 자유를 주라는 뜻입니다.

전봇대에 야자수 같은 열매들을 보여 주시며 믿음에 든든히 서서 무성한 은혜를 받기를 원하십니다.

전봇대에서 참새들이 노래하는 모습은 성전에서 항상 찬송과 기도가 끊이지 않기를 원하십니다.

전자 칩을 보여 주시며 교회에서 맡은 자리, 맡은 역할을 잘 감당하라고 하십니다.

전쟁터에서 도망치는 모습은 힘이 없어도 사명을 저버리지 말고 힘이 있는 것처럼 행하라고 하십니다.

전철 안에 서있는 모습은 어려운 상황에 처해있는 모습이 있음을 뜻합니다.

전철을 기다리는 모습은 하나님의 때를 기다리라는 의미입니다.

전철의 손잡이가 위에서 내려오는 모습은 어떤 상황 속에서도 주님을 붙잡으면 해결되는 은혜가 있을 것을 말씀하십니다.

전철의 손잡이를 잡고 가는 모습은 예수님의 손을 놓치면 넘어질 수밖에 없기 때문에 주님을 꼭 붙잡고 살라는 뜻입니다.

전축의 음반이 돌아가는 모습은 내가 말한 것이 다 녹음되듯 말과 행동이 일치하라고 하십니다.

전투기가 땅으로 추락하는 모습은 영적인 그리스도의 좋은 군사가 되어 영적으로 무장하여 삶에 하나님의 인도함을 받아야 함을 말합니다.

전화기(빨간 전화기)가 울리는 것은 누구하고 통화를 하든지 보혈이 부어지기를 원하십니다.

전화기를 보여 주시며 누구와 통화를 하든지 예수님을 증거하고, 세상 말을 많이 하지 말라는 뜻입니다.

전화기에 불이 난 모습은 영혼들에게 주님의 사랑을 전파하도록 기름을 부어 주리라고 하십니다.

절간을 보이심은 절에 다니며 우상숭배하고 묶임 당한 영혼들을 생명의 말씀을 통해 옳은 길로 인도하는 영적 권세가 임하기 원하십니다.

절구에 곡식 빻는 모습은 성도들이 말씀에 부서지고 깨어져서 작품으로 만들어지는 과정임을 뜻합니다.

절구에 곡식을 찧고 떡을 만드는 것은 말씀이 육신이 되어 오신 예수님처럼 생명의 떡으로 영혼들에게 배부름을 주는 자

가 되라는 의미입니다.

절구에 곡식을 찧는 모습은 본인의 수고와 노력이 있어야 결실이 있음을 뜻합니다.

절구에 물이 채워지는 모습은 그날그날 힘들게 사는 모습이 있지만 강 같은 평화와 기쁨이 있기를 원하십니다.

절벽(높은 절벽)의 물줄기가 강으로 떨어지는 모습은 은혜의 생수를 구하라는 뜻입니다.

절벽과 절벽 사이에 십자가 다리가 놓이는 것은 길이 없는 것 같은 벼랑 끝에 서 있더라도 주님의 보혈로 길을 내어 주었노라고 하시며 십자가를 지고 달려가기를 원하십니다.

절벽 사이에 구름다리를 보이심은 힘들고 어지러운 기분이 들더라도 앞만 보고 가라는 의미입니다.

절벽에서 떨어진 모습은 두렵고 어려운 상황일지라도 주께 매달려서 영육의 장애물을 이기기를 원하십니다.

절벽을 보여 주심은 개인적으로 절벽에 서 있는 것처럼 위태하고 위기감이 있음을 뜻합니다. 만약에 절벽 위에 교회가 서 있다면 교회가 위태로움에 있음을 보여 주시는 것입니다.

절의 스님들을 보이심은 가계에 흐르는 조상의 저주가 있는 것입니다. 예수 그리스도의 이름으로 기도하면서 이 땅의 우상의 단을 깨뜨리는 역사가 가정에 있어야겠습니다.

점 하나는 너무 미세한 부분, 작은 부분에 고통스러워하지 않기를 원하십니다. 다른 의미로는 지극히 작은 나를 자녀 삼아 주셨음을 뜻하기도 합니다.

점퍼(겨울 잠바)의 지퍼가 올라가는 것을 보여 주시는 것은 어려운 사람을 도와주면서 따뜻한 사랑을 나누라는 의미입니다.

점프하는 모습은 높은 장벽을 잘 넘어가라는 의미입니다.

접시 물은 적은 일에 상처받지 않기를 원하시며, 다른 의미로는 사고가 생기려면 작은 일에도 큰 사고가 생기고 어려움을 당할 수 있는 것처럼 매사에 작은 일도 조심해야 할 것을 경고하십니다.

접시에 물이 담겨 있는 모습은 내 심령이 은혜의 큰 그릇이 되어서 주님의 귀한 말씀과 사랑을 담을 수 있기를 원하십니다.

접시에 생선 한 마리가 놓여 있는 것은 내가 할 수 있는 것을 믿음으로 하면 예수님이 축사하셔서, 믿음의 은혜가 나타나게 하시리라고 하십니다.

젓가락 길이가 맞지 않는 모습은 하나님 앞에 온전치 못한 삶을 회개하고, 하나님 앞에 바른 모습으로 살아가기를 원하십니다.

젓가락 두 짝이 모이는 모습은 서로 같은 모습, 같은 마음을 품어 서로에게 힘이 되고 능력이 부어지는 역사가 있기를 원하십니다.

젓가락 한 짝을 보여 주심은 혼자서는 온전히 설 수가 없으므로 서로 힘을 합쳐야 한다고 말씀하시는 것입니다.

젓가락은 같은 마음, 같은 뜻을 품으라는 의미입니다.

젓가락의 짝이 맞지 않은 것은 나와 맞지 않는 것들과 사람으로 인해 고통당하지 말고 그것이 아니면 돌아서라는 의미입니다.

정글을 보여 주시며 정글에는 사자, 독사, 여러 짐승들이 있는데 가정에 역사하는 짐승 같은 더러운 영의 역사를 예수의 이름으로 대적하라는 뜻입니다.

정사각형 벽돌에 화살이 날아와 그 돌이 깨지는 모습은 사람이나 환경에 아픔, 고통의 화살이 날아올 때 심령이 깨지지 않도록 견고하고 강한 믿음으로 나가길 원하십니다.

정상에 올라가 있는 모습은 영적인 높은 고지에 올라 세상과 사람들을 믿음으로 잘 다스리는 자가 되기를 원하십니다.

정오의 태양은 어둠과 타협하지 말고 성령의 뜨거운 불을 통해 빛을 발하라는 뜻입니다.

정자나무 밑에서 성경을 읽는 모습은 환경은 어떠할지라도 하나님의 말씀과 기도로 승리하시기를 원하십니다.

정자나무에서 편히 쉬는 모습은 말씀의 울타리 안에서 주님의 평안이 넘치길 원하십니다.

젖(빈 젖)을 빨고 있는 모습은 그 영혼이 영적으로 메말라 있음을 뜻합니다.

젖소를 보여 주심은 큰 힘을 줄 수 있는 일꾼을 붙여주시겠다는 것입니다.

젖소의 젖을 짜는 모습은 성령의 은사를 주시겠다는 것이며, 주님께 감사함으로 그것을 사용해서 은혜의 맛을 내라는 뜻입니다.

제과점 빵은 육신의 양식을 부족함 없이 채워 주시겠다는 뜻입니다.

제단을 쌓고 기도하는 모습은 기도의 제단을 쌓고 기도의 능력을 통해 주님의 사랑을 나눌 수 있기를 원하십니다.

제비는 첫째, 주님의 복된 말씀을 기쁘고 즐겁게 선포하라는 의미이며, 기쁜 소식을 슬프게 전하지 말라고 하십니다. 둘째,

주님의 돕는 은혜가 있을 것을 말합니다.

제트기가 위에서 전쟁하는 모습은 공중에 영적인 싸움이 있음을 뜻합니다.

조각상을 조각칼로 만드는 모습을 보여 주십니다. 주님은 환경을 통해 나를 고치고 다듬어서 그리스도의 형상으로 만들어 가는 과정이라고 하십니다.

조각칼은 아픔과 고통을 주는 사단을 의미하기도 하고, 손에 재주를 주셨음을 의미하기도 합니다.

조개 속살을 보여 주시며 그 사람의 내면의 속맛이 참 좋다고 하셨습니다.

조개(큰 조개)가 입을 크게 벌리는 모습은 입을 크게 벌려서 많은 것들을 내 심령 속에 채우라는 뜻입니다.

조개가 입을 다물고 있는 모습은 입을 열어 기도하라고 하십니다.

조개들이 쌓여지는 모습은 사역에 열매 맺게 하리라는 의미입니다.

조랑말은 눈높이를 크게 하기 보다는 형편과 사정에 맞게 선택하라는 하나님의 사인입니다.

조랑말은 영적으로 작은 말을 타고 터벅터벅 걸어가고 있는 상태입니다.

조랑말을 타고 가다가 나중에는 큰 말을 타고 가는 모습은 처음엔 미약한 것 같고 늦은 것 같지만 점점 더 좋은 은혜를 부어 주시리라고 하십니다.

조리로 쌀을 씻는 모습은 영적인 일에 있어서 분별을 잘해서

버릴 것은 버리고 추려서 맛을 낼 수 있기를 원하십니다.

조명등(현란한 조명등)을 보여 주시는 것은 아름다운 영광의 빛을 비춰주시길 원하신다는 의미입니다.

조상(갓을 쓴 조상)이 보임은 가계에 흐르는 조상의 저주가 있으므로 끊는 기도를 하라고 하셨습니다.

조화(弔花)는 주님 앞에 온전히 바로 설 수 있도록 그 영혼을 위해 기도하라는 뜻입니다.

족집게로 털을 뽑는 것은 버리고 제해야 할 것들은 미루지 말고 뽑아 버리고 기도와 말씀에 전무하라고 하십니다.

졸고 있는 모습은 영적으로 자고 있음을 뜻합니다.

좁은 길, 좁은 문을 보여 주시며 천국 길, 천국 문임을 기억하고 영혼들을 생명의 길로 인도하라고 하십니다.

좁은 길을 보여 주시며 사역의 길이 좁고 힘들지만 앞장서서 걸어갈 때에 성도들도 그 모습을 보고 뒤따를 수 있는 은혜를 주심을 말합니다.

종(금으로 만든 작은 종)은 현재는 영적인 힘이 약하므로 더 강해질 수 있도록 힘써야 합니다.

종(금으로 만든 큰 종)을 보여 주심은 정금 같은 믿음과 물권을 주시겠다는 것입니다.

종을 치는 모습은 자고 있는 영혼들을 깨우라는 뜻입니다.

종이 땡땡 울리는 것은 늘 기도로 깨어 있어서 주님이 주시는 음성을 잘 듣고 시험에 들지 않도록 깨어 있으며, 복음의 진리를 전하는 자가 되기를 원하십니다.

종이 쓰레기를 태우는 것은 과거의 상처와 아픔을 성령의 불에 태우라는 뜻입니다.

종이가 갈기갈기 찢어지는 모습은 때론 마음이 갈기갈기 찢어지는 듯한 고통과 아픔이 있지만 믿음으로 이겨나가기 원하십니다.

종이가 구겨져 있는 것은 마음이 구겨져 있는 심령 상태를 말합니다. 말씀과 기도로 심령이 깨끗해져서 다시 신앙의 모습이 반듯하게 되기를 원하십니다.

종이배가 물에 떠내려가는 모습은 인생길이 힘들고 어려움이 있음을 말합니다.

종이배를 보여 주시며 연약한 상태로 살아가지 말고 더 튼튼한 믿음의 용사로 세워지기 원하십니다.

종이비행기를 보여 주시는 것은 힘이 없다는 의미입니다.

종이학을 보여 주심은 종이에는 생명력이 없듯이 예수님의 생명이 없는 자에게 생명을 불어 넣는 사명을 감당하라는 의미입니다.

종합운동장에 서치라이트가 켜있는 상태를 보여주시는 것은 가정에서 일어나 빛을 발하라는 뜻입니다.

좌우를 두리번거리는 모습은 방황하고 고민하는 모든 것을 내려놓고 주님만 바라보며 살기 원하십니다.

주님께서 재림나팔을 부는 모습은 한 영혼을 구원하기에 더 힘쓰라는 뜻입니다.

주님의 심장은 예수그리스도의 심장을 가지고 주의 길을 달려가라는 의미입니다.

주님의 얼굴과 자신의 얼굴이 번갈아가며 변하는 모습은 부르심의 소명이 있음을 뜻합니다.

주님의 큰 손으로 그 사람을 번쩍 들고 계신 모습은 그를 높은 곳에 세우셔서 하나님의 영광이 드러나길 원한다는 의미입니다.

주님의 큰 손을 보여 주심은 주님께서 우리들을 붙잡아 주고 계신다는 의미입니다.

주님이 90도 각도로 고개 숙인 모습은 하나님 앞에 겸손하고 거룩한 자가 되기를 원하시는 것입니다.

주님이 꼭 안아주는 모습은 주님이 "너를 사랑하노라, 너의 기도를 들어주기 원하노라." 하시는 것입니다.

주님이 두 손을 모아 기도하시는 모습은 우리를 위해 중보기도하고 계시므로 하나님 앞에 힘차게 살아가라는 의미입니다.

주님이 밝은 빛으로 서 계신 모습은 부족하고 연약해도 주님께서 빛으로 비추시고 은혜로 보호하고 계심을 뜻합니다.

주님이 손을 번쩍 드는 모습은 주님께서 해결해 주시기를 원한다는 뜻입니다.

주먹과 주먹이 부딪히는 모습은 어떤 상황에서도 부부가 부딪히지 않기를 원하십니다.

주먹을 불끈 쥐는 모습은 주님 앞에 믿음의 결단을 하고 굳세게 살라는 뜻입니다.

주먹을 쥐었다 펴는 모습은 더 힘차게 주님 앞에 더 합당한 모습으로 나아가기를 원하십니다.

주사기로 주사 맞는 모습은 세상일을 하기 힘든 몸과 마음을 의미합니다.

주사기를 보여 주심은 영적인 치료자가 되어서 영혼들을 회복시켜 주는 사명을 감당하라고 하십니다.

주사위를 던지는 것은 내일 일도 모르는 인생을 살아가는데 주님 앞에 기도를 힘써 될 수 없는 일도 되도록 성령님께서 도우심을 뜻합니다.

주유소에서 기름을 넣는 탱크를 보여 주심은 성령의 기름 부으심의 능력을 크게 받아서 많은 사람들에게 능력을 전가하는 자로 쓰임받기 원하십니다.

주의 종이 들고 다니는 가방은 목회자를 위해 중보 기도하라는 의미입니다.

주전자는 말씀으로 기름 부어지는 은혜를 말하는데 영혼들에게 생명의 생수를 나누어 주라는 것입니다.

죽은 물고기는 생명이 없으므로 자기 영혼이 죽어있는 삶을 살지 않도록 조심하라는 뜻입니다.

죽은 사람을 산소 호흡기로 살리는 모습은 영혼 살리는 일에 쓰임받기를 원하십니다.

죽은 사람이 관에 들어갔다가 살아나는 것은 영적으로, 육적으로 죽은 자를 그리스도의 말씀으로 깨우는 사명입니다.

죽은 생선은 그 사람이 영적으로 병들어 있음을 뜻합니다.

줄 타는 모습은 주의 일을 하는 것이 줄타기하는 것처럼 위태롭지만 끝까지 믿음의 줄, 기도의 줄을 놓치지 않으면 평안한 축복이 있을 것을 말씀하십니다.

줄기(연약한 줄기)에서 싹이 나오는 모습은 하고 있는 일이 이제 시작임을 의미합니다.

줄넘기하는 모습(단체로 줄넘기하는 모습)은 여러 훈련을 통해 내가 하는 일을 끝까지 이루는 삶을 살기를 원하십니다.

줄넘기하는 모습은 운동이 필요하니 영적, 육적인 삶이 건강

해지기를 원하시며, 시험을 잘 통과하라는 뜻도 있습니다.

줄넘기하다 자꾸 걸리는 모습은 훈련을 통해 프로가 되듯이 강한 자로 세워지기 위함입니다.

줄다리기 끈이 묶여 있는데 풀어지는 모습은 예수 안 믿는 영혼을 위해 기도하고 전도하면 하나님이 역사해 주시리라고 하십니다.

줄다리기는 성령의 소욕과 육신의 소욕이 싸우고 있음을 말합니다.

줄다리기용 꼬인 줄을 보여 주심은 어려운 문제가 있어도 주님 안에서 풀려져 나가는 은혜와 능력을 사모하라는 뜻입니다.

줄을 땅에서 잡아당기는데 끝없이 계속 끌려 올라오는 것은 감당해야 할 부분, 이겨내야 할 부분들, 이 땅에서 구하여도 힘들고 피곤한 일들이지만 내려놓을 부분들은 내려놓기 원하십니다.

줄을 사단이 끄는 모습은 사단이 나를 세상으로 끌고 가는 시험이 있어도 진리의 허리띠를 매고 잘 이기라는 의미입니다.

줄을 타고 날아가는 것은 세상 사람들은 세상 줄을 잡지만, 믿음의 사람들은 위로부터 내려오는 믿음의 줄을 잡으라는 뜻입니다.

줄이 꽈배기처럼 꼬여 있는 것은 그 사람의 인생이 꼬여있는 것을 말하는데 주의 말씀으로 그 문제가 풀려지도록 인도함 받아야 됨을 말합니다.

줄이 동서남북 사방으로 팽팽하게 연결되어진 모습은 성령님께서 동서남북 사방에서 지켜주시고 견고한 은혜를 주시겠다는 뜻입니다.

줄이 오색찬란하고 긴 줄은 삶에 오색찬란한 은혜를 비추리라는 뜻입니다.

줄자가 늘어나는 모습은 영적인 키가 자라게 하시리라는 의미로 내 생각보다 더 크게 하나님이 나를 쓰시리라고 하십니다.

줄자를 보여 주심은 나의 이치와 나의 생각과 나의 방법들을 주님 앞에 내어놓기를 원하십니다.

중국 무술을 하는 모습을 통해서 오랜 기간 동안 훈련받듯 지금은 훈련 기간임을 의미합니다.

중전마마(중궁전의 중전마마)를 보여 주시며 영적 어머니로 잘 세워져서 주님께 모든 일을 행해 나가기를 원하십니다.

중풍병자의 눕는 침상을 보여 주시는 것은 치유를 통해 하나님의 은혜가 나타나기를 원하십니다.

중학생을 업고 있는 환상은 중고등부 사역을 하기를 원하십니다.

쥐는 영적으로 더러운 환경에 처해 있는 것을 의미합니다.

쥐들이 다니는 시궁창을 보여 주심은 환경 가운데 역사하는 더러운 영들을 예수의 이름으로 물리치라는 뜻입니다.

쥐들이 한 줄로 가는 모습은 사역을 방해하는 더러운 사단이 역사함을 뜻합니다.

지게(빈 지게)를 지고 가는 모습은 수고해도 별 성과가 없음을 말씀하시고, 다른 의미는 어렵고 힘든 일은 주님께 맡기고 가는 믿음이 있음을 뜻합니다.

지게가 텅 비어 있는 것은 소득이 없고 힘든 상황을 뜻합니다.

지게를 지고 가는 모습은 수고롭고 힘든 일도 주님이 도와주시면 어렵지 않으므로 모든 것을 주님께 의지하고 앞으로 나아가라는 뜻입니다.

지게를 지고 가는데 예수님이 뒤에서 들어주시는 것은 주님이 힘든 삶을 같이 책임져 주시며 나가는 모습입니다.

지게를 지고 산으로 올라가 물고기를 잡으려하는 모습은 영적 분별력을 가지고 내 생각, 내 뜻은 버리고 하나님의 뜻대로 성령의 인도함을 잘 받기를 원하십니다.

지게에 볏단이 쌓여 있는 모습은 충성과 헌신을 통하여 물권을 주실 것을 뜻합니다.

지게에 자갈을 지고 걸어가는 것은 마음이 무겁고 수고로운 일, 인생이 피곤한 일이 있음을 뜻합니다.

지구를 보여 주시는 것은 수많은 사람들 중에 나를 택하시고 하나님의 자녀로 쓰임 받게 하신 것처럼 복음의 선교적 사명을 감당하기 원하십니다.

지구를 손가락으로 그리는 것은 나라와 민족을 위해 기도하라는 뜻입니다.

지구본이 빙글 빙글 돌아가는 모습은 세계를 위해서 중보기도 하라는 의미입니다.

지렁이들이 길바닥에 있는 것은 주의 길을 가는 데 있어서 더럽고 추한 상황이나 문제가 일어나도 개의치 말고 주의 길을 달려가라는 뜻입니다.

지렁이와 구더기, 까마귀, 송충이, 지네는 큰 해를 입히지는

않지만 정결치 못한 삶이므로 보혈 찬송을 통하여 회개하기를 원하십니다.

지뢰가 교회 주위에 있는 모습은 사단이 그 교회에 오는 성도들을 교회에 오지 못하도록 방해하고 있음을 말씀해 주십니다.

지름길은 첫째, 지혜의 영, 총명, 광야의 길을 빨리 회복할 수 있는 은혜를 주실 것을 뜻합니다. 둘째, 헌신과 기도를 통해 지름길처럼 빨리 나아갈 수 있는 은혜를 부어주셨습니다.

지붕 위가 금빛으로 덮여있는 모습은 가정에 화평과 평안이 부어져 아름답게 살게 하시리라는 뜻입니다.

지붕(슬러브 지붕)은 힘들고 어려운 상황에 있지만 그곳이 영혼들의 피난처가 되기를 원하십니다.

지붕(크고 넓은 지붕)은 말씀의 지붕이 되어 주심을 뜻합니다.

지붕에 눈이 내려있는 모습은 춥고 힘든 모습과 상황이므로 기도의 불을 공급받아 그 가정이 성령으로 타오르는 역사가 나타나기를 원하십니다.

지붕에 불이 붙은 모습은 사역에 성령의 불이 붙어 성도들이 뜨겁게 하나님을 체험하며 나아가기를 원하십니다.

지붕을 보여 주시는 첫 번째 의미는 상황은 어떠하든지 가정이라는 울타리를 중히 여기고 한마음, 한뜻으로 하나님께 나아가라는 뜻입니다. 두 번째 의미로는, 지금까지 보호해 주시고 함께 해주시는 은혜가 있었다는 것입니다.

지붕이 낮은 모습은 사역이 좁고 협착하지만 지경을 넓히시는 주님을 바라보고 나아가라고 하십니다.

지붕이 높아지고 커지는 모습은 영적인 은혜가 더 커지도록 기도하라는 의미입니다.

지붕이 열리고 하늘에서 비가 집안으로 들어가는 모습은 하나님이 이른 비, 늦은 비로 도우실 것을 뜻합니다.

지옥의 불을 보여 주심은 주위에 지옥으로 갈 영혼들을 찾아내어 그들을 구원하라는 뜻입니다.

지우개는 과거의 기억 속에서 지워야 될 부분은 예수 그리스도의 보혈로 깨끗이 씻으라는 뜻입니다.

지진이 나서 땅이 진동하는 모습은 강한 성령의 능력을 부어주시어 메마른 심령, 강퍅한 심령을 성령님이 나를 통해 만지시어 회개하고 회복되길 원하십니다.

지팡이(구름으로 된 지팡이)를 보여 주시며 늘 말씀을 의지하여 기도하면 능력의 역사가 나타나도록 도우실 것을 말씀하십니다.

지팡이(구불구불한 지팡이)는 인생길에 굴곡이 있고 영적, 육적으로 힘들고 지친 모습이지만 주님을 의지하고 강건하여 은혜를 회복하기를 원하십니다.

지팡이가 뱀으로 변하는 모습은 하나님의 살아계심을 선포하고 자랑하며 살기를 원하시는 것입니다.

지팡이는 모세의 지팡이를 통해 기적이 나타났듯이 선지자적인 기름이 더 부어져서 사역에 능력이 나타나기를 원하십니다.

지팡이는 인생이 힘들고 지쳐서 쇠해져 있으며 연약하고 힘이 없음을 말합니다.

지팡이를 짚고 있다가 지팡이를 던져버리는 모습은 힘이 없고 연약하지만 말씀을 의지해서 믿음으로 강하게 일해 나갈 수

있기를 원하십니다.

지팡이를 타고 날아가는 것은 늘 말씀을 의지하여 살고자 하면 바람과 불처럼 성령의 능력으로 행해 나가게 하실 것을 뜻합니다.

지퍼가 열려져 있는 것은 물질이 새어나갈 것을 뜻합니다.

지퍼를 보여 주시며 입에 지퍼를 채워서 불필요한 말을 삼가라고 하십니다.

지폐를 보여 주심은 하나님께서 물권을 주시기 원한다는 뜻입니다.

지휘봉 끝에 하트가 달려 있는 것은 사랑으로 지도자 역할을 잘 감당하라는 뜻입니다.

지휘봉에 빨간 깃발이 꽂혀 있는 모습은 예수의 보혈에 젖어서 승리의 깃발을 휘날리도록 은혜를 부어 주리라고 하십니다.

지휘봉은 목자의 지팡이같이 성도들이 자기의 소리를 잘 낼 수 있게 양육하고 인도하라는 뜻입니다.

지휘하는 모습은 가정에서 내 목소리를 높이는 것이 아니라 지휘자의 가르침을 통해서 조화 이루기를 원한다는 뜻입니다.

진귀한 도자기를 보여 주심은 있는 곳에서 진가를 나타내며 믿음으로 세워지기를 원하십니다.

진딧물은 내 마음에 성령의 뜻대로 살지 못하도록 사단이 역사함을 뜻합니다.

진리의 말씀으로 허리를 동이는 모습은 힘들고 어려워도 인내하고 주의 일을 하라는 뜻입니다.

진주를 잃어버려서 두리번두리번 찾고 있는 모습은 예수님의

사랑을 찾기 원한다고 말씀하십니다.

진주목걸이를 건 것을 보여 주시며 주변의 사람들을 진주같이 귀히 여기고 섬기라고 하셨습니다.

진흙탕은 "혼탁하고 더러운 영들은 예수의 이름으로 떠나갈지어다."라고 기도하세요.

짐(다른 사람의 짐)을 대신 져 주는 모습은 주의 마음을 가져서 고통과 힘듦을 나눌 수 있는 여호와의 마음을 부어주셨고, 그를 통해 죽어가는 영혼이 살려지는 역사가 더 많이 나타나는 은혜를 주리라고 하십니다.

집 한 채가 물에 빠지는 것을 보고 안타까워하는 모습은 구원받지 못하고 세상에 빠져서 멸망하는 가정들을 보고 안타까워하고 복음 전하기를 원하십니다.

집(다른 사람의 집)에 가서 방을 빗자루로 쓸어주는 것은 성도들의 가정 가정마다 성결할 수 있도록 사명을 감당하길 원하십니다.

집(희고 깨끗한 집)은 믿음의 복을 주시고 거룩한 삶을 살 수 있도록 인도하심을 뜻합니다.

집게(스텐 집게)가 꽂혀 있는 모습은 주의 길을 갈 때 아픔, 고통, 시험이 있어도 믿음의 시험을 통과하라는 것입니다.

집게(스텐으로 된 기다란 집게)는 사역이 넓혀지리라고 하십니다.

집게로 휴지를 집는 것은 작은 일에 충성하기를 원하십니다.

집게를 보여 주심은 버릴 것은 버려야 한다는 뜻입니다.

집에 불이 나서 활활 타는 모습은 그 가정에 성령의 불같은 역사가 크게 일어날 것을 뜻합니다.

집에서 악취가 나는 모습은 더러운 영이 그 가정에 역사한다는 뜻입니다.

집을 짓는 모습(구름 위에 집을 짓는 모습)은 여호와의 영광과 임재 위에 믿음의 집을 짓고, 그 가정을 세우신 말씀의 은혜 안에 살게 하리라는 뜻입니다.

집을 짓는 모습은 심령 성전을 아름답게 짓는 믿음이 부어지기를 원하십니다.

집을 짓는데 많은 모래가 부어지는 모습은 교회에 수고하는 모습을 통해 축복하리라는 의미입니다.

집이 뒤집혀서 지붕이 밑에 있는 모습은 마음이 거꾸로 되어져 있는데 똑바로 놓여 질 수 있는 은혜를 달라고 하나님께 기도하라는 뜻입니다.

집이 폭탄 맞은 것처럼 아수라장이 된 모습은 영적 전쟁이 시작되었으니 "예수의 이름으로 정욕 마귀는 떠나갈 지어다." 라고 선포기도 하세요.

징검다리가 강에 놓이는 모습은 앞으로 진보할 수 있도록 하나님의 능력으로 도와주시겠다는 의미입니다.

징검다리가 있는데 건너갈 수 없는 간격으로 놓여있는 모습은 현재 나아갈 길이 어렵고 힘들다는 사인입니다.

징검다리를 건너가는 것은 물에 빠지기도 하고, 옷이 젖기도 하지만 그런 시험 때문에 주저하지 말고 앞으로 나가 목적지에 도달하기를 원하십니다.

징을 치는 모습은 복음을 전하는 사명과 목자의 사명을 온전히 감당하라는 의미입니다.

쪽가위로 실밥을 뜯어주는 것은 말씀과 사랑으로 가르치는 사명으로 영혼들을 바로 세워나가기를 원하십니다.

쪽가위를 보여 주시며 믿음생활에 있어 버릴 것, 끊을 것을 버리라고 하십니다.

차 위에 눈이 왔는데 눈을 쓸어내는 모습은 삶의 어려움을 믿음으로 힘차게 헤쳐 나가기를 원하십니다.

차 한대가 지나갈 정도의 고속도로의 길은 평탄하게 갈 수 있는 은혜를 주시겠다는 뜻입니다.

차(따뜻한 차) 한 잔을 보여 주시며 그 사람의 마음이 따뜻함을 알려주셨습니다.

차가 거꾸로 세워진 모습은 하나님 앞에 거꾸로 살지 말고 영적으로 올바르게 살아가기를 원하십니다.

차를 닦는 걸레를 보여 주시는 것은 먼지 같은 더러운 영이 역사 하지 못하게 성결의 영을 붓고, 주님과 상관없는 일에 분주하지 말고 주님께 집중하라는 뜻입니다.

찬양을 하니 박쥐들이 날아가는 모습은 찬양을 통해 죄악의 근원들이 쫓겨나가도록 도우시고 역사하리라고 하십니다.

찬양하는 모습(다른 사람들과 함께 쭉 서서 찬양하는 모습)은 같은 마음, 같은 뜻으로 하나님께 경배하기 원하십니다.

찬양하는 모습은 하나님께 찬양으로 영광 돌리기 원하시고, 찬양의 기름 부으심이 있다는 뜻입니다.

찰흙으로 사람을 만드는 모습은 하나님이 사람을 흙으로 빚

으셨고, 육신이 하나님 앞에 가는 것처럼 영혼의 때를 바라보며 기쁨으로 나아가라고 하십니다.

찰흙이 끊어지는 모습은 인간의 힘으로는 해결되지 않는 모습이 있음을 말합니다.

참기름 병을 보여 주시면서 하나님께 똑바로 세워진 자가 되기를 원한다고 말씀하셨습니다.

참빗은 환경 가운데 물고 뜯고 상하게 하는 이와 같은 사단이 역사하는 모습입니다. "환경 속에 역사하는 이와 같은 사단의 권세가 예수의 이름으로 떠나갈 지어다."라고 기도하세요.

참외를 반으로 자르니 참외 씨가 보이는 것은 늘 예수의 씨를 뿌려 열매를 얻기 원하십니다.

창(크나큰 창)을 들고 앞으로 나가는 모습은 사단과 영적 싸움을 하라는 것입니다.

창과 망치는 영적인 은사와 큰 무기를 주셨는데 사용하지 않으면 녹슬고 쓸모가 없어지기 때문에 자기의 은사를 잘 개발해서 늘 사용하기를 원하신다는 말씀입니다.

창문을 닦고 있는 모습은 자기 마음의 창을 깨끗케 하라는 것입니다.

책가방 끈을 보여 주시는 것은 지금은 신학을 공부하지만 하나님 앞에 성령의 충만함으로 준비되길 원하시는 것입니다.

책가방을 보여 주심은 늘 전도의 사명을 가지고 복음을 전하는 일에 힘쓰라는 의미입니다.

책가방을 빙글빙글 돌리며 노는 모습은 놀고 싶은 마음을 버리고 학업에 열중하라는 의미입니다.

책꽂이를 보여 주시는 것은 영적인 삶이 가지런히 정리정돈되어 있기를 원하신다는 의미입니다.

책받침이 뒤집어지는 모습을 보여 주시며 마음과 생각을 바꾸어 영혼을 품을 수 있기를 원하십니다.

책받침이 뒤집혀 있는 모습은 큰 문제가 아닌데도 힘들어하는 모습이 있음을 뜻합니다. 주님께 모든 것을 맡길 때 의의 길로 인도하십니다.

책을 보는 모습은 세상의 학문 지식 때문에 하나님의 창조적인 은혜가 소멸되지 않기를 원하십니다.

책이 많이 쌓인 모습은 지식만 쌓는 것이 아니라 그분의 능력이 필요하니 성령의 기름 부으심을 사모하라는 뜻입니다.

책이 펼쳐져 있는 모습은 열심히 공부하라는 뜻입니다.

챔피언 벨트는 진리의 허리띠를 띠기 원하시고, 은혜와 진리 속에 인도받기 원하십니다.

천국 집을 보여 주시며 부르심의 상을 좇아 살아가기를 원하십니다.

천국으로 올라가는 계단은 주의 길을 가는데 있어 힘들고 지친 일도 있으나 감사함과 믿음으로 이기라는 말씀입니다. 그리고 부르심의 상을 향하여 좇아 올라가라는 뜻입니다.

천둥번개가 치면서 비가 내리는 모습은 우레와 같은 큰 음성으로 말씀해 주시기 원하시며, 성령의 소낙비 같은 능력이 부어져서 많은 영혼들에게 증인되기를 원하십니다.

천사가 끌어주는 모습은 힘이 없고 연약할 때도 주님께서 천사를 통해 이끌어 주셨음을 뜻합니다.

천사가 머리를 빗겨주는 것은 주님 앞에 정결하게 찬양하며 나아가면 천사가 보호해 줌을 말씀하십니다.

천사가 양팔, 양다리를 잡는 모습은 내가 가고자 하는 길보다는 하나님이 인도하시는 길로 나아가라고 하십니다.

천사가 재림 나팔을 부는 것은 마지막 때에 그들의 이름이 불려 질 수 있도록 가르치는 사명을 잘 감당할 수 있기를 원하십니다.

천사들이 나팔 부는 모습은 늘 복음 전하는 일에 충실하기 원하십니다.

천사들이 동서남북에 있는 것은 어디를 가든지 주님이 돌보신다는 뜻입니다.

천사는 힘들고 어려우나 하나님의 일을 열심히 충성하면 하늘나라 천사가 하나님께 보고하여 천국에 영토가 넓혀지는 은혜가 있으리라고 하십니다.

천사를 보여 주시는 환상은 첫째, 사람들이 알아주든지 알아주지 않든지 주님이 원하시는 대로 천사처럼 순종해 나가라고 하십니다. 둘째, 천사가 성도들에게 수종 들고, 지켜줌을 의미합니다.

천사와 사단이 싸우는 것을 보여 주시며 중보기도를 통해 중보기도해 주는 사람이 영적으로 승리할 수 있도록 인도해 주실 것을 말씀하십니다.

천사와 사단이 씨름하는 모습은 내안에 착한 마음, 분노의 마음이 싸우고 있는데 하나님의 말씀으로 이기기를 원하십니다.

천사와 용이 싸우는 모습은 사단의 권세를 이기고 주의 일에 힘써 나아가기를 원하십니다.

천사의 옷을 입고 걸어가는 모습은 천사의 마음을 가지고 하나님의 뜻을 분별하여 길을 걸어가기 원하십니다.

천지창조는 말씀의 충만한 은혜가 부어져서 다스릴 수 있는 주님의 권세를 부어주실 것을 말씀하십니다.

천체 망원경은 믿음의 눈을 열어 하늘의 것을 보고, 듣고, 전하기를 원하십니다.

철가루가 뿌려지다 금가루로 뿌려지는 것은 적은 은혜에 감사할 때 정금 같은 은혜로 축복해 주리라는 의미입니다.

철갑이 하늘에서 내려오는 것은 영적인 강한 권세가 하늘로부터 내려옴을 뜻합니다.

철봉에 오래 매달리기를 하는 모습은 잘 참고 인내하라는 뜻입니다.

철봉에 힘없이 매달린 모습은 힘들고 지쳐 포기하고 싶을지라도 주님이 뒤에서 밀어주심을 믿고 헤쳐 나가라는 뜻입니다.

철봉은 철봉에 매달린 것처럼 시험이 있을지라도 예수의 생명과 평안 속에 살아가기를 원하십니다.

철봉의 길이가 다르고 평평하지 않은 모습은 불완전하고 균형을 이루지 못한 모습을 뜻합니다.

철봉의 길이가 옆으로 길어지는 것은 앞으로 사업의 지경이 넓혀질 것을 뜻합니다.

철봉처럼 생긴 기둥을 보여 주심은 말씀, 기도, 성령이 균형 잡혀지면 주님께서 역사와 간증이 나타나도록 기름 부어 주시겠다는 뜻입니다.

철사가 몸에 들어가는 것은 사단이 고통과 아픔을 주지만 보혈을 붓고 말씀으로 이기라는 뜻입니다.

철조망은 사단이 경계선을 치는 모습으로서 사단이 기도원이나 교회에 사람들이 오지 못하게 역사하고 있음을 뜻합니다. 다른 의미로는 주위에 철조망을 쳐서 자신이 원하면 받아들이고 원치 않으면 거부함을 뜻합니다.

철조망을 통과하는 훈련은 주님 앞에 겸손한 훈련을 받고 있는 중입니다.

철창권세를 보여 주심은 영적인 권세로 더 기름 부어 주리라는 의미입니다.

철창에 불붙은 것을 양동이에 물을 담아 꺼뜨리는 모습은 세상 권세에 붙잡힌 자에게 영적 자유함을 주고 철창 권세, 쇠사슬 권세를 끊을 수 있도록 도우심을 뜻합니다.

철통에 불이 붙어서 내려가는 모습은 성령의 불이 강하게 임하길 원하십니다.

철판은 마음이 강해져서 영적 장애물을 부딪치지 말고 피해가라는 의미입니다.

청둥오리가 헤엄치는 모습은 영적으로 자기의 인생을 즐겁고 기쁘게 살기를 원한다는 의미입니다.

청소기를 보여 주심은 가정과 교회에 거룩한 모습이 갖춰지기를 원하시는 것입니다.

청실과 홍실 고리는 날마다 예수님 앞에 순결하고 거룩한 신부로 만들어져서 혼인예식을 치루는 신부처럼 아름답게 살기를 바라시는 것입니다.

청진기는 영적인 의사가 되어서 아픈 영혼들을 치유해 주기를 원하시는 의미입니다.

체중계를 보여 주심은 영적인 힘을 더 강하게 부어 주시기 원하십니다.

초가집 지붕에 고드름이 달려있는 모습은 춥고 쓸쓸하지만 기도로 헤쳐 나가라는 뜻입니다.

초가집 지붕이 주저앉은 모습은 가정이 무너져 내리려고 함을 뜻합니다.

초가집 처마 밑에 홀로 서 있는 모습은 어떤 처지에도 주님을 모신 심령이 천국이길 원하며, 어려움을 피할 수 있는 은혜를 주기 원하십니다.

초가집에 불이 붙은 것은 "목회 현장에 역사하는 가난의 영은 성령의 불로 태워질 지어다."라고 기도하세요.

초상화는 매일 많은 사람이 죽어 가는데 죽고 난 다음에 애통해 보았자 필요 없듯이 복음 전하는 사명을 잘 감당하기를 원하십니다.

초승달, 반달, 보름달의 모습은 성령의 밝기를 조명해 주시는 것입니다.

초승달은 성령의 빛으로 은혜 안에 거하기를 원하십니다.

초인종을 대문마다 누르는 모습은 남은 생애를 영혼들에게 전도하라고 하십니다.

초코파이는 성령의 단맛을 내라는 뜻입니다.

촛불 두 개 중에서 한 개가 꺼졌다 켜졌다 하는 모습은 부부가 일치하는 삶을 살지 못하고 불안한 모습입니다. 하나님께서는 잘 연합하기를 원하십니다.

촛불들을 많이 보여 주심은 영혼들에게 성령의 불을 조명해

주는 자가 되고 힘을 합치라는 것입니다.

촛불을 보여 주심은 세상의 빛이 되어 주의 사랑을 나누길 원하신다는 의미입니다.

촛불이 꺼져 있는 모습은 힘이 없고 연약한 상태를 뜻합니다.

촛불이 꺼져 있다가 켜지는 모습은 기도를 쉬지 말고 내 마음에 성령의 기름이 더 부어지도록 기도하라는 뜻입니다.

총대를 메고 가는 모습은 영적인 성령의 은사와 무기들을 주셔서 성도들의 짐들을 같이 메고 감을 뜻합니다.

총알 통에 총알이 가득 담긴 모습은 원수 마귀를 성령의 능력으로 물리치기를 원하십니다.

총알을 보여 주시며 하나님의 자녀로서 영적인 권세와 은사들을 사용하라고 하십니다.

총채가 몸에 달려있어서 바람에 날리는 것은 영혼들에게 깨끗하고 성결하게 성령의 바람이 불게 하심을 뜻합니다.

총채로 먼지를 터는 환상입니다. 알고도 지은 죄, 모르고도 지은 죄를 회개하고 가정에 보혈이 부어지도록 기도하라는 의미입니다.

추운 겨울에도 촛불이 꺼지지 않는 것은 꺼져가는 등불도 끄지 않는 아버지 앞에 믿음을 끝까지 지켜서 어두운 곳에 빛을 비추기를 원하십니다.

추워서 눈물과 콧물을 흘리는 모습입니다. 소외된 영혼을 살피고 돌보는 일을 하라는 의미입니다.

춤추는 모습(다이아몬드 스텝을 밟으면서 춤추는 모습)은 주님 앞에 감사, 찬양, 영광을 규칙적으로 드리는 삶을 살라는 뜻입니다.

치마(폭이 넓은 치마)로 남편을 덮는 모습은 사랑으로 남편을 품을 때 더 많은 능력이 나타나리라고 하십니다.

치마를 보여 주시며 연약한 모습을 벗어버리고 대장부처럼 강하고 담대하게 살라고 하십니다.

칠면조를 보여 주시는 것은 예수님으로 맛을 내는 자가 되기를 원하십니다.

칠판에 글씨를 쓰는 모습은 가르치는 은사가 있음을 말합니다.

칠판지우개는 마음에 지워버릴 것은 예수의 보혈로 지워버리고, 세상과 사람의 영이 떠나고 마음을 깨끗케 하기를 원하십니다.

침을 놓아주는 모습은 하나님의 말씀이 영적 치료제가 됨을 의미합니다.

칫솔 2개가 어긋나 있는 모습은 거룩하고 순결한 마음으로 부부의 마음이 온전히 연합되기를 원하십니다.

카네이션은 부모에게 효도하는 자녀가 되라고 하십니다.

카누에 여러 사람이 타고 똑같이 노를 젓는 모습은 교회 안의 성도가 같은 마음을 가지고 좌우로 치우치지 않고 목자의 가르침을 따라 나아가기를 원하십니다.

카센터에서 자동차를 정비하는 모습입니다. 상하고 망가진 영·혼·육을 고쳐주고 회복시켜 주기를 원하십니다.

칼라 찰흙이 뭉쳐지기 전에 자기의 색과 모습이 뚜렷합니다. 그 찰흙이 서로 섞여지면서 다양한 아름다움을 나타내는 환상은 성도들이 합력해서 성령의 다양한 은사로 조화를 이루어 하나님의 아름다운 걸작품으로 창조되어지기를 원하십니다.

칼로 무를 자르는 모습은 영적인 결단력을 갖기를 원하십니다.

칼로 물을 베는 모습은 가정에 쓸데없고 허무한 다툼이 없기를 원하십니다.

칼에 살이 베어지는 환상입니다. 아픔과 고통의 연단을 통해 하나님을 더 의지할 수 있는 믿음을 가지라는 뜻입니다.

칼에 찔려서 상처가 난 모습은 삶에 아픔이 많음을 뜻합니다.

칼을 들고 있는 모습은 그리스도의 좋은 군사로 세웠노라고 하십니다.

칼집에 여러 개의 칼이 꽂혀 있는 것은 하나님의 영적인 은사와 말씀이 채워져 있어서 필요할 때마다 꺼내 쓸 수 있는 모습입니다.

캐스터네츠는 서로 잘 연합해서 아름다운 주님의 소리를 나타내라는 의미입니다.

캔 뚜껑을 따는 모습은 기도하면 치유와 회복의 역사가 있을 것을 뜻합니다.

캔 뚜껑을 보여주십니다. 캔 뚜껑을 열기만 하면 맛있는 음식이 있듯, 성령의 은사를 제한하지 말고 많이 사용하여서 영혼들을 배부르게 하기를 원하십니다.

캠퍼스 안에서 걸어가며 콧노래를 부르는 모습은 무시로 하나님을 찬양할 때 기쁨이 넘침을 뜻합니다.

캡슐 약을 보여 주시며 너무 염려하면 병이 생긴다는 것을 의미합니다.

캥거루의 아기주머니는 영혼을 사랑하는 마음으로 하나님의 자녀들을 품고 사랑으로 격려하며 믿음 안에서 살라는 뜻입니다.

커튼(하얀 커튼)을 보여 주심은 순결한 신부로 준비되어져 그 가정이 순수하고 아름다운 모습으로 가꾸어지기를 원하시는 것입니다.

커튼은 색깔에 따라서 성결의 영을 측량하십니다. 흰색 커튼은 그 가정에 순결과 거룩한 은혜가 부어짐을 뜻하고, 빨간 커튼은 예수님의 보혈의 은혜가 부어짐을 뜻하고, 더러운 커튼은

성결의 영이 부어지도록 회개하고 깨끗해지라는 뜻입니다.

커튼을 걷으니 빛이 들어오는 모습은 마음에 빛이 창일한 은혜가 있을 것을 말씀하십니다.

커튼이 거실에 드리워져 있는 모습은 생명의 빛이 들어올 수 있도록 마음의 문을 열고 하나님의 은혜를 받으라는 것입니다.

커튼이 드리워져 있어서 방안이 보이지 않는 모습은 마음을 주님께 열기를 원하신다는 의미입니다.

커피포트에 물을 끓이는 모습입니다. 작은 일이라도 사랑과 섬김을 통해 영혼들에게 사랑을 나누기를 원하십니다.

커피포트에 물이 펄펄 끓는 모습은 뜨겁게 신앙생활을 하라는 의미입니다.

컴퍼스 다리가 붙어있는 모습은 삶이 협착하고 좁은 상황임을 뜻합니다.

컴퍼스가 녹슬어 있는 것은 준비가 안 된 상태를 말하며 회개하여 새롭게 되어야 할 것을 말씀하십니다.

컴퍼스로 원을 그리는 것은 영적 지경을 넓혀 주시고 세워주심을 뜻합니다.

컴퓨터칩을 보여 주시는 것은 한 사람 한 사람이 힘을 합치면 모든 일이 합력하여 선을 이루도록 하시겠다는 말씀입니다.

컵(큰 컵)이 옆으로 기울어지는 모습은 영적으로 큰 그릇인데 사단이 밀어서 쓰러뜨리고 하나님의 은혜를 받지 못하도록 방해하고 훼방하는 역사가 있음을 말합니다.

컵에 들어있는 물의 양에 따라서 그 심령에 하나님의 은혜와 사랑이 얼마나 부어져 있는지를 알려주십니다.

컵에 물을 담아 마시는 모습은 성령의 은혜를 부어 주시어 영적으로 열리기를 원하십니다.

컵에 물을 담아 벌컥벌컥 마시는 모습은 영적인 사모함을 가질 때에 폭포수와 같은 생수가 흘러나오리라고 하십니다.

케이블카를 타고 내려오는 것은 삶은 어렵고 힘들지만 주님이 도와주시면 쉽게 어려운 난관들을 이기고 나아갈 것을 보여주십니다.

케이크 칼은 힘이 없고 연약하다는 뜻입니다.

코걸이, 귀걸이를 한 그림입니다. 세상 향락이 득세하는 시대에 음란과 사치에 붙잡혀 있는 영혼들에게 복음을 전할 수 있는 능력이 부어지기를 원하십니다.

코끼리 꼬리만 보여 주시며 어느 한 부분에만 치우쳐 신앙생활하지 말고 넓은 안목으로 하나님의 일을 하기 원하십니다.

코끼리 떼를 보여 주심은 하나님의 강력한 능력과 은혜로 다스려 나가는 은혜를 말씀하십니다.

코를 보여주시면서 사람이 무슨 냄새를 맡느냐에 따라서 그 향기가 달라지듯, 우리는 늘 하나님의 은혜 안에 살 때에 그 향기가 드러나게 됩니다.

콜라, 사이다와 같은 음료수를 시원하게 먹는 환상입니다. 그 영혼에게 시원한 주님의 은혜를 부어 주시기 원하신다는 뜻입니다.

콩깍지를 벗겼더니 콩이 드러나는 모습은 힘들고 어려움이 있지만 열매가 있게 하시리라고 하십니다.

콩나물시루에 있는 콩나물을 보여 주시는 것은 말씀을 듣는

심령이 콩나물이 자라듯 영적으로 쑥쑥 자랄 것을 말합니다.

콩들을 많이 보여 주심은 그 삶에 헤아릴 수 없는 은혜를 부어 주신 것에 대해 감사하며 살라는 뜻입니다.

콩을 볶는 모습은 영적으로 맛을 내기를 원하십니다.

크레파스는 자기의 인생을 한 폭의 아름다운 작품으로 만들어서 하나님이 보시기에, 그리고 사람이 보기에도 좋은 삶으로 인도함 받기를 원하신다는 의미입니다.

큰절 하는 모습은 하나님 앞에 항상 겸손한 은혜로 살라는 말씀입니다.

키 차이가 많이 나는 모습은 서로 맞지 않음을 뜻합니다.

키가 크고 작은 다양한 사람들을 보여 주시며 서로 다른 사람들에게 각기 맞는 말씀을 주시어 지체로 세워지기를 원하십니다.

키가 크고 작은 사람, 뚱뚱하고 마른 사람들을 보여주며 나와 다른 사람들과 함께 일해 나갈 때 주님의 마음을 가지고 모든 것을 품고 이해하며 나아가기를 원하십니다.

키가 크고 작은 사람들을 보여 주심은 주님 앞에 큰 자나 작은 자나 쓰임 받는 일에 열심을 내며 살라는 뜻입니다.

키가 큰 모습을 보여 주시는 것은 영적으로 키가 커서 능력 있는 지도자가 되기를 원하십니다.

키를 재는 모습은 첫째, 영적인 지혜와 키가 자라며, 성령의 말씀을 통해 계속 자랄 수 있도록 은혜 입기를 원하십니다. 둘째, 무엇을 배워서 믿음이 자라는 것보다 하나님의 일을 통해 지혜와 키가 자라도록 인도해 주시리라는 의미입니다.

키를 재주는 모습은 성도들이 자랄 수 있도록 잘 양육하기를 원하시는 말씀입니다.

키질하는 모습과 불을 같이 보여 주시며 성령으로 뜨겁게 신앙생활 하며 알곡 신앙이 되어 열매 맺으라는 뜻입니다.

키질하는 모습은 어렵고 힘든 여러 가지 시험이 있어도 주님 안에 들어와서 살라는 뜻이며, 늘 알곡 신앙으로 영혼들을 알곡으로 이끌라는 의미입니다.

킥보드를 아이들이 타는 모습입니다. 처음엔 익숙하지 못해서 넘어지고 다치듯, 지금은 어렵고 힘들지라도 훈련이라 생각하고 계속 나아가면 진보가 있으리라는 뜻입니다.

타인의 몸을 만지며 치유해 주는 모습은 영혼 치유 사역을 하라는 뜻입니다.

탁구 선수가 탁구 하는 모습은 늘 깨어 준비하고 늘 기도할 때 승리의 개가를 부를 것을 말씀하십니다.

탁자(다리가 4개인 탁자)는 한쪽다리가 짧아도 바로 서지 못하듯 영적인 균형이 잘 맞아야 함을 뜻합니다.

탕자가 쥐엄 열매를 먹고 있는 모습은 세상에서 방황하지 말고 주님 앞에 다시 돌아와 하나님의 은혜를 입고 살기를 원하십니다.

탕자를 보여 주심은 하나님 아버지의 마음으로 탕자와 같은 영혼들을 잘 인도하기를 원하십니다.

태극기가 동산에 꽂혀 있는 모습은 자기가 처한 곳에서 나라와 민족을 위해 중보 기도하라는 뜻입니다.

태극기를 보여 주심은 나라와 민족을 위해 전심으로 주님 앞에 기도하여 성령의 인도를 받으라는 뜻입니다.

태산에 벌레들이 붙어있는 모습은 삶에 험악한 모습이 있지만 믿음으로 돌진할 때 성령이 도우실 것을 말씀하십니다.

태산은 하늘의 영광이 부어져서 사는 날 동안 하나님의 은혜

가운데 많은 영혼들을 이끌어 나갈 수 있기를 원하십니다.

태산을 삽으로 파서 옮기는 모습은 과정이 어렵고 힘듦을 말합니다.

태양열 반사판은 하나님의 은혜의 빛이 나를 통해 나타나고 전가되는 은혜를 뜻합니다.

태양은 항상 밝고 강한 은혜를 입기를 원하십니다.

태양이 빙글빙글 도는 모습은 영적으로 주님의 생명의 빛이 되어 영혼들을 생명의 길로 인도하기를 원하신다는 의미입니다.

태양이 움직이는 것을 보여 주심은 주바라기가 되어 주님을 바라보고, 주님을 인정하고, 찬양하며 경배하는 삶을 살라고 하십니다.

태엽을 돌려서 움직이는 장난감을 보여 주심은 누군가가 도와주어야 교회에 나오는 사람을 뜻합니다.

탬버린 치는 모습은 기쁨으로 하나님께 영광 돌리라고 하십니다.

탬버린들이 흔들리는 모습은 교회 안에 찬양의 제사가 흘러넘치기 원하십니다.

탱크 바퀴를 보여 주심은 느릿느릿 가고 있지만 성령의 능력으로 은혜 있는 삶을 살고 있음을 뜻합니다.

탱크는 십자가 군병으로 영적 전투하기 위해 힘이 더 강해지고 커져서 사단과의 영적 전쟁에서 승리하기 원하십니다.

탱크와 인삼을 같이 보여주셨는데 탱크는 기도의 능력을 힘입는 것을 말하고 기도로써 헌신하고 나아가면 인삼이 사람에게 유익하듯 소득이 있을 것을 뜻합니다.

터(크고 넓은 터) 위에 빨간 깃발이 꽂혀 있는 것은 작은 성령의 불이 퍼져 나가면 보혈의 피로 승리함을 뜻합니다.

터널(밝은 터널)을 지나가는 것은 사단은 어두움을 주기 원하지만 서는 곳마다 주님의 빛으로 함께 해 주시기를 원하십니다.

터널(좁은 터널)에 빛이 비춰지는 모습은 밝을 때나 어두울 때나 성령의 빛으로 진리 가운데로 이끌어가고 계심을 뜻합니다.

터널(좁은 터널)을 보여 주시며 주의 길을 갈 때 어두울 때도 있고 삶이 답답하고 힘들더라도 믿음 안에서 감사함으로 이겨 나가기를 원하십니다.

터널을 지난 후에 빛이 비치는 것은 노력을 통해 하나님의 은혜가 열려진 삶을 살 수 있음을 의미합니다.

턱수염을 길게 기른 양반을 보여 주시며 마음이 스스로 높아지지 않게 주님의 겸비를 본받아 하나님 아버지 앞에 바르고 온전히 살아갈 수 있는 은혜가 부어지기를 원하십니다.

털목도리를 다른 사람의 목에 걸어주는 모습은 춥고 어려운 영혼들에게 관심을 갖고 표현해 주고 나누는 사랑을 드러내며 살라고 하십니다.

털신은 따뜻한 은혜로 보호하시리라는 의미와 따뜻한 주님의 은혜를 자랑하여 영혼들이 주님의 따뜻한 은혜를 알기 원하십니다. 그리고 날씨가 추워도 복음을 전하라는 의미도 됩니다.

털실뭉치는 영적으로 추운 영혼들에게 주님의 사랑을 나타내기 원하는 것입니다.

털실은 겨울을 뜻하며 춥고 외롭고 배고프다는 의미입니다.

털털거리는 차를 보여 주심은 성령의 기름부음이 더 채워져야 함을 말합니다.

텐트는 부족하고 어려운 시험이 있을지라도 환경에 밀리지 않고 믿음으로 이기라는 뜻입니다.

텐트에서 궁궐로 바뀌는 모습은 지금의 삶은 텐트와 같지만 넓은 환경으로 변화될 수 있는 은혜가 있음을 뜻합니다.

토기장이가 그릇을 빚는 모습은 하나님의 말씀으로 우리가 지어짐을 뜻합니다.

토끼(두 마리 토끼)를 보여 주심은 분주하지 말고 한 가지 일에 집중하고 영적관리를 잘 해 나가길 원하십니다.

토끼가 깡충깡충 뛰어가는 모습은 영적인 귀가 크게 열려지기를 원하십니다.

토끼가 빠른 속도로 달려가는 모습은 영적인 질주를 하며 나아가라는 뜻입니다.

토끼가 풀을 뜯는 모습은 하나님의 말씀으로 좋은 꼴을 먹고 잘 자라기를 원하신다는 의미입니다.

토끼는 착하고 성령의 음성을 듣는 귀가 열려있음을 뜻하기도 하고, 힘이 없고 약함을 뜻하기도 합니다.

토끼뜀 하는 것을 보여 주시며 지금은 나를 하나님께서 훈련하고 단련하는 과정이므로 순종하며 나아가기 원하십니다.

토끼의 큰 귀를 보여 주심은 성령의 음성을 듣고 순종을 잘 하라는 뜻입니다.

토스트를 구워서 나누어 먹는 모습은 영육의 양식을 줄 수 있는 사랑과 섬김의 은사가 있음을 뜻합니다.

토종닭들이 서로 싸우는 것은 남편이나 가족이나 자녀들과 다툼을 피하라는 의미입니다.

톱날은 영적으로 불안하고 눌림이 있음을 뜻하며, 믿음을 굳세게 하고, 강하고 담대케 하라는 의미입니다.

톱날이 길 양쪽에 선 모습은 사역에 어렵고 힘들게 하는 사단의 역사가 있음을 말합니다.

톱니바퀴는 그 인생을 힘들고 거칠게 하는 사악한 영이 역사하고 있음을 뜻합니다.

톱니바퀴에 톱니가 빠져 있는 모습은 주님 앞에 부족한 것을 채워서 귀하게 쓰임받기를 원하신다는 의미입니다.

톱으로 나무를 자르는 모습은 사단의 역사가 있음을 뜻함이고, 건강이 안 좋아질 수도 있음을 뜻합니다.

톱으로 나무를 켜는 모습은 주를 위한 수고를 통해 하나님의 전이 아름답게 세워지길 원하시는 것입니다.

톱을 보여 주시며 성경의 선진들, 우리의 선조들이 주님을 위해 순교적인 신앙을 가지고 나갔듯이 주님 앞에 순교적 신앙으로 세워지기를 원하십니다.

톱을 보여 주심은 삶이 톱으로 켜는 것과 같은 고통 가운데 있음을 뜻합니다.

통(깨끗한 통)에 물이 가득 담겨있는데 내가 그곳에 들어가 있는 모습은 말씀의 거룩한 옷을 입고 살아가기를 원하십니다.

통나무집(산속에 있는 통나무집)을 보여 주시며 환경은 어떠하든지 믿음의 부요함을 가지고 심령의 천국을 이루는 은혜가 나타나길 원하십니다.

통로(빛으로 된 좁은 통로)는 사역이 힘이 들지만 말씀의 빛을 따라갈 때 인도해 주실 것을 의미합니다.

통로(빛의 통로)를 보이심은 주님의 빛이 내 인생을 이끌어 가신다는 뜻입니다.

통로(좁은 통로)는 좁고 협착한 길이니 잘 분별하여 장래 나갈 바를 결정하라는 의미입니다.

통에 기름을 붓는 모습은 앞으로 무슨 일을 하든지 성령의 불이 타오를 수 있게 은혜를 주시기 원하십니다.

튜브는 수영을 못하는 사람이 사용하는데 이것을 보여 주시는 것은 말씀과 기도에 전무해서 영적인 프로가 되기를 원한다는 의미입니다.

튜브를 끼고 수영하는 모습은 많은 하나님의 은사와 능력이 부어져서 영적으로 자유롭게 헤엄치고 영혼들을 가르치고 양육하기 원하십니다.

트럼펫(금 트럼펫)은 복음의 나팔을 불 때 삶에 은혜가 넘칠 것을 말씀하십니다.

트럼펫이 끈으로 묶여있는 모습은 복음을 전하지 못하도록 사단이 결박하고 있는 모습입니다.

트로피(금 트로피)는 그 삶에 하나님의 영광스러운 은혜와 축복이 나타나기를 원하심이며, 그 상을 받기 위해서 하나님 앞에 헌신해야 함을 말합니다.

틀니와 지팡이를 보여 주시는 것은 병들고 지친 영혼들을 붙잡아 주고 양육하라는 뜻입니다.

파도 소리는 자기의 아름다운 소리를 통해서 하나님께 영광을 돌리라는 것입니다.

파도 소리는 주님 앞에 찬양하는 입술로, 복음을 전하는 자로 세워지라는 뜻입니다.

파도(큰 파도)가 이는 것은 인생에 큰 해일이 일어난 것처럼 어려운 일이 있을지라도 낙심하지 말고 하나님의 은혜 안에 감사하며 나아가기를 원하신다는 뜻입니다.

파도가 부딪히는 모습은 성도 간에 부딪힘은 있지만 하나님의 사랑으로 뭉치기를 원하십니다.

파도가 쳐서 휩쓸려가는 모습은 어려움을 통해 더 굳건한 믿음을 가지라는 뜻입니다.

파도타기 하는 모습은 하나님이 주시는 은혜와 지혜와 능력을 받을 수 있도록 어려운 시험도 슬기롭게 잘 헤쳐 나갈 수 있기를 원하십니다.

파라솔은 그의 삶 속에서 짜증나고 힘든 일이 일어나지 않도록 보호해 주심을 의미합니다.

파라솔이 접혔다 펴졌다 하는 모습은 환경에 잘 적응하며 살 수 있는 은혜를 부어 주셨음을 뜻합니다.

파리는 영적, 육적으로 주변 환경이 더러운 뜻도 있고, 장사

가 안 된다는 뜻도 있습니다.

파리떼 가운데로 황금 길이 나 있는 모습은 삶의 환경을 바라보며 낙심하지 말고, 주님만 바라보고 삶의 소망을 누리라는 뜻입니다.

파리채는 생활 속에 더러운 영이 역사함을 말하는 것입니다.

파리채로 파리를 잡는 것은 기도할 때에 더러운 영이 떠나가는 믿음의 담력을 주셨음을 뜻하고, 사역에 보혈, 성결의 영을 부어달라고 기도하라는 뜻입니다.

파인애플을 보이시며 영적으로 맛을 내는 사람이 되기를 원하십니다.

판자 두 개가 맞대고 서 있는 모습은 서로의 생각과 뜻은 다른데 주님께서는 하나가 되어야만 합력하여 선을 이룰 수 있다고 하십니다.

판자 두 개가 세워져 있는 모습은 남편과 아내가 늘 기도로 몸과 마음이 하나가 되어 하나님의 영광과 의를 나타내는 모습으로 세워지기 원하십니다.

판자(얇은 판자)를 보여 주심은 위태롭고 어려운 시기임을 말합니다.

판자가 쪼개지는 모습은 지나친 과욕은 건강에 해롭다는 뜻입니다.

팔(두 팔)이 어긋난 모습은 부부가 마음을 같이 하여 주의 일에 힘쓰기를 원하십니다.

팔(연약한 팔)에 옷을 걷어 올린 모습은 연약함과 부족한 모습이 있으니, 능력을 더 구하여 팔에 능력이 입혀지기를 바라십니다.

팔(큰 팔)을 보이시는 것은 팔에 능력과 주님의 권세를 부어 주시기를 원하십니다.

팔각정에서 쉬는 모습은 다시 성령의 바람이 불어 안식을 주기 원하십니다.

팔과 손이 하얀 모습은 하나님 앞에 거룩한 손을 들고 예배할 때 능력을 주시리라는 뜻입니다.

팔레트에 물감을 짜서 사람들을 예쁘게 그려 주는 것은 하나님이 주신 달란트를 통해 영혼들을 세우고 양육하는 일에 쓰임받게 하실 것을 뜻합니다.

팔이 안으로 굽는 것은 나의 밖에 있는 것들도 넓게 사랑하고 품을 수 있는 은혜가 나타나기를 원하십니다.

팔이 여러 개 달린 모습은 여러 가지 일로 주님 앞에 헌신하고 있음을 말씀하십니다.

팔이 커지는 모습은 주님이 권능을 주셔서 하나님의 영광을 위해 힘써 일하게 하시리라고 말씀하십니다.

팔찌 가운데 구멍이 뚫린 모습은 물권이 새어 나가지 않게 기도하라는 뜻입니다.

팔찌(꽃으로 만든 아이들 팔찌)는 삶에 아름다운 모습이 있긴 하지만 아직 능력이 부족하고 연약함을 의미합니다.

팔찌(작은 팔찌)를 보여 주심은 소극적인 마음을 버리고 넓은 마음을 가지라는 것입니다.

팡파르를 울리는 모습은 그 지역에 복음의 팡파르를 울리는 기둥이 되라고 하십니다.

팽이가 돌아가다 서는 모습을 보이시며 기도를 쉬면 영적으

로 힘을 잃고 의욕을 잃으니 날마다 기도하여 하나님께서 주시는 힘과 능력을 공급받으라고 하십니다.

팽이가 돌지 않고 쓰러진 모습은 자기 마음대로 쉼을 얻고 나름대로 평안을 갖기 위해 주님의 뜻이 아닌 자신의 뜻대로 살고 있음을 뜻합니다.

팽이가 빙글빙글 돌아가다 서는 모습은 자신의 삶이 팽이처럼 돌다가 쓰러지는 어지러운 삶을 살고 있음을 의미합니다.

팽이가 잘 돌아가는 모습은 사역이 잘 돌아갈 수 있는 은혜를 주시기 원하십니다.

팽이를 보여 주심은 쓰러질듯 하면서도 일어나는 삶으로 인도함 받았다는 의미와 다른 의미로는 온전치 못하고 바르게 살지 못하는 영혼들을 옳은 길로 인도하라는 의미입니다.

팽이를 채찍질하는 모습은 하나님의 채찍으로 더 깨어 기도하고, 영적으로 연단하여 쓰시려고 하십니다.

펌프(공기 넣는 펌프)를 보이심은 성령의 바람이 주입되어 하나님이 주시는 힘과 능력으로 잘 살아갈 수 있는 은혜를 주기를 원하십니다.

펌프(녹슨 펌프)를 보여 주심은 하나님께 전심으로 부르짖고 기도하여 다시금 성령의 능력과 믿음의 기름이 부어지기 원하십니다.

펌프질하는 것은 수고로움이 있지만 때가 되면 하나님 앞에 은혜 입을 것을 말씀하십니다.

페인트 롤러는 심령이 더러운 영혼에게 깨끗하게 씻어 주라

는 뜻입니다.

펜치로 나사를 조이는 것은 주님의 뜻에 합당하도록 주의 일을 해 나가기를 원하십니다.

펭귄을 보여 주시며 기우뚱하지 말고 하나님 앞에 온전히 세워지라고 하십니다.

편지 봉투는 마음이 곤고하지 않도록 주님이 기쁜 소식을 주기 원하신다는 의미입니다.

평야(넓은 평야)에 많은 아이들을 보여 주심은 하나님이 주시는 푸른 초장에서 많은 어린 영혼들을 먹이고 입힐 수 있는 은혜를 구하라고 하십니다.

평야를 보여 주시며 "주님의 평안을 주소서."라고 고백하며 기도하라고 하십니다. 그리고 주의 길을 갈 때에 시험을 만나도 기쁘게 여기고 믿음의 선한 싸움을 이기며 나아가길 원하십니다.

평행으로 된 빛을 보여 주시며 하나님이 앞에서 걸음걸음 인도해 주심을 뜻합니다.

폐유(진득거리는 폐유)는 세상과 섞이는 것이 아니라 세상을 이기는 삶을 살라는 뜻입니다.

포대를 몸에 뒤집어쓰고 길을 가는 모습은 사단이 앞을 가려 어느 길이 진리인지 몰라 방황하는 모습임을 뜻합니다.

포도 열매를 보여 주시는 것은 오래 참고 인내하여 성령의 열매가 맺히기를 원하신다는 의미입니다.

포도나무 숲을 지나가는 모습은 내가 주님께 붙어 있으므로 내 인생에 포도송이가 주렁주렁 열린 것처럼 많은 결실들을 부어주리라고 하십니다.

포도나무에 포도가 열린 모습은 삶과 사역에 열매 맺는 은혜를 부어주시길 원하십니다.

포도나무와 가지를 보여 주시며 포도 나무된 예수님에게 붙어 있어야만 열매를 맺을 수 있고, 맛을 낼 수 있는 삶을 살게 된다고 하십니다.

포도송이가 교회 문 앞에 주렁주렁 열린 모습은 주님은 포도나무요, 우리는 가지인데 포도나무에 잘 붙어있을 때 열매가 주렁주렁 열리게 된다는 진리를 가르치라고 하십니다.

포도송이를 따서 맛을 보는 모습은 때가 되면 맛과 향기 나는 자로 사용하리라고 하십니다.

포도원을 허물어뜨리는 작은 여우는 생각으로 역사하는 사단의 역사를 뜻합니다.

포클레인으로 땅을 파는 모습은 말씀과 기도에 집중할 때 영적으로 지경이 넓혀지는 은혜가 나타날 것을 말씀하시며, 또 다른 의미는 더 깊게 심령 성전이 세워지라는 뜻입니다.

포클레인을 미는 모습은 큰 사단의 고통과 위험이 있어서 혈기와 발악하는 모습이 있습니다.

포클레인을 보여 주시는 것은 잡을 것은 잡고, 버릴 것은 버리라는 것입니다.

폭죽은 첫째, 지금의 환경이 어떻든지 날마다 생일인 것처럼 감사와 축복이 넘치는 삶을 살라고 하십니다. 둘째, 영혼들이 말씀의 선포에 깜짝 놀라며 깨어나는 역사가 일어나기를 원하

시는 것입니다.

폭탄과 폭탄이 부딪혀 터지는 것은 서로 부딪히지 말고 믿음으로 중보 기도하라는 의미입니다.

폭탄을 안고 있는 모습은 마음의 불안, 환경의 불안을 내려놓기 원하십니다.

폭탄이 마음에 떨어지는 모습은 자기의 생각과 뜻과 다르게 보여 지고 들려지는 상황에 크게 상처받고 눌림 받음을 뜻합니다.

폭포수 같은 강물이 흘러내리는 것은 삶에 시원한 은혜와 치유의 역사가 있음을 뜻합니다.

폭포수 밑에 앉아있는 모습은 말씀의 폭포수 속에 배 부르는 은혜가 있어야 함을 의미합니다.

폭포수(작은 폭포수)가 위에서 아래로 흐르는 모습은 거룩한 은혜 안에서 살라는 뜻이고, 윗물이 맑아야 아랫물도 맑듯이 윗사람의 도리를 잘하라는 뜻입니다.

폭포수가 내려오는데 그 밑에서 배를 타고 노를 저으며 가려고 하는 것은 현재의 삶이 매우 힘들고 지친 모습임을 뜻합니다.

폭포수는 성령의 말씀을 부어주심을 의미합니다.

폭풍우가 치는 것은 감당하기 어려운 시험과 문제를 믿음으로 이기며 살아갈 수 있기를 바라십니다.

풀무불에 들어간 다니엘의 세 친구들을 보여 주심은 신앙의 정조를 지키고 하나님 앞에 드려지고 세워지는 은혜가 나타나기를 원하시는 것입니다.

풀잎에 이슬과 벌레가 붙어있는 모습은 이슬 같은 하나님의 은혜에 감사하고 벌레만도 못한 나를 구원하심에 감사하며 살라는 뜻입니다.

풍뎅이를 보여 주심은 작은 벌레만도 못한 나를 구원하신 하나님의 은혜에 감사하며 살라는 것입니다.

풍랑이 이는 모습은 대적하는 기도를 해서 주님의 은혜를 부어주기를 원하십니다.

풍랑이 이는 바다에 집이 있는 것은 세상 권세가 그 가정에 시험이 되니 믿음의 반석 위에 집을 짓고 십계명을 마음에 새겨 지키기 원하십니다.

풍랑이나 해일이 이는 모습은 삶의 고통이 심하여 죽을 것 같은 위기에 있음을 말합니다.

풍선(갖가지 모양의 풍선)들이 날아가는 모습은 다른 사람에게 기쁨을 전하는 은혜가 있기를 원하십니다.

풍선(날아가는 풍선)을 잡으려고 좇아가는 것은 세상의 헛된 영광을 잡으려고 움직이기보다 하나님의 영광을 위해 움직이기를 원하십니다.

풍선(오색 풍선)은 하나님의 영광이 찬란하게 나타나기를 원하십니다.

풍선(큰 풍선)에 매달려 가는 모습은 구름 위를 둥실 떠가는 모습으로 헌신하며 나가라는 뜻입니다.

풍선들이 날아다니는 모습은 찬란한 은혜와 기쁨이 나타나기를 원하신다는 의미입니다.

풍선으로 만든 꽃은 형체가 불완전하고 연약함을 뜻합니다.

풍선은 힘이 없고 연약함을 나타낼 때도 있고, 아름다운 삶으

로 인도하신다는 계획도 있으며, 자기의 마음이 터질 것처럼 어려운 환경을 잘 극복하라는 뜻도 있습니다.

풍선을 부는데 너무 많이 불면 터지는 것은 무엇을 하고자하나 깨어지는 모습을 뜻합니다.

풍선을 불어 놓았는데 누군가 터뜨리는 것은 주님 영광을 위해 일하면 사단이 훼방하는 모습이 있지만 주님은 결과보다 과정을 보심을 뜻합니다.

풍선을 불어서 계속 묶는 모습은 나중에 하늘에 날릴 때 더 멋있는 것처럼 영적으로 더 만들어지기를 원하십니다.

풍선의 바람이 빠지는 것은 마음에 성령의 바람이 다시금 불기를 원하십니다.

풍선이 날아가는 모습은 성령의 바람에 둥실 떠다니는 은혜가 있음을 뜻합니다.

풍선이 뻥 터지는 것은 열매와 결실이 별로 없음을 의미하며, 영적으로 날아오르지 못하도록 사단이 찌르고 있음을 뜻합니다.

풍차가 돌아가나 천천히 움직이는 모습은 성령의 바람이 약함을 뜻합니다.

풍차가 휘어져있는 모습은 하나님 앞에 바르게 세워지기를 원하십니다. 성령의 바람이 불어서 채우시면 가능합니다.

풍차는 성령의 바람, 주님의 기쁨이 되길 원하십니다.

프라이팬에 요리하는 모습은 영적인 맛을 내는 자로 우리를 세우리라는 의미입니다.

플래시 빛으로 비추는 모습은 어둠에 거하지 말고 밝은 빛 가운데로 인도하시리라고 약속하십니다.

플래시가 넓게 퍼지는 모습은 말씀의 빛, 은혜의 빛이 넓게 퍼지기 원하십니다.

플래시를 들고 산을 헤치고 가는 것은 성령의 빛으로 갈 길을 인도 받기를 원하십니다.

피가 시커멓게 몸 안에 뭉쳐 있는 모습을 보여 주시며 어둠과 죄악에 눌린 영혼들을 주님의 피로 거룩함을 입히도록 사용하리라고 하십니다.

피로회복제를 보여 주시며 영혼들의 필요를 공급하는 자가 되게 하시리라고 하십니다.

피뢰침은 번개칠때 필요한 도구인 것처럼 강한 성령의 전류가 흐를 때에 몸으로 감지할 수 있는 능력을 주신다는 것입니다.

피리는 주님을 찬양하고 경배하라는 뜻입니다.

피망(호박만한 피망)은 지극히 작은 은혜가 큰 결실을 얻을 수 있도록 주님이 하신 것을 믿으라는 의미입니다.

피망들을 보여 주시며 지금은 큰 열매가 없는 것 같으나 앞으로 그 가정에 하나님의 은혜와 축복을 부어 주시기를 원하십니다.

피부병을 닦아주는 모습은 영적으로 병든 자들을 살리기 원하십니다.

피아노 건반이 움직이며 눌려지는 모습은 손에 기름 부어 주시고 늘 찬양하기를 원하십니다.

피아노를 도레미파 솔라시도 치는 모습은 서로 다른 음이 모여 아름다운 소리를 내듯 내 인생에도 맞지 않는 것들이 모여 조화를 이루게 하십니다.

하나님 앞에 비스듬히 서 있는 모습은 영적으로 온전하지 못한 모습을 뜻합니다.

하나님께서 입김을 부시는 모습은 사역에 성령의 바람이 강하게 불도록 은혜 주시기를 원하십니다.

하나님의 보좌는 늘 주님 보좌 앞에 엎드려 경배하며 하나님을 감동시키는 자가 되라고 하십니다.

하나님의 손이 덮여지는 것은 하나님의 손이 머물러 신적인 역사가 나타나기를 원하십니다.

하나님의 손이 무엇인가 가르치는 모습은 주님의 마음을 읽고 순종해 나가기를 원하십니다.

하나님의 영광으로는 구름과 빛으로 보여주셨고, 별, 달, 가로등, 형광등, 전구 순으로 영적인 빛의 밝기를 조명해 주셨습니다.

하나님의 음성이 번개 치듯 나타나는 것은 하나님께서 뇌성처럼 말씀하시고 크게 역사하심을 뜻합니다.

하나님의 전신갑주를 입혀 주심은 악한 영을 물리칠 수 있는 권세를 주심입니다.

하나님의 큰 손으로 덮어주시는 모습은 어떤 상황이든 말씀으로 덮어주시고 지켜주시기를 원하십니다.

하나님이 주신 많은 은혜가 지붕과 같고 개미처럼 작은 모습으로 서 있는 모습은 연약한 몸과 마음을 주님이 지키시고 하나님께 크게 쓰임 받을 수 있는 은혜가 있으리라고 하십니다.

하늘 문이 열리는 모습은 주님께 집중하면 하늘의 신령한 복과 권세가 부어질 것을 의미합니다.

하늘 위에 있는 구름 위에서 그네를 타고 거기에 빛이 있는 모습은 여호와의 영광 앞에 일하고 신앙 생활하는 것이 천국임을 뜻합니다.

하늘(구름 위의 하늘)을 보여 주심은 육적인 것이 전부가 아니고, 저 영원한 주님의 나라가 있는 것을 믿고 신앙생활을 잘 해 나가기를 원하십니다.

하늘(맑은 하늘)이 거실 창으로 보이는 것은 마음 문을 열고 주님을 모시고 말씀을 가까이 하라는 것입니다.

하늘(청명한 하늘)에 구름을 보여 주심은 영육 간에 삶이 맑은 가운데 있기를 원하신다는 의미입니다.

하늘(청명한 하늘)에 떠있는 깨끗한 구름은 주님의 사역에 맑은 은혜가 부어져서 여호와의 영광이 드러나길 원하십니다.

하늘(청명한 하늘)에 하얀 큰 새가 날아가는 모습은 영적으로는 날아오르는 삶으로 인도함 받고 쓰이기를 원하신다는 의미입니다.

하늘(청명한 하늘)을 보여 주심은 인생이 항상 밝은 날 되기를 사모하고 그런 은혜를 주기 원하십니다.

하늘과 땅을 보여 주시며 모든 만물을 하나님이 만드신 것처럼 영혼도 주관하고 계심을 말씀해 주십니다.

하늘로 날아오르는 모습은 앞으로 솟아 오를만한 은혜가 있음을 의미합니다.

하늘로부터 내려오는 줄을 보여 주시며 믿음의 줄, 은혜의 줄을 붙잡고 주님 앞에 나아가라고 하십니다.

하늘에 떠있는 달을 보여 주시며 어둡고 답답해도 하늘을 바라보고 믿음으로 감당해 나가라는 의미입니다.

하늘에 십자가 빛이 있는 것은 예수 십자가의 빛을 따라 날아오르길 원하십니다.

하늘에 창이 열리는 것은 때가 되면 하늘의 문을 열어 필요를 채우시리라고 하십니다.

하늘에 풍선들이 떠 있는 것은 축하하고 잔치할 일이 있음을 의미합니다.

하늘에 흰 구름들이 있는데 구름 위에서 큰 얼굴이 입김을 부니 흰 구름들이 휘몰아치면서 몰려오는 모습은 하나님의 영광스러운 은혜가 많이 부어질 것을 시사한 것입니다.

하늘에서 검은 불덩이가 사람에게 내려오는 모습은 세상의 악한 영들이 진리를 알지 못하도록 덮고 있는 모습을 뜻합니다.

하늘에서 내려오는 빛을 입을 벌리고 마시는 것은 주님이 늘 생기를 불어 넣어주셔서 하나님의 힘으로 늘 살게 하심을 뜻합니다.

하늘에서 내리는 불과 용이 싸우는 모습은 성령의 불을 가지고 용과 같은 사단과 영적 전쟁을 하고 있음을 뜻합니다.

하늘에서 밧줄이 내려오는데 내가 두 손으로 잡는 모습은 능력과 사랑과 믿음의 줄을 꼭 붙잡고 주님을 따라가라는 뜻입니다.

하늘에서 불이 내려오고 그 불을 안고 가는데 회오리가 와서 꺼뜨리려고 하는 모습입니다. 성령의 뜨거운 불을 받고 전진하는데 사단의 방해가 있을 때에 성령의 지혜로 슬기롭게 꺼지지 않도록 잘 관리하고 주의 일을 잘 감당하기를 원하십니다.

하늘에서 빛이 내리기도 하고, 비가 내리기도 하는 모습은 광명한 성령의 빛으로, 소낙비와 같은 은혜로 때를 따라 도와주는 은혜가 있을 것을 말씀하십니다.

하늘에서 빛이 떨어지는 모습은 주님이 빛 가운데로 인도하시니 좌우로 치우치지 말고 과거를 돌아보지도 말며 오직 장래를 바라보고 빛의 자녀로 아름답게 살라는 뜻입니다.

하늘에서 성령의 불덩이가 떨어지는 모습은 그 사람의 인생에 태울 것은 다 태워서 하나님께 복을 받을만한 그릇으로 세워나가기 위한 은혜가 있음을 말합니다. 주님과 상관없는 것들은 성령의 불로 다 태워서 예수 그리스도의 은혜와 능력이 나타나도록 해야겠습니다.

하늘에서 소낙비가 내리는 모습은 만물이 소생하고 회복되리라는 뜻입니다.

하늘에서 십자가 빛이 내려오는 것은 십자가 보혈이 심령에 부어져서 영혼들이 십자가 사랑을 회복하는 은혜가 나타나기를 원하십니다.

하늘에서 큰 물방울이 떨어지는 것은 위로부터 오는 영적인 생수를 통해 은혜가 강물처럼 넘치기를 원하십니다.

하늘에서 큰 손이 내려오는 모습은 여호와의 손으로 안아주시고 인도하시고 천군천사로 하여금 운행하기를 원하십니다.

하늘을 바라보는 모습은 주님을 바라보고 믿음과 소망과 사

량을 가지고 나아가기를 원하십니다.

하늘의 구름 가운데 길이 나는 모습은 하늘의 역사를 통해 길을 열어 주시기 원하십니다.

하늘의 구름에서 소낙비가 내리는 모습은 소낙비 같은 시원스런 은혜를 부어 주시고자 함입니다.

하늘의 군대를 보여 주시며 내가 하고자 하는 일에 하늘의 군대를 예비하셔서 도우시리라는 뜻입니다.

하늘의 별과 구름을 보여 주시는 것은 낮에는 구름기둥으로, 밤에는 불기둥으로 인도해 주시고 하늘의 별들과 같이 주님의 빛을 나타낼 수 있는 삶으로 인도해 주신다는 것을 의미합니다.

하늘의 별들을 보여 주시는 것은 많은 영혼을 옳은 길로 인도하는 지도자적 사명이 있음을 뜻합니다.

하늘의 어둠 위에 밝은 빛이 있고, 그 위에 또 어둠이 낀 모습은 환경 가운데 어둠의 영이 역사함을 뜻합니다.

하마 같은 큰 권세가 위로부터 덧입혀지는 것은 내면에 강한 권세를 입혀주실 것을 말씀하십니다.

하마의 송곳니는 고통스럽고 두렵고 힘든 사단의 권세를 물리쳐야 하기에 더 많은 기도와 성령의 인도가 필요함을 뜻합니다.

하마의 큰 입을 보여 주시는 것은 하나님 앞에 입을 크게 열면 주님께서 주시는 축복의 역사가 크게 나타나리라는 의미입니다.

하수구(막힌 하수구)를 뚫는 모습은 주의 말씀으로 막힌 담이 허물어지며 성령께서 기름 부어주기 원하십니다.

하수구를 따라 걸어가는데 벽이 가로막혀 있는 것은 그 곳이 길인 것 같아 열심히 걸어왔는데 막힌 담을 통해 삶의 벽에 부딪힌 모습입니다. 위태로운 삶에서 예수의 이름으로 일어서는 역사가 있기를 원하십니다.

하수구를 보여 주심은 성령의 생수를 부어주기 원하시니 무슨 일을 하든지 먼저 기도로 준비하고 성령의 음성에 순종하라는 의미입니다.

하와에게 에덴동산의 선악과를 먹지 말라고 말씀하시는 것은 하나님께서 말씀하시면 세상 윤리 도덕에 맞지 않아도 성령의 기적이 나타나도록 하나님 말씀을 따라가라는 의미입니다.

하이힐(빨간 하이힐)을 보여 주심은 예수님의 사랑과 은혜는 많지만 하나님께 교만해져 있음을 뜻합니다.

하체를 벗고 있음은 간음죄를 회개하라는 뜻이었습니다.

하트 뒤에 하트가 연이어 계속되는 것은 주님의 사랑이 계속 전파되기를 원하신다는 의미입니다.

하트 목걸이는 사랑과 섬김의 은사를 주셔서 모든 허물을 덮을 수 있는 은혜를 구하라는 뜻입니다.

하트 반쪽은 어둡고 반쪽은 빛인 모습은 마음에 성령의 소욕과 육체의 소욕이 있으나 성령으로 육신을 잘 이겨나가길 원하십니다.

하트 반쪽을 보여 주시는 의미는 주님 사랑이 온전하고 완전하여 하나님의 사랑으로 모든 이들을 사랑하기를 원하십니다. 다른 의미로는 나머지 잃어버린 반쪽을 채워주시겠다는 의미입니다. 그것이 물질일 수도 있고, 배우자일 수도 있습니다.

하트(여러 가지 하트)가 날아가는 모습은 사랑과 섬김의 은사로 주의 일을 열심히 해 나가기를 원하십니다.

하트가 깨져있는 상태는 마음이 상하고 깨어진 상태를 말하는데, 주님의 사랑으로 다시 회복하기를 원하십니다.

하트가 날아가는 모습은 주님을 사랑하면 할수록 사랑의 향기가 날아가는 은혜가 있습니다.

하트로 된 의자를 보여 주심은 주님의 사랑이 넘치는 곳에 있기를 원하십니다.

하트를 보여 주시는 것은 사랑과 섬김의 은사가 있다는 뜻입니다.

하트에 꽃이 피는 것은 사랑의 마음으로 인내하고 나가면 주위 사람들로부터 인정받을 것이라고 말씀하십니다.

하트에 핀이 꽂혀 있는 모습은 마음을 훼방하는 사단의 역사가 있을 때 강하고 담대하게 물리칠 수 있는 은혜가 부어지길 원하십니다.

하트와 동산에 과실이 맺힌 모습은 사랑과 섬김으로 일하면 많은 결실들을 주리라고 하십니다.

하품하는 것을 보여주시면서 부지런하게 기도하고, 말씀 준비하며 주님을 위해 움직이기를 원하십니다.

하프를 연주하는 모습은 찬양의 기름 부으심과 은혜를 통해 마귀 권세가 떠나가고, 회복이 있기를 원하십니다.

학교에서 시험을 치르는 모습을 보여 주시는 것은 시험을 통해서 하나님의 말씀에 얼마나 순종하는지 테스트하시는 것입니다.

학생들이 물구나무 서 있는 것은 학생들에게 말씀, 교훈, 훈계를 통해 새롭게 변화될 수 있도록 잘 인도하기를 원하십니다.

학은 다리가 연약한 것처럼 내 모습은 연약하지만 순결하고

거룩한 백성으로 세워지라는 뜻이며, 희고 순결한 거룩한 신부가 되기를 원하십니다. 그리고 존귀한 모습으로 세워지고 있다는 뜻입니다. 그리고 나를 필요로 하는 곳에 뛰어다니며 일할 수 있는 은혜가 있음을 뜻합니다.

한 팔이 떨어져 있는 모습은 삶의 모습이 힘이 없고 무기력하다는 뜻입니다.

한강 대교에 불빛이 반짝이며 찬란한 모습은 가는 곳마다 다리를 놓아주시고 광명한 은혜를 부어주시길 원하십니다.

한강에 다리가 놓아지는 모습은 때로는 어려움이 있지만 그 때그때마다 이길 힘을 주실 것을 말합니다.

한발로 껑충껑충 뛰어가는 것은 내 모습이 하나님 보시기에 온전치 못하니 신앙의 균형을 잘 갖고 나아가라는 뜻입니다.

한발로 앙감질을 하며 뛰어가는 모습은 영적으로 바로 서 있지 못함을 말합니다.

한발은 교회에, 한발은 세상에 놓고 있는 모습은 생활과 삶 가운데 주님을 부를 수 있는 믿음의 은혜가 채워지기를 원하십니다.

한복을 예쁘고 멋있게 입고 있는 모습은 지금의 삶의 환경이 어떤 모습이든 주님께서는 아름답게 보고 계신다고 말씀하셨습니다.

한복을 입은 여인이 그네를 타는 모습은 앞으로 아름다운 자매를 만나 결혼할 것을 말씀해 주십니다.

한숨 쉬는 모습은 문제를 보고 한숨을 쉬기보다 묵묵히 기도하고 주님만 바라보고 나아가라고 하십니다.

한옥집의 큰 대문이 닫혀 있는 모습은 풀리지 않는 문제가

있음을 뜻합니다.

한줄기의 빛으로 휘감고 있는 모습은 주님이 늘 지켜주시고 의의 길로 인도하시기를 원하십니다.

한줄기의 빛이 중간에서 분수대처럼 퍼지는 모습은 적은 은혜도 큰 은혜로 느낄 수 있는 심령 상태를 뜻합니다.

한쪽에서는 불이 타고 있는데 다른 한쪽에서는 불을 끄는 모습은 성령의 불이 타오르면 한쪽에서 사단이 꺼버리는 역사가 있음을 뜻합니다.

할머니가 지팡이를 짚고 걸어가는 모습은 육신이 연약해지기 전에 주의 일에 더 힘쓰라는 뜻입니다.

항아리 뚜껑에 눈이 내린 모습은 때로는 어려운 일도 있지만 새롭게 변화되는 은혜를 주시도록 기도하고, 하나님이 주시는 성령의 힘으로 이겨나가기를 기도하라는 뜻입니다.

항아리가 점점 커지는 것은 질그릇 같이 나를 만드셨지만 범사에 은혜가 점점 넓어지기를 원하십니다.

항아리는 갈한 마음을 아시고 그 그릇에 주님의 영원한 말씀을 부으시고 갈한 심령들에게도 나누어주며 살아가라는 뜻과 내 삶에도 믿음의 귀한 기적 같은 일이 일어나게 해달라고 기도하라고 하십니다.

항아리들을 보여 주심은 질그릇 같은 우리를 도구 삼아주셨듯이 한 사람 한 사람들을 사랑하며 주의 일을 해 나가라는 의미입니다.

항아리를 이고 가는 것은 목마름을 주님의 생수로 채우라는 뜻입니다.

항아리마다 된장, 고추장을 담그는 모습은 예수 그리스도의 맛을 낼 수 있는 자로 기름 부어 주시리라 하십니다.

항아리에 물을 담는 모습은 가나의 혼인잔치에서 하인들이 순종하여 항아리에 물을 채웠듯이 주께 잘 순종하고 나갈 때에 은혜 주실 것을 말씀하십니다.

항아리에 물이 담겨져 있는 모습은 받아놓은 양만큼 쓸 수 있는 은혜가 있음을 뜻하며, 충만한 은혜가 넘치기를 원하십니다.

항아리에 비가 내려 채워지는 것은 영적인 그릇이 더 넓혀지기를 원하십니다.

항아리의 물이 포도주로 변하는 모습은 주님을 믿고 변화되는 은혜가 있기를 원하십니다.

해가 동에서 뜨는 모습은 하루하루를 새롭게 주의 일을 하라는 의미입니다.

해가 동쪽에서 떠오르는 모습은 하는 일이 잘 될 것을 뜻하고, 창일한 은혜로 부어주시겠다는 의미입니다.

해가 저물어가는 모습을 보여 주시며 저녁 시간에 기도하라고 하십니다.

해골들이 살아나는 것은 영적으로 죽은 자들이 해골과 같으므로 나를 통해 영적으로 죽은 자, 잠든 자들이 살아나도록 마음과 힘을 다해 기도하라는 뜻입니다.

해골은 사망 권세, 세상 권세에 눌리지 말고 말씀과 믿음으로 이겨나가라고 하십니다. 또 다른 의미는 영적으로 죽은 자를 살리는 일에 쓰임 받기를 원하십니다.

해군복을 보여 주시는 것은 사사로운 일에 마음을 뺏기지 말

고 집중하여 해병대 같은 그리스도의 군사가 되기를 원하십니다.

해녀가 잠수하는 모습은 영적으로 깊어지고 더욱 무장하라는 의미입니다.

해님 그림을 보여 주시며 늘 주님을 바라보고 빛의 은혜로 살기를 원하십니다.

해돋이를 구경하는 모습은 내 인생이 주님으로 인해 밝고 광명한 은혜 안에 살기를 원하십니다.

해바라기는 삶의 인도와 방향을 성령께서 지시하는 대로 따라가고 바라보라는 뜻입니다.

해병대 모자는 영적인 군인이 되어 십자가 군병으로 살라고 하십니다.

해산물을 보여 주심은 남들이 맛보지 못한 특별한 은혜를 주기 원하신다는 뜻입니다.

해시계는 세월과 시간을 아끼라는 뜻입니다.

해와 달과 별의 영광을 보여 주심은 상급을 바라보며 신실하고 진실한 모습으로 아버지 앞에 나아가라는 의미입니다.

해와 달은 첫째, 세상의 빛과 소금의 역할을 잘 감당할 참된 제자가 되라고 하십니다. 둘째, 하나님이 지키시고 인도하고 계신다는 뜻입니다.

해적선과 배가 서로 맞대결하는 것은 그리스도의 강한 군사가 되어 환경에 역사하는 사단들을 물리치라고 하십니다.

핵무기 같은 큰 무기를 개미처럼 작은 교회 성도들이 힘을 합하여 천천히 운반하는 모습은 서로 합력하여 하나님의 큰일을 행하라는 뜻입니다.

햄버거를 보여 주시는 것은 사람들과 연합의 관계를 잘 이루어 가기를 원하시는 것입니다.

햇볕을 나뭇잎으로 가리는 모습은 주님 안에서 영적인 쉼을 얻고 주님을 바라보며 나가라고 하십니다.

햇볕이 내리쬘 때는 양산이 펴지고, 비가 올 때는 우산이 펴지는 모습은 때를 따라 도우시는 하나님의 은혜를 말씀하십니다.

행거(길이가 조정되는 벽에 장착하는 행거)는 나 자신이 주님 앞에 잘 순종해서 나의 희생과 헌신을 통해 다른 사람들에게 도움을 줄 수 있는 삶을 살기를 원하시는 것입니다.

행글라이더가 날아가다 떨어지는 모습은 주님이 주시는 힘으로 살고자 하지만 낙심될 때가 있음을 뜻합니다.

행글라이더가 이륙하는 모습은 여러 가지 모양으로 준비하고 훈련한 것을 통하여 앞으로 주님 앞에 쓰임 받을 수 있음을 의미합니다.

행글라이더를 보여 주심은 이것을 타고 올라가는 황홀한 느낌을 기도 가운데 체험하리라는 말씀입니다.

향이 올라가는 모습은 기도의 향이 하늘로 올라감을 통해 응답의 역사가 있을 것을 뜻합니다.

허공을 보고 따라가는 모습은 될 수 없는 일에 마음과 생각을 뺏기며 살지 말고, 기도와 말씀을 통해 작은 일에도 큰 기쁨을 느끼고 감사함을 느끼기 원하십니다.

허들 경기(장애물 경기)를 보여 주시며 운동선수들이 장애물

을 넘어가듯 삶의 장애물을 잘 넘어갈 수 있도록 기도해야 하겠습니다.

허리끈을 뒤에서 끌어당기는 것은 사단이 뒤로 후퇴하도록 역사함을 뜻합니다.

허리띠를 보여 주심은 진리의 허리띠를 띠고 어디를 가든 진리의 말씀을 전하기 원하십니다.

허리띠에 지갑이 매어 있는 환상은 말씀으로 진리의 허리띠를 띠고 있으면 물권을 주셔서 하나님 앞에서 온전하게 살게 됨을 의미합니다.

허수아비가 사람의 옆모습과 똑같은 것은 항상 참과 거짓을 구별하는 영적 분별력을 가지라는 뜻입니다.

허수아비를 보여 주시는 것은 생명이 없는 허상을 좇지 말고, 실제로 살아있는 영적인 것을 찾고 사모하라는 뜻입니다. 그리고 생명 없는 것과 타협하지 말라는 의미입니다.

허수아비에게 불이 붙는 모습은 예수의 생명이 없는 자에게 복음의 불을 붙여주기를 원하십니다.

헤드폰을 끼고 있는 모습은 세상의 소리가 크게 들려서 하나님의 음성을 듣지 못함을 이야기합니다.

헬기가 날아다니는 모습은 영적으로 활동력 있게 살기를 바라시는 것입니다.

헬리콥터가 날아가다 떨어지는 모습은 하나님의 은혜로 날기를 원하지만 그런 모습들이 성령의 능력으로 행해지는 것이 아니면 더 어려워질 수 있음을 뜻합니다.

헬리콥터가 떠 있는 모습은 복음의 지경이 넓혀지고 커져서 더 많은 영혼을 추수하는 모습입니다.

헬리콥터가 뜨지 않고 날개만 돌아가는 모습은 더 준비되어져야 함을 말합니다.

헬리콥터가 물 위에 떠 있는 것은 시험과 고난을 잘 이기고 해결하기를 원하십니다.

헬리콥터를 타고 내려오는 것은 두려울지라도 믿음의 훈련을 잘 받아서 그리스도의 십자가 군병으로 온전히 세워져 누리고 다스릴 수 있기를 원하십니다.

헬리콥터를 타고 약을 뿌리는 것은 기도를 통해 성령의 기름 부으심으로 그 지역에 영향력을 주고 말씀을 먹이는 사명을 감당하기 원하십니다.

혀는 어떤 상황 속에서도 혀를 잘 지켜 말에 실수가 없기를 바라십니다.

현미경은 영안이 열려서 영적으로 지극히 작은 것도 자세히 볼 수 있는 은혜가 더 깊어지길 원하십니다. 그리고 생활 속에 극히 작은 일들과 문제들을 크게 보고 확대해서 자기 자신이 그 문제로 인해 괴로워하고 고통스러워하는 모습이 있음을 말씀하시는 것으로, 모든 문제를 주님께 맡기고 의의 길로 잘 인도를 받아야 할 것을 의미합니다.

혜성 같은 별의 모습은 갑자기 나타나는 혜성과 같이 바람 같은 주님의 은혜와 긍휼이 나타남을 뜻합니다.

호랑이 발을 보여 주시는 것은 사단의 궤계에 넘어가지 말고

밟히지 않기를 원하시는 것입니다.

호랑이와 사자를 보여 주시며 사업장이 마치 사단의 소굴과 같다고 하십니다.

호렙산 떨기나무를 보이심은 하나님의 임재를 맛보고 음성을 듣고 순종할 수 있도록 영적인 귀가 열리고 눈이 열리기를 원하십니다.

호롱불을 준비하는 모습은 주님의 지혜를 구하고 영적으로 깨어있어 지도자적 사명을 잘 감당하기를 원하십니다.

호롱불이 켜 있는 것은 호롱불에 기름이 없으면 불을 밝히지 못하는 것같이 슬기로운 처녀처럼 기름을 준비해 두는 신부의 모습을 갖출 것을 뜻합니다. 그리고 영적으로 더 깊어져서 빛을 발해야 함을 뜻하는 것입니다.

호루라기가 불어지는 모습은 순종의 은혜가 임하기를 원하십니다.

호루라기를 보여 주심은 영혼들을 옳은 길로 지시하고 깨닫게 하라는 의미입니다.

호른 끝에 불이 붙어 있는 것은 복음의 나팔을 불면 성령의 역사가 크게 일어날 것을 의미합니다.

호미는 개척정신이 강함을 보여주십니다.

호미로 도랑을 내는 것은 물이 잘 흘러가도록 늘 앞길을 예비하시는 주님을 바라보고 수고하며 나아가면 목적지까지 잘 인도받을 것을 뜻합니다.

호미로 밭을 가는 모습은 영적으로 옥토 밭이 되기 원하며, 영혼들을 옥토 밭으로 기경시킬 수 있도록 은사가 사용되기 원하십니다.

호박 넝쿨이 굴러 들어오는 모습은 전도의 사명이 있음을 말하며, 복음의 씨앗을 뿌려야 가정에 준비된 은혜와 축복을 받을 수 있음을 말합니다.

호박(노란색 큰 호박)은 부모의 헌신을 통해 자녀가 열매 맺는 은혜를 말합니다.

호박들이 굴러오는 모습은 자녀들을 축복하시고 하나님의 영광을 보게 하리라고 하십니다.

호박을 보여 주심은 호박이 넝쿨째 들어오듯 주님만 바라보면 앞으로 좋은 소식이 있을 것을 말씀하십니다.

호박이 둥글둥글 굴러가는 모습은 모나지 않은 둥글둥글한 은혜와 복이 가는 곳마다 임하기를 원하십니다.

호빵을 손에 들고 있는 모습은 주님의 사랑으로 '앗 뜨거워' 감사하며 살게 하리라는 뜻입니다.

호수(아름다운 큰 호수)를 보여 주심은 잔잔하고 그윽한 은혜가 넘치는 모습, 평안, 향기, 구름의 임재 속으로 인도하기 원하신다는 뜻입니다.

홀수 숫자(1, 3, 5)를 보여 주시며 홀수는 짝이 없듯이 외롭고 허망한 마음을 갖고 있음을 말합니다.

홍수가 나서 길이 흙탕이 되었는데 그 속을 장화를 신고 헤쳐 나가는 모습은 영적으로 더러운 영이 역사하므로 지금의 어려움을 헤쳐 나가기 어려운 상태임을 말합니다.

홍수가 난 것은 성령의 인도하심을 따라 살 때에 큰 역사가 흘러넘칠 것을 보여주십니다.

홍시가 소쿠리에 담겨있는 모습은 삶에 열매가 있음을 말함이고, 단맛 나는 축복을 주시겠다는 의미입니다.

홍해가 갈라지는 모습은 사람의 힘으론 할 수 없으나 하나님의 힘으로 가능하니 하나님의 은혜를 구하라고 하십니다.

화관을 보여 주시며 그리스도의 신부로서 면류관을 씌워줄 터이니 주님만 바라보고 나아가라고 하십니다.

화단의 꽃을 뽑는 모습은 서두르고 급한 마음을 갖지 말고 인내하여 하나님의 때에 결실하는 은혜가 있기를 원하십니다.

화로와 십자가는 어려운 상황 속에서도 주님의 사랑이 심령에 활활 타오르기를 원하는 의미입니다.

화병에 꽃을 꽂은 모습은 그리스도의 향기를 나타내며 살라는 뜻입니다.

화분과 모종삽을 보여 주심은 농부의 마음을 가지고 교회의 어린 영혼들이 잘 자라도록 교사의 사명을 잘 감당하기를 원하시는 것입니다.

화분에 씨를 심는 모습은 믿음으로 씨를 심으면 주님께서 자라게 하시고 열매를 맺게 하실 것을 뜻합니다.

화분을 올려놓는 장식대를 보여 주시는 것은 성령의 은사와 능력이 나타나서 영육이 은혜로운 열매를 맺고 주의 인도를 받아 살기를 원하시는 것입니다.

화분의 흙이 쏟아지는 모습은 할 수 있는 일에서 온 힘을 다하라는 의미입니다.

화산을 보여 주시며 그의 심령이 뜨거운 하나님의 사랑을 소유하길 원하십니다.

화살 통에 많은 화살이 꽂혀 있는 것은 사냥꾼이 화살을 준비했다가 사나운 짐승이 나타나면 활을 쏘는 것처럼 신령한 무

기인 은사와 성령의 충만하심을 내면에 가득 붓고 보이지 않는 사단의 공격을 성령의 능력으로 이기라는 뜻입니다.

화살(큰 화살)로 적군을 쏘는 모습은 불꽃같은 눈으로 성도와 교회를 살펴서 배후의 악한 영을 대적하고 군인 정신으로 깨어 있는 삶을 의미합니다.

화살(큰 화살)이 날아오는 모습은 마음에 상처받고 고통 받는 일이 있음을 뜻합니다.

화살들이 날아오는데 해를 받지 아니하고 다시 떨어져 나가는 것은 그리스도의 옷을 입혀 주시고 성령의 기름을 부어주셔서 화살같이 날아오는 사단의 시험들을 이기고 방해받지 않기를 원하십니다.

화살들이 부러지는 모습은 자신이 무엇인가 할 수 있다는 교만과 오만함이 있음을 뜻합니다.

화살을 던지는 모습은 사람에게 쉽게 상처를 받을 수 있는 모습인데, 믿음의 전신갑주를 입어서 강하고 담대하게 나갈 수 있는 은혜가 입혀지기를 원하십니다.

화살이 나에게 꽂히는 모습은 나에게 상처 준 사람이 있어도 주의 사랑으로 용서하기 원하십니다.

화살이 날아가는 모습은 세월이 화살처럼 빨리 지나가고 있으니 주의 일에 더욱 힘쓰라는 뜻입니다.

화살이 반석에 날아와서 튕겨져 나가는 모습은 반석 같은 믿음을 통해 사단의 공격을 피하기를 바라십니다.

화살표(빛으로 된 화살표)가 하늘로 올라가는 모습은 영적으로 높은 은혜가 있을 것을 뜻합니다.

화살표가 대각선으로 가는 모습은 영적으로 비뚤어지지 않기

를 원하시며, 믿음의 진보가 있기를 원하십니다.

화살표가 바람에 밀려 왼쪽에서 오른쪽으로 밀려나가는 모습은 주님이 인도하시는 대로 가고 있는데 좌로나 우로나 치우치지 말고 앞만 보고 나아가라고 하십니다.

화살표가 양쪽으로 있는 모습은 육신의 소욕과 성령의 소욕이 다툴 때가 있고, 좌우에서 어려움과 고통을 주고 있음을 뜻합니다.

화살표가 위로 올라가는 모습은 영적 전진을 통해 더 높은 능력과 은혜의 분량이 채워지기를 원하십니다.

화살표를 보여 주시며 주님이 가라고 하시는 곳에 '아멘' 하고 가라는 뜻입니다.

화장지(두루마리 화장지)는 눈물과 헌신의 기도를 드리기를 원하신다는 의미입니다.

화초가 고개 숙이는 모습은 겸손한 자이므로 주님께서 푸른 동산으로 그를 이끌어 가시고 복음의 전도자로 나팔을 불도록 세우신다는 뜻입니다.

화초가 금빛과 은빛으로 찬란한 빛을 발함은 사람이 보기에는 비록 연약한 모습이라도 주님께서 축복하는 사람에게 보여 주셨습니다.

화초에 영양제를 꽂는 모습은 받아야 될 말씀, 은혜, 사랑을 골고루 내면에 채워서 인도 받기 원하시며, 영혼들이 시들지 않도록 잘 지도하는 사명을 감당하라고 하십니다.

화형 당해 순교하는 모습은 나를 위해 죽으신 예수님을 바라보면서 죽음을 두려워말고 부르심의 상을 좇아가기를 원하십니다.

환경에 바람이 부는 모습은 환경과 상관없이 내 몸과 마음도 자유하기 원하십니다.

환자가 들것에 실려 병원으로 가는 모습입니다. 병원으로 실려 갈 만큼 힘들고 어려운 이를 도와주는 119 대원처럼 선한 일에 힘쓰고 있는 것을 말합니다.

환자를 실어 나르는 들것은 영적으로 병들어 있음을 뜻합니다.

활과 화살이 사용되지 않는 모습은 하나님이 주신 성령의 은사를 맘껏 사용하라고 하십니다.

활시위를 성령의 검으로 끊는 모습은 현재 진행하는 일에 근심과 상처가 있을 수 있으니 끊는 것이 좋습니다.

활을 가슴에 맞은 모습은 마음에 상처가 너무 크다는 의미이고, 바늘이 살을 찌르는 모습은 삶의 환경 속에서 괴로움이 많음을 보여주신 것입니다.

황금문(빛으로 된 황금문)은 영혼들이 천국 문에 들어갈 수 있도록 인도자의 사명을 부지런히 힘써 나가기를 원하십니다.

황금성과 면류관을 보여 주시는 것은 천국의 상을 바라보고 나아가라는 뜻입니다.

황금으로 된 금고는 물권을 주기 원하십니다.

황무지를 개간해서 옥토 밭이 되도록 하는 모습은 힘들고 어려워도 성령님께서 역사해 주리라고 하십니다.

황소는 황소를 드림보다 내 자신이 온전히 드려지기를 원하십니다.

황소의 뿔을 잡아서 꺾어버리는 모습은 더 나은 성령의 기름을 부어주어서 사단의 권세를 물리치리라고 하십니다.

횃불(똑같은 쌍둥이 횃불)을 보여 주심은 비슷한 환경의 사람을 만나게 하셔서 서로 힘을 합쳐 잘 살 것을 말합니다.

횃불(큰 횃불)을 들고 달려가는 것은 부지런히 지도자의 자리에서 주의 일에 힘쓰라는 뜻입니다.

횃불은 성령의 횃불, 등불로 영혼들을 바른길로 인도하라는 의미입니다.

횃불을 들고 가니 개들이 도망가는 모습은 마음을 담대히 하고 성령의 능력으로 나가면 사단이 떠나가는 은혜가 있으리라고 하십니다.

회리바람은 성령의 강한 바람이 불어서 지경이 넓혀지는 놀라운 역사가 나타날 것입니다.

회색 구름이 걷혀지면서 길이 열리는 것은 기도하면 어두움이 걷혀지고 길을 예비해 주리라는 의미입니다.

회오리바람은 삶속에 괴로움이 많고 감당하기 힘든 고통의 모습이 있음을 말합니다.

회전 그네는 그 자리가 그 자리인 것처럼 뱅글뱅글 도는 것이 아니라 영적 진보가 있기를 원하십니다.

회전 그네를 보여 주시는 또 다른 의미는 내게 편한 것, 쉬운 것을 찾기보다 하나님이 원하시는 일에 힘쓰며 나가기를 원하십니다.

회전목마 같은 놀이기구는 열심히 수고하고 살아가지만 삶에 큰 결실이 없음을 뜻합니다.

회전문이 빙글빙글 도는 모습은 주님이 내리라고 할 때 내리고, 빠져나오라고 할 때 빠져나올 수 있는 믿음의 행위를 가지라는 것입니다.

효자손 막대기는 영혼들에게 시원함과 도움을 줄 수 있는 은혜를 뜻합니다.

훌라후프는 첫째, 노력해도 발전, 진보가 없는 모습이 있으나 힘들고 어려워도 주님 사랑을 실천하며 살라고 하십니다. 둘째, 훌라후프가 흘러내리지 않고 잘 돌릴 수 있는 영적인 프로가 되기를 원하십니다.

훌라후프에 꽃이 둘려져 있는 모습은 인생에 그리스도의 향기를 삶속에 장식하며 나타내라는 하나님의 뜻입니다.

훌라후프에 천이 감겨진 모습은 하나님의 은혜대로 살지 못하게 훌라후프를 감아 방해하는 사단의 역사입니다.

휘발유는 성령님께서 기름을 부으시고 불을 붙이기 원하심을 뜻합니다.

휘장은 성소와 지성소 사이에 휘장이 쳐있던 것처럼 순결한 휘장이 쳐지길 원하시며, 교회가 성소가 되어 말씀과 능력의 은혜가 넘치길 원하십니다.

휴지통은 더러운 것과 타협하지 말고 가까이 하지 말라는 뜻입니다. 그리고 주님이 기뻐하지 않은 모습들이 있으니 버리기를 원하십니다.

흑백 바둑돌을 보여 주시며 영적 전쟁이 있음을 말씀하십니다.

흑암을 보여 주심은 어둠에 붙잡혀서 방황하며 살고 있음을

뜻합니다.

흑암이 물러가면서 불이 오는 모습은 환경이 정화되며 성령의 불이 오기를 원하십니다.

흔들 그네로 된 침대는 영혼이 안식과 쉼을 가지라는 의미입니다.

흔들바위는 떨어질 듯 떨어질듯 하면서 떨어지지 않는 힘들고 어려운 모습이 있지만 성령으로 안아주시기를 원하십니다.

흔들침대에 아기가 있는 것은 어린 아기와 같은 순전한 마음이 있는 것을 뜻합니다.

흙 위를 걸어가는데 발자국이 남는 것은 흙 위를 걸어가면 발자국이 남듯이 주님 앞에 하나님이 기억하실만한 믿음 있는 삶으로 하나님께 영광 돌리기를 원하십니다.

흙(한줌의 흙)을 보여 주시며 우리 인생이 이처럼 한줌의 흙이 되는 인생임을 깨닫기를 원하십니다.

흙더미가 쌓여 앞이 가로 막혀진 모습은 앞길을 가로막는 사단의 역사가 있음을 뜻합니다.

흙먼지를 쓸면서 가는 것은 나의 삶에 수고로움이 있으니 은혜를 부어달라고 기도하라는 의미입니다.

흙으로 된 길에 땅이 파지면서 불이 붙은 것은 주님의 일을 행한 만큼 기쁨의 단을 거두고 성령의 불로 사역에 도우심을 뜻합니다.

흙을 수레에 담아서 땅에 쏟는 모습은 삶에 고달픈 모습이 있지만 건강 주시고, 구원해 주시고, 지혜 주심에 감사하며 기쁨의 믿음생활 할 수 있기를 원하십니다.

흙을 쌓아올리는 모습은 그동안 수고하고 헌신했으나 열매

없는 환경 가운데 있었음을 말합니다.

흙이 있는 길을 아스팔트 도로로 포장하는 모습은 그 마음이 자갈밭처럼 복잡하고 기경되지 못한 심령을 좋은 심령으로 바꾸시기를 원하십니다.

흙탕물에 서 있는 것은 환경의 더러운 것은 씻고 거룩한 곳에 서기를 원하십니다.

흙탕물이 논두렁에 가득한 모습은 더러움이 있다는 의미입니다.

흡혈귀가 보이는 것은 성도의 피를 빨아먹는 사단의 역사가 있음을 알리는 것입니다.

흥부의 박을 보여 주시며 하나님이 때가 되면 축복과 결실을 주실 것을 말합니다.

흰 깃발과 빨간 깃발을 보여 주시며 거룩함과 보혈이 흐를 수 있도록 기도하라고 하십니다.

히브리서 11장 말씀은 믿음으로 나아가길 원하십니다.

히스기야가 기도하는 모습은 전심으로 하나님께 간구하라는 것입니다.

힘이 없이 절뚝절뚝 걸어가다가 힘차게 뛰어가는 모습은 힘이 없을지라도 주님이 힘을 주시면 능력이 나타나고 힘차게 나아갈 수 있음을 말합니다.

119 소방대의 호수물이 세게 나오는 모습은 영적인 힘이 커져서 어려운 환경에 처한 자들을 돕기 원하십니다. 사랑과 섬

김의 은사가 있어서 남의 어려운 일들을 보면 내 일처럼 뛰어다니며 돕는 분들을 주님은 격려하시며 칭찬하십니다.

V각도를 보이심은 인생을 살아가면 살아 갈수록 모든 일에 점점 넓혀지는 은혜와 축복을 부으시기 위함입니다. 은혜와 축복을 더 주실수록 겸손해지며 하나님의 영광을 위해서 아름답게 살아야겠습니다.

V자를 보여 주시며 믿음으로 매사에 승리, 승리 외치며 살 수 있는 은혜를 주시기를 원하십니다.

X자와 강아지를 같이 보여 주시며 주님이 하지 말라는 것에 순종할 때 강아지와 같은 작은 사단이 따라오지 않을 것을 말씀하십니다.

X표는 하나님이 No 하셔도 감사하는 은혜가 부어지기를 원하십니다.

성령님이 보여주신 꿈과 환상해석[증보판]

펴낸날 1판 1쇄 2026년 01월 31일

지은이 임은진
펴낸이 이환호
편집인 김오순

펴낸곳 도서출판 예찬사
등 록 1979. 1. 16 제 2018-000103
주 소 경기도 고양시 덕양구 중앙로 557번길 8-9.
엠앤지프라자 407-2호
전 화 02-798-0147
팩시밀리 031-979-0145, 02-798-0145
블 러 그 blog.naver.com/yechansa
전자우편 octo0691@naver.com